凯里学院“光辉照耀苗乡侗寨：中国共产党民族政策在黔东南的实践（岑巩县篇）”专项课题（项目号：GHZYMXDZ0007）结题成果

# 黔东南山乡巨变

## 岑巩县篇

沈桃淑　杨洪能　李勇　编著

民族出版社

图书在版编目（CIP）数据

黔东南山乡巨变 · 岑巩县篇 / 李斌主编；沈桃淑，杨洪能，李勇编著 . -- 北京：民族出版社，2023.7
ISBN 978-7-105-17033-3

Ⅰ . ①黔… Ⅱ . ①李… ②沈… ③杨… ④李… Ⅲ . ①社会主义建设成就—岑巩县 Ⅳ . ① D619.732

中国国家版本馆 CIP 数据核字 (2023) 第 175298 号

黔东南山乡巨变 · 岑巩县篇

编　　著：沈桃淑　杨洪能　李　勇
策划编辑：张义军
责任编辑：张义军
出版发行：民族出版社
网　　址：http://www.mzpub.com
地　　址：北京市和平里北街 14 号
邮　　编：100013
印　　刷：北京盛通印刷股份有限公司
版　　次：2023 年 9 月第 1 版
印　　次：2023 年 9 月第 1 次印刷
开　　本：787 毫米 ×1092 毫米　1/16
印　　张：12
字　　数：222 千字
书　　号：ISBN 978-7-105-17033-3 / D · 3424（汉 549）
定　　价：54.00 元



（投稿热线：010-58130111　1092781806@qq.com；发行部：010-64211734）

岑巩县㵲水城区（杨云 / 摄）

蓝天白云下的㵲水街道新兴城区羊坪镇（杨云 / 摄）

县城傍晚（杨云／摄）

蓝天映衬下的思州砚文化产业园（杨云／摄）

周坪国家级杂交水稻种子种植示范基地（杨云 / 摄）

岑巩经济开发区（杨云 / 摄）

客楼人家（杨云 / 摄）

客楼桃花（杨云 / 摄）

首届思州战鼓文化周启动（杨云 / 摄）

首届思州战鼓文化周活动盛装的游行队伍（一）（杨云 / 摄）

首届思州战鼓文化周活动盛装的游行队伍（二）（杨云 / 摄）

首届思州战鼓文化周活动盛装的游行队伍（三）（杨云 / 摄）

首届思州战鼓文化周活动盛装的游行队伍（四）（杨云 / 摄）

岑巩县第三小学师生唱红歌迎接建党 100 周年（杨云 / 摄）

蓝天白云下的思旸镇新兴城区街道蔚为壮观（杨云 / 摄）

建设中的天星乡荷塘村柏油公路和生态农村（杨云 / 摄）

美丽通村公路横贯思旸镇盘街村（杨云 / 摄）

党员志愿者到养殖场帮忙投喂蚕宝宝（杨云／摄）

客楼镇下寨村荷花基地（杨云／摄）

思旸镇磨寨村大丰寨村移民新区油菜花田（杨云 / 摄）

天马茶叶和烤烟基地（杨云 / 摄）

注溪镇周坪村十里油菜花廊一瞥（杨云/摄）

天星乡党员志愿者帮助群众采摘吊瓜（杨云/摄）

注溪镇周坪村村民在稻田里捕捉田鱼（杨云／摄）

注溪镇周坪村油菜花十里画廊（杨云／摄）

# 《黔东南山乡巨变》丛书编委会

# 总 序

中国是一个统一的多民族国家，在漫长的历史长河中，各民族密切交往、相互依存、交流融合、休戚与共，形成了中华民族多元一体格局，“辽阔的疆域是各民族共同开拓的”“悠久的历史是各民族共同书写的”“灿烂的文化是各民族共同创造的”“伟大的精神是各民族共同培育的”“一部中国史，就是一部各民族交融汇聚成多元一体中华民族的历史，就是各民族共同缔造、发展、巩固统一的伟大祖国的历史”。[①]各民族共同推动了国家的繁荣发展和社会进步。

中国共产党历来十分重视民族和民族地区工作，在不同的历史时期，把马克思列宁主义的民族理论与中国的实际相结合，制定了一系列符合中国实际的民族工作路线、方针、政策，对发展各民族经济，繁荣各民族文化，起了十分重要的作用，是我们战胜各种困难和风险，推动建设有中国特色社会主义事业不断前进的重要保证。

党的十八大以来，以习近平同志为核心的党中央紧紧围绕坚持和发展中国特色社会主义，着眼于民族团结和繁荣发展两大主题，始终坚持人民利益至上的原则，高举民族团结伟大旗帜，把人民的根本利益作为党和国家一切工作的根本出发点和归宿。坚持和完善民族区域自治制度，做到统一和自治相结合、民族因素和区域因素相结合；坚持促进各民族交往交流交融，不断铸牢中华民族共同体意识；坚持加快少数民族和民族地区发展，不断满足各族群众对美好生活的向往。

黔东南苗族侗族自治州成立于 1956 年 7 月 23 日，现下辖凯里市和麻江、丹寨、黄平、施秉、镇远、岑巩、三穗、天柱、锦屏、黎平、从江、榕江、雷山、台江、剑河 15 个县，是一个苗、侗、汉等多民族聚居区，2020 年末常住人口

① 习近平：《在全国民族团结进步表彰大会上的讲话》，见国家民族事务委员会编：《铸牢中华民族共同体意识——全国民族团结进步表彰大会精神辅导读本》，4–6 页，北京，民族出版社，2021。

376.03万人，户籍人口488.65万人，少数民族人口占总户籍人口的81.7%，其中苗族人口占43.4%，侗族人口占30.5%。[①] 人口在万人以上的有水族、布依族、土家族、畲族、壮族、仡佬族、瑶族等世居少数民族。中华人民共和国成立70多年以来，黔东南苗族侗族自治州各族人民在中国共产党领导下，认真贯彻执行党的各项民族政策，各民族交往交流交融日益加深，像石榴籽一样紧紧抱在一起，和衷共济，和睦相处，和谐发展。2019年12月，黔东南州成功创建“全国民族团结进步示范州”，经济、教育、文化、交通等各项事业取得了长足的进步和令人瞩目的成就，经济实力大幅跃升，生活水平极大改善，民族文化繁荣发展，黔东南州实现了历史性跨越。据《黔东南年鉴》统计数据，1949年，黔东南州地区生产总值仅有6288万元；1955年突破亿元，达到10436万元；1978年达到56026万元；1984年突破10亿元，达到10.49亿元；2003年突破100亿元，达到1130771万元；2012年达到4957500万元；2018年突破千亿元，达到1036.62亿元。城镇居民、农村居民可支配收入从1950年的115元、33元，到1978年分别增加到220元、106元，到2008年分别增加到11616元、2452元，到2018年分别增加到30130元、9227元。地方财政收入1952年时仅有1275万元，到1978年达到4284万元，2000年达到48192万元，2008年达到137382万元，2018年达到663781万元。[②]2020年，黔东南苗族侗族自治州各族人民在中国共产党的坚强领导下，打赢脱贫攻坚战，彻底撕掉千百年来的绝对贫困标签，与全国人民一道迈入全面小康。

凯里学院源于1958年创办的黔东南大学，校名几经更迭变迁，2006年2月经教育部批准升格为普通本科院校。作为黔东南州的最高学府，凯里学院始终坚持“三性一型”（地方性、民族性、师范性，应用型）的办学定位，充分发挥高校“社会服务”“文化传承创新”等基本职能，理应在黔东南地方经济社会发展和文化建设中贡献智慧和力量，有责任、有义务把中国共产党领导全州各族人民取得的历史性成就呈现出来。作为地方本科高校，凯里学院不仅在人才培养、科学研究上与地方接轨，而且在社会服务、文化传承创新上也与地方积极配合，发

① 黔东南州统计局、国家统计局黔东南调查队：《黔东南统计年鉴（2020）》（内部资料），7页。

② 黔东南州统计局、国家统计局黔东南调查队：《黔东南统计年鉴2018》（内部资料），403–405页、414–416页、402页。

挥人才高地的作用。黔东南州民族文化浓郁，是国家级民族文化生态保护区，享有“生态之州”“歌舞之州”“人文之州”“百节之乡”“民间手工艺之乡”“苗族侗族文化遗产保存核心地”“迷人的民族文化生态博物馆”等诸多美誉。基于此，学校在专业、学科设置上，主动融入地方经济社会。2013 年人类学（二级学科）被遴选为贵州省重点支持学科，2017 年民族学（一级学科）被批准为贵州省重点学科，2018 年民族学（一级学科）被遴选为贵州省区域内一流建设培育学科。2014 年民族学本科专业开始招生，2022 年非物质文化遗产本科专业获批。根据贵州省级重点学科和贵州省区域内一流学科建设需要，结合黔东南州实际，学校决定出版《黔东南山乡巨变》丛书。丛书之所以用“山乡”命名，是因为它符合黔东南州地形地貌特点，全州地处云贵高原向湘桂丘陵盆地过渡地带，州境总体地势北、西、南三面高而东部低，中部雷公山区和南部月亮山为中山地带，西部和西北部为丘陵状低中山区，东部和东南部为低中山、低山、丘陵、盆地，境内大部分地区海拔 500—1000 米，是典型的山乡。丛书作者由凯里学院、黔东南州委党史研究室、黔东南州民族研究所等单位的专家学者构成。丛书共计 17 部，对全州及 16 个县市逐一进行介绍。丛书内容除历史底蕴和文化渊源部分外，其余部分的数据资料选取时间起于中华人民共和国成立，止于 2018—2020 年。丛书全面展示中华人民共和国成立后 70 多年黔东南州各族人民在中国共产党领导下，政治、经济、文化、教育、交通以及在脱贫攻坚等各个领域所取得的历史性成就，发生的历史性变革。丛书的出版，不仅总结了在中国共产党领导下黔东南州各民族取得的伟大成就，而且有利于增强文化认同、坚定文化自信，为铸牢中华民族共同体意识提供黔东南经验。

当然，我们也意识到，丛书主要是记录黔东南州经济社会发展的各个方面，内容的广度和深度以及理论上的研究还有待提高，学术性有待进一步加强，加之编著者的水平有差异，不足和疏漏在所难免。敬请各位读者海涵指正。

李 斌

2021 年 3 月

# 前　言

岑巩县位于贵州省东部、黔东南苗族侗族自治州东北角，地处云贵高原向湘西过渡的斜坡地带，属武陵山、苗岭山余脉交错的低山丘陵，总面积 1486.50 平方公里。与镇远、玉屏、江口、石阡、万山接壤，与湖南怀化毗邻，是贵州政治、经济、文化的发祥地，史学界素有“先有思州、后有贵州”之说。县境通株六复线铁路、沪昆高铁、320 国道、G60 高速公路，县城距铜仁凤凰机场 90 公里、湖南芷江机场 80 公里、黄平机场 80 公里，距沪昆高铁铜仁南站 25 公里、岑巩站 30 公里，区位优越，交通便捷，是贵州东联战略的前沿阵地。全县耕地占总面积的 10.7%、林地占 36.1%、牧草地占 48.3%，是有名的鱼米之乡，盛产优质大米、花生、油菜籽、茶叶、中药材、猪、牛、羊、鱼等农牧产品，地方名优特产思州石砚、思州绿茶、思州柚等多次荣获国际、国内博览会大奖，深受消费者喜爱，是“国家级杂交水稻制种基地县”“思州石砚文化艺术之乡”。县境内河流属长江流域沅江水系，地表水资源总量 7.72 亿立方米，人均占有地表水资源量 3799 立方米，有大小河流 33 条，全长 462.3 公里，主要河流为龙江河、车坝河和㵲阳河。境内地下蕴藏有铀、汞、钒、硝、石灰石、大理石、金星石、重晶石等矿产资源。拥有被誉为“人间天上”的龙鳌河省级风景名胜区、誉为“东方的神秘”的思州傩戏傩技、隐匿 300 年的晚明佳人陈圆圆墓和冠壁山红军战斗遗址、胡家铺红二军团司令部旧址等红色旅游景点以及大有乡中木召村、羊桥乡杨柳村、水尾镇马家寨村等重点民族文化旅游村寨等旅游资源。2019 年末，全县辖 9 镇 2 乡 1 个省级经济开发区 1 个街道，80 个行政村，其中羊桥土家族乡为民族乡。总人口为 238403 人，其中少数民族人口为 122710 人，居住着汉、苗、侗、仡佬、土家等 18 个民族。2020 年 3 月 3 日，贵州省人民政府正式批准岑巩县退出贫困县序列。

1949年11月9日，岑巩县城解放，属铜仁专员公署。全县先后建立6个区10个乡镇。12月25日，改隶属镇远专员公署。将全县划分为6个行政区，组建各区党委，从此，岑巩县在中国共产党的领导下，带领各族人民开启全面建设社会主义改造及社会主义建设。

党的十一届三中全会后，在中国共产党的正确领导下，中共岑巩县委带领全县各族人民抢抓机遇，进行社会主义现代化建设，岑巩县发生了翻天覆地的巨大变化，取得了伟大成就。

党的十八大以来，以习近平为代表的新一代领导集体，带领各族人民继续探索中国的发展之路。岑巩县委认真贯彻落实党的十八大和十八届历次全会精神，认真学习宣传贯彻党的十九大精神，以习近平新时代中国特色社会主义思想为指引，以脱贫攻坚统揽经济社会发展全局，坚持主基调战略不动摇，统筹推进“五位一体”总体布局，协调推进“四个全面”战略布局，全力实施大扶贫、大数据、大生态、大健康战略行动，坚持政治定力，保持发展动力，持续精准用力，全县呈现出经济平稳健康发展、社会和谐稳定、文化繁荣发展、生态环境持续改善、生态山清水秀的良好局面。

本书稿对岑巩县在中国共产党领导下取得的历史性成就进行了一次全面的梳理和总结，展示中华人民共和国成立以前贫穷落后的岑巩县，70年间发生的巨大变化。全书共分6章。第一章溯源悠久历史　寻根多彩文化，旨在梳理岑巩县的历史与文化渊源。第二章加强政治建设　全面深化改革，旨在梳理不同时期岑巩县的民族政策、民族干部培养和机构建设情况。第三章繁荣发展经济　改善民生福祉，旨在梳理不同时期岑巩县的经济发展情况。第四章传承创新并重　发展文化事业，旨在梳理不同时期岑巩县的文化建设情况。第五章大力发展教育　提升民族素质，旨在梳理不同时期岑巩县的文化教育发展情况。第六章推进路网建设　构建立体交通，旨在梳理不同时期岑巩县的交通建设情况。

# 目　录

第一章　溯源悠久历史　寻根多彩文化 …… 1
第一节　多民族聚居的共同家园 …… 1
第二节　多元交融的民族文化 …… 8

第二章　加强政治建设　全面深化改革 …… 19
第一节　探索时期 …… 19
第二节　改革开放时期 …… 24
第三节　跨越发展时期 …… 34

第三章　繁荣发展经济　改善民生福祉 …… 43
第一节　探索时期 …… 44
第二节　改革开放时期 …… 51
第三节　跨越发展时期 …… 63

第四章　传承创新并重　发展文化事业 …… 70
第一节　探索时期 …… 70
第二节　改革开放时期 …… 80
第三节　跨越发展时期 …… 96

第五章　大力发展教育　提升民族素质 …… 109
第一节　探索时期 …… 110
第二节　改革开放时期 …… 118

第三节　跨越发展时期…………………………………………………………………… 145

**第六章　推进路网建设　构建立体交通** ……………………………………………… 157

第一节　探索时期………………………………………………………………………… 158

第二节　改革开放时期…………………………………………………………………… 166

第三节　跨越发展时期…………………………………………………………………… 172

**参考文献** ………………………………………………………………………………… 181

**后　记** …………………………………………………………………………………… 182

# 第一章　溯源悠久历史　寻根多彩文化

## 第一节　多民族聚居的共同家园

岑巩县位于贵州省东部，黔东南苗族侗族自治州东北角，东邻玉屏侗族自治县，西南连接镇远县青溪镇，南连接镇远县山羊坪镇，西与石阡县毗邻，北抵江口县及铜仁市区。岑巩是一个多民族杂居县，境内有汉、侗、苗、土家、仡佬、布依等18个民族，其中5个世居民族，分别是汉族和苗、侗、土家及仡佬4个少数民族。

岑巩地处云贵高原向湘西过渡的斜坡地带，属武陵山、苗岭山余脉交错的低山丘陵，地势自西北向东南逐渐降低倾斜，平面正视似折扇形，总面积1486.50平方公里，其中山地面积991.41平方公里，占全县总面积的66.69%，丘陵面积164.33平方公里，占全县总面积的11.06%，盆地面积330.76平方公里，占全县总面积的22.25%。境内最高处是北部小顶山，海拔1359.90米，最低处是龙鳌河出口马公塘，海拔330米，大部分地区海拔在400—700米之间。属亚热带季风湿润气候区，其特点是气候温和，具有春暖、夏热、秋凉、冬冷特征，雨量充沛，雨热同季，无霜期长。气候垂直差异大。多年平均气温在13.70℃—16.20℃，生长期年平均196天，无霜期年平均355天，年平均日照时数994小时，年平均降雨量在1100—1300毫米之间，年平均蒸发量748.80毫米。县内河流有干流2条，界河1条。其中龙江河位于岑巩县南部，发源于施秉、石阡、镇远三县交界的黄桶坡，经镇远县都坪镇进入岑巩县西南的龙田镇，向东流经注溪镇、思旸镇、大有镇，在异溪村天堂出境注入㵲阳河，县境内流域面积1709平方公里。车坝河位于岑巩县东北部，发源于石阡、江口、岑巩三县交界处火麻地，经江口县境、铜仁市境，进入岑巩县羊桥土家族乡的黄泥塘，途经龙统、车坝、茂马等村到水尾镇的驾鳌、马家寨、长坪等村，在于河村的马公塘流入玉屏，到湖南省新晃县的抚溪江汇入㵲阳河，县内河流域面积1060平方公里，沿河两岸的山间河谷、大小坝子多为自然村寨和农田分布区，主要田坝与河流相连；㵲阳河位于岑巩县最南端，是岑巩与镇远两县的界河，在岑巩县境流域面积0.38平方公里。

## 一、建置

岑巩县古名思州，春秋时期属楚，隶属黔中郡，汉属武陵郡。晋永嘉元年（307），思州脱离中央王朝统治，南北朝为“五溪蛮”地。北周保定四年（564），蛮师田思鹤以地内附，因置奉州。建德三年（574），改为黔州。隋开皇五年（585）置清江郡清江县。十九年（599），置巴东郡务川县。唐武德元年（618），置羁縻思州。三年（620）置思王县，属思州。四年（621），置务川。贞观四年（630），改务州为思州。八年（634），置夜郎县，属巫州。天授元年（690），改夜郎县为峨山县。长安四年（704），以峨山、渭溪二县置舞州。开元十三年（725），改为鹤州。二十年（732），改鹤州为业州。天宝元年（742），改思州宁夷郡。乾元元年（758），复名思州。元和二年（807），思州、桨州隶黔中道。北宋大观元年（1107），番部长田恭内附，置思州郡。元至元十五年（1278），置思州军民安抚司，领镇远州、务川县及九个蛮夷长官司。治地由务川迁龙泉坪（今凤岗小谷庄），置龙泉坪和水特姜（今思南）两长官司为附廓。至元十六年（1279），司治毁于火，移治清江城。泰定四年（1327），思州宣慰司领思州宣抚司及镇远、黎平两府。至正二十二年（1362）分置思南道都元帅府（即今镇远、思南等县地）。二十五年（1365），思州、思南均降于明，复置思州镇西等处宣慰司。思州宣抚司、安抚司、宣慰司治均置今岑巩县境。明初沿袭元代建制，洪武元年（1368），建思州宣慰司，辖24个长官司（县）。永乐十一年（1413），朝廷废思州、思南两宣慰司，分置思州、黎平、新化、石阡、镇远、铜仁、思南、乌罗等8府，改土归流，属贵州布政司统辖。思州府仅领都坪峨异溪、都素、黄道溪、施溪4长官司。清顺治、康熙时，沿袭明制。雍正五年（1727）以湖广平溪、清浪2卫来属，改置玉屏县、青溪县。思州府领 2 县、4 个长官司，隶贵东道。清宣统元年（1909）十月，思州府辖乡场 7 处、管寨 300 处，玉屏、青溪县辖寨错入思州府境内 131 处，共有 431 处个大小村寨。民国元年（1912），沿袭清制为思州府。二年（1913）九月，贵州民政长唐继尧请废府、州、厅制，改思州府为思县，隶黔东道。四年（1915），长官司均废。十二年（1923），废黔东道，思县直隶于省公署。民国十九年（1930），贵州省政府通知更名为岑巩，并按照民国颁布之县组织法组织县政府。民国三十二年（1943）改联保为乡镇，辖 1 镇 7 乡 88 保 975 甲。民国三十五年至三十八年（1946—1949），全县设有思旸镇及大有、注溪、驾鳌、钟灵、天马、凯本、龙田、平庄、客楼乡，辖 88 保 975 甲。

1949 年 11 月 9 日，岑巩县城解放，属铜仁专员公署。全县先后建立 6 个区 10 个乡镇。12 月 25 日，改隶属镇远专员公署。1950 年 1 月，调整为 5 个区，并以驻所地名称区，辖 1 镇 9 乡。思旸区（亦称第一区），辖思旸镇、大有乡；驾鳌区（亦称第二区），辖驾鳌、钟灵乡；天马区（亦称第三区），驻天马，辖天马、注溪乡；凯本区（亦称第四区）驻凯本，辖凯本、平庄乡；龙田区（亦称第五区）驻龙田，辖龙田、客楼乡。1956 年 4 月 18 日，岑巩县隶属于黔东南苗族侗族自治州。11 月，改置为 2 镇 28 个乡。1957 年 2 月，撤销区、乡、镇建制，实行“党政合一”体制，全县划 10 个基层片区，即思旸、大有、注溪、驾鳌、钟灵、天马、凯本、龙田、平庄、客楼基层片区。1958 年 8 月，撤销 10 个基层片区，实行“政社合一”体制，建 10 个人民公社，辖 124 个农业生产大队 428 个生产队。12 月 19 日，撤销岑巩县，并入镇远县。1961 年 8 月 18 日，恢复岑巩县建制，仍隶属于黔东南苗族侗族自治州。9 月，恢复区建置，废除管理区，改建为 14 个公社。1968 年撤区并社，改为 11 个人民公社。1983 年 11 月，实行农村人民公社政社分开，设立乡政权。1984 年 7 月，恢复区、乡、镇、村建置，全县辖 4 个区、1 个区级镇，11 个乡、3 个乡级镇。1985 年 6 月 24 日，撤销羊桥乡，建立羊桥土家民族乡。1988 年 4 月 6 日，撤销思旸、水尾、天马、龙田 4 个区，撤销白岩坪乡并入天马镇，撤销杨柳乡并入羊桥土家族乡，撤销思旸乡并入思旸镇。全县辖 4 个镇、7 个乡。1992 年，成立新兴经济技术开发区。2002 年 2 月 24 日，经贵州省人民政府批准，岑巩县城从思旸镇龙江村搬迁到新兴村。2010 年 12 月，辖 4 个镇、7 个乡（包含 1 个民族乡）。2019年辖9镇2乡1个经济开发区1个街道。

## 二、民族构成与分布

岑巩县是多种民族聚居区。世居民族主要是仡佬族、土家族、侗族及苗族等。明代“调北征南”“调北填南”，大量的汉族军民进入境内，军、屯、卫、所将士的后裔留住思州，汉民族逐渐增多。民国《岑巩县乡土史》云：“境内居民，俱为汉族，大多迁贾流宦，创业于此，子孙递嬗迄今。”明永乐年间，流官统治思州后，世居民族因历遭兵患，统报汉族。民国《岑巩县舆图》称：“本县各区保甲住户，悉为汉族，并无苗民杂处”，“至土著之苗族，仅有少数仡佬，不过闻诸父老传述‘某寨某姓’为土人，而其生活、语言、风俗习惯，早已汉化，不能分辨”。

岑巩县境内土家族自称为“本地人”，称汉人为“客家”。春秋时期，土家族被称为“巴人”。秦汉时期，土家族包括在“武陵蛮”或称“五溪蛮”中。宋代，“蛮”与“土”的称谓交错使用，以后“蛮”逐渐为“土”所代替，封建统治者称土家族先民为“土蛮”“土民”“土夷”“土丁”“土军”，称其上层首领人物为“土官”“蛮帅”，称思州田氏之祖田佑恭为“番部长”。到了元代，“土”已成为土家族的专称。中华人民共和国成立后，根据土家族人民的意愿，国务院于1956年以“土家族”为法定族称。岑巩县境内的土家族主要来源有：其一是世居的本地人或迁入的“巴人”后裔；其二是明代从江西、湖南、湖北等地迁入演化而成为土家族；三是清代晚期从湖北恩施及湖南迁入的土家族等。进入县内最早的土家族是田氏，著名的思州土司家族即为田氏，影响比较大的代表人物有第一世祖田宗显、思州蕃部首领田佑恭、思州末任田氏土司田琛。从宋代起，由于军事行动和人民自主迁徙，代、杨、夏、陈、袁、赵、宋等姓氏不断迁入，并与当地少数民族融合，逐步成为土家族。岑巩县现存的土家族姓氏，有田、代、杨、夏、陈、赵、柳、任、向、黄、李、宋等，主要分布在思旸、天马、注溪、羊桥、凯本、平庄等乡镇。土家族爱群居，房屋由一栋正屋和两栋厢房构成，房屋周围分布有厨房和厕所，形成几户或几十户的自然村寨。所建房屋多为木结构，小青瓦，花格窗，飞檐悬空，木栏扶手，走马转角，古香古色。土家族爱唱山歌，其种类有情歌、哭嫁歌、摆手歌、劳动歌等。

侗族是最早开发岑巩的民族之一。境内的侗族因汉化较深，语言失传，迄今尚未发现有自称称谓，大多自称为五代时诚州刺史“飞山蛮”首领杨再思后裔。侗族源于古越人，为“百越”诸部族的一支。秦、汉至隋唐时期，侗族先民最早居住桂北、黔东南、湘西一带，主要聚居区在武陵五溪，成为“武陵蛮”中主要部族之一，唐、宋称“仡伶”或“仡偻”，元、明称“峒民”，清代多称为“峒苗”或“洞家”。其中杨、姚、吴、谢、龙等姓氏侗族由湖南新晃县迁徙而来。杨姓侗族始祖为五代时期杨再思，杨再思为唐末五代靖州“飞山”峒蛮酋长，号十峒首领，人称“飞山太公”。姚姓侗族始祖是姚君赞，吴姓侗族始祖是吴世万，谢姓侗族始祖是谢天飞，龙姓侗族始祖是龙摆蛋，这四人与杨天应结义的故事在侗族内部流传很广。侗族村落依山傍水，聚族而居，大寨三四百户，小寨三五十户，极少单家独户。侗族多居于“干栏”楼房，一般一幢三间两层楼，左右连偏厦。楼下安置石碓，堆放柴草、杂物，饲养禽畜。楼上住人，前半部为廊，宽两三米，为一家人休息或手工劳动之所。走廊里边正间为堂屋，设神龛，左右侧为火塘，用于取暖、煮饭，上面有烘烤腊肉等的火炕。岑巩县境内的侗族有杨、吴、姚、黄、刘、龙谢、廖、钟等姓氏，主要分布在思旸、水尾、天马、注溪、大有、羊桥等乡镇。

岑巩县是古代苗族聚居地之一。境内苗族自称为“蒙”，汉族、侗族称其为“红苗”，少部分苗族自称为“ miiux”或“ mu”，他称为“苗”。苗族源于炎黄时代以蚩尤为首领的“九黎”集团，苗族先民经过长期迁徙，逐渐从黄河流域迁徙到武陵地区，并在武陵地区形成民族共同体。东汉时，伏波将军刘尚和马援多次南征“武陵蛮”，迫使苗族部分南迁广西，部分西迁川、黔、鄂边区，部分仍留在武陵郡。后随着统治阶级的不断征剿，苗族又由湘西、黔东继续西迁，于魏晋时代迁到岑巩定居。最早来者因其衣饰尚红被称为“红苗”，明代思州、铜仁、石阡、思南四府就有 10 万以上。岑巩县境内的苗族，大约从秦汉时期迁入，根据史籍记载和传说，秦汉时，大部分苗族先民在武陵郡、牂牁郡、越嶲郡、巴郡、南郡等地定居，小部分继续迁徙到黔东南都柳江流域。由于战争、饥馑、农田丢荒等原因，苗族不断向西迁徙，思州也是苗族的落脚地之一，留下不少苗族遗迹。在天马、龙田等地，有一条隐藏在山间的苗疆古道，清代张秀眉起义时，苗军从山间的苗疆古道到达天马镇雷公田建立苗军大营，从这里攻略黔东和湘西。岑巩县苗族有陈、罗、吴、唐、陶、龙、王、孙、印、石、蓝、金等姓氏，主要分布在县境的水尾、龙田、天星、羊桥、平庄、注溪、大有等乡镇，水尾镇大树林苗寨是传统苗族集中地，保留有部分苗族传统习俗。

仡佬族源于古代的“濮人”，仡佬族自称为“仡族”，当地的苗族、侗族和汉族称之为“仡兜”。1956年，中央人民政府将其族称定为“仡佬族”。“仡佬”一词最早见于唐宋史籍，在这之前，史籍有“鸠僚”“葛僚”“仡僚”等称谓，为贵州最古老的民族之一，活动范围在湘黔交界的五溪地区。境内思旸镇尚有两个“仡兜寨”，凯本乡有“仡兜寨”“仡牙坡”“仡郎坪”，龙田镇有“苗仡岱”，客楼乡有“仡僚”“仡俚坳”（今名仡岭坳）等地名，思旸镇桐木村有仡佬悬棺葬遗址。仡佬族为岑巩县世居民族之一，是隋唐时期的“仡僚”“葛僚”僚人后裔。仡佬族居住区域小，呈点状分布，各地仡佬族内部联系弱，在汉文化影响下，服饰大多改从汉装。历史上仡佬人死后埋葬地离不开山洞、石框、悬岩，从而形成了独特的民族墓葬习俗。在溪河之滨的悬岩绝壁上，打孔钉木桩一排，搁放棺木在桩上或山洞里，称为“悬棺葬”。现在丧葬均采用土葬，习俗与汉族相同。岑巩县的仡佬族有吴、陶、王、龙、成、陈、张、廖等姓氏，主要分布在龙田、客楼平庄等地，其传统语言已经消失，普遍使用汉语。

岑巩县境内汉族自称“汉人”，少数民族称其为“客家”。府志及民间谱牒记述，很早就有汉人从中原、江南地区进入思州。唐代，开辟湘滇黔大道，一批汉族军民进驻思州。元代，从中原和江西进驻思州的汉族军民逐渐增多，因随征有功，分配土地，与当地少数民族通婚而定居，有的因被封为世袭土司而在思州落籍。今岑巩各乡镇的许多汉族乡民皆自称是当年南征军、驻屯军和移民的后裔。清康熙年间，思州府属民“此中流寓者倍于他郡”，“四土司（即都坪峨异溪、都素、黄道溪、施溪4个长官司）境内大半俱系流户”①，皆称汉族，从而使思州的民族构成由“夷多汉少”而变为“汉多夷少”，清末到民国时期，又有不少来自湖南、江西、四川等省的汉族商贾和小手工业者在岑巩置产安业。由于汉

① ［清］康熙《思州府志》。

族人民长期与世居的少数民族杂居和友好往来，在经济文化上互相学习，频繁交流，并互相通婚，从而形成了“民夷协和”和民族融合的局面。汉族分布在全县11个乡镇，与境内各少数民族形成大杂居、小聚居的格局。历史上，少数民族本无汉族姓氏，其采用汉姓主要有四种原因：一是“官为立姓”，如明弘治十七年（1504），巡抚贵州御史刘洪贵奏请“赐之汉姓”。二是为免受官府及汉族豪绅地主歧视而使用汉姓。有些人读了书，做了事，便佯称先祖本系汉族，原籍江西南昌府、吉安府或江南应天府等，并仿照汉人定字派、修家谱，取所用汉姓建宗祠。三是因与汉人杂居，乃仿效汉俗而有汉姓。四是因民族之间的融合而有汉姓。如岑巩侗族中人数众多的刘、黄二姓本系江西籍汉人，由于世为土司，落籍于侗族地区而演变为侗族。张姓中人数最多的一支祖籍河南开封府，远祖张文富（字尚谷）于北宋政和年间任黎平刺史，其后裔融合于侗族之中。又如龙田镇龙马村的陶姓，据称是来自施秉的汉人，由于通婚落籍等原因衍化为仡佬族。

## 三、社会组织

岑巩县各民族古代的社会组织无史料可稽，近代和现代已基本一致。各民族多聚族而居，一个村寨就是一个宗族，一般都以有血缘关系的五代以内的各个家庭为房族，由几个房族组成宗族。每个宗族都设有族长，在中华人民共和国成立前，族长一般由宗族中的长房长辈担任。宗族建有棚堂，每逢年节要前往祭祀。宗族定有族规，作为全宗族成员必须遵守的行动准则。族规一般是在修谱时由全宗族代表商议制定，并写进族谱中。族长有权处置宗族内违背族规和违背伦理道德的人和事，以及调处宗族内各房族之间以及村寨之间发生的纠纷和矛盾。房族被称为亲房，关系密切，聚居于同寨的房族，遇到婚丧嫁娶等大事都要互相支持，互相帮助。中华人民共和国成立后，岑巩各民族的家庭与宗族之间的关系已逐渐松弛，村寨的一切事务由民主选举产生的村民委员会、村委会主任以及村民小组和小组长处理。

## 第二节　多元交融的民族文化

岑巩县是西南地区较早开发的地方，各民族长期共处，相互交往交流，形成了民族文化融合、地域文化独特的风俗习惯，主要包括生活生产、节日习俗、传统礼仪等等几个方面。

20世纪80年代后，随着经济体制改革的推进，经营方式的进步，科学技术的发展，人民群众流动频繁，外出务工人员大大增加，新的观念和方式方法冲击着旧有的习俗和习惯，迷信、落后的陈规陋习逐渐被淘汰，具有鲜明时代特征的新习俗日益为人们接受。同时，岑巩县不少传统习俗也迅速消失，部分专家和学者建议应该加强对岑巩县民族文化的保护。

### 一、生产文化

岑巩县比较有特色的生产习俗有：土家族的“开秧门”与“薅草锣鼓”，仡佬族的“粘雀口”“扎山”等，苗族的下秧、“猪过火”等，侗族从事农业生产，要进行祭神活动，各种捕鱼打猎活动时，要进行“号滩”和“号山”。随着社会的发展与进步，人们主要依靠科学方法和经验安排生产劳动，一些传统生产习俗文化正在逐步消失。

（一）植树造林

民间植树造林一般在春二月，就开始栽树。房前屋后栽桃、李、杏、梨、枇杷等果树，菜园和空地栽椿芽、柏树、泡桐等，水边栽杨柳，山上栽杉树、松树、柏树等，在植树节期间，各机关、学校等组织人员上山植树造林。

（二）抢水打田

在一些缺水的地方，常常要赶季节抢水打田，初夏大雨，民间俗称“练田水”落下来的时候，人们马上牵上耕牛，到田里犁田打耙。这个时期常常是农历立夏前后，有农谚说：“立夏不下，犁高挂。”打田有讲究：“犁得深耙得烂，一碗泥巴一碗饭。”“犁田不能假，必须铧挨铧。”田埂要用烂泥巴糊过，叫“上田埂”，为的是保住田水。

（三）栽秧

岑巩称第一天栽秧为“开秧门”，开秧门这天，要请亲友来帮忙，大家一起吃肉喝酒，称作吃“栽秧酒”。秧苗从苗田扯起来后，挑到栽秧田里。栽秧是边栽边退，一般面前可以栽四到五排，栽的时候不可乱走，免得田里起脚印窝。肥料多用草木灰，薅秧的时候，农人手拿薅秧耙夹着装有草木灰的撮箕，走到田里，每蔸秧下用脚划一圈，然后点草木灰。

（四）打谷

进入农历八月，水稻成熟后期，人们放干田水，割稻打谷。把护桶（即打谷桶，四方形，底小口大，侧面为梯形，下小上大）扛到田里。割稻工具称为发镰，割稻时贴近地面五六寸割断稻秆，几把成束，在护桶板上用力拍击，稻谷便纷纷洒落在护桶里。谷子挑到晒谷场，晒谷场是用一层稀牛粪浆过的平地，从田里打来的谷子就倒在晒谷场上，用哈谷耙（一种农具，哈的意思为推开）把谷子均匀推开，使其干燥。在打谷季节，多有劳动力帮人打谷，这类人被称为“打谷客”。主人家请其打谷时，不但好酒好烟招待，还要支付一定的劳动报酬。

（五）封山育林

开展封山育林，即把山地划出若干区域，禁止砍伐树木，禁止割草和放牧。所封之山林均在要道口立有封山标志，写明封山区域，对抓获的盗树偷牧人员采取罚款和口头教育形式。通过封山育林，岑巩县的山林环境得到了保护。

（六）养猪

民间养猪盛行，有“穷不丢猪，富不丢书”之说。养猪人购买小猪回家后，把小猪从火上提过，说过火八百斤，意为火把猪身上的晦气烧掉，顺利成长到400公斤。小猪要请劁猪匠进行阉割（去势），阉割后的猪性情温和，多吃多睡，长到40公斤左右，被称为“架子猪”。架子猪催肥后，或杀或卖。农村多有农历腊月杀猪的习惯，称为杀年猪。

（七）养牛

本地多喂养水牛，黄牛较少。牛崽出生后，农人多用红布系牛铃在脖子上。牛崽长大后，要穿牛鼻子。放牛一事，多为儿童和老人，看牛人还要割一背篼青草回家丢在牛圈里，称为“割牛草”。牛圈里牛草和牛粪被牛踩烂，称为“练牛粪”。

（八）养狗

农民养狗主要是看家防盗。农村养狗，不进行买卖，若有人卖狗，会被人骂：“今世卖狗，后世讨口。”小狗满月后，有中意的人家即抱到家里，小狗对家很依赖，有“儿不嫌母丑，狗不嫌家贫”的说法。在春天油菜花开季节，狗常常发生狂犬病，养狗人家把狗关起来，不放出去。狗老后，等其自然死亡，没有打狗吃肉的习惯。

（九）养鸭

农人多于栽秧前后购买雏鸭，鸭子长大后，为防止其踩坏水稻，有专人看管，四周围上竹篱笆，防鸭逃出。民间养鸭多为小规模。有养鸭过千只的，牧鸭人赶着鸭子顺着河流放养，牧鸭人被称为“鸭客”，这种野外放牧鸭群的方式极有地方特色。

（十）养鸡

本地用母鸡孵化小鸡，小鸡孵出后，母鸡自己会带小鸡，喂食以小鸡食料为主附加一些菜叶，但需切碎。鸡都是白天在外面找食，晚上回鸡窝。鸡长大后，母鸡一般留下下蛋，公鸡用于出售。

（十一）养马

本地养马，多用于拉马车，赶马人被称为“赶马佬”。马主要喂米糠、包谷麸等食物，马白天拉车，晚上必须添食喂养一至二次，民间有说法：“马无夜草不肥。”不让小孩子用石头抛掷马的腿骨，因为马的腿骨很细，容易受伤。马有弹蹶子的习惯，小孩子不要随意站在马屁股后面。

（十二）砖瓦制作

砖瓦以手工制作为主，前后有多道工序，其制作技巧精湛、造型讲究。瓦匠师傅先用水浸泡田泥，之后就可以“练瓦泥”，就是用牛在田中不停地行走，不断地踩踏使泥土有韧性。打砖坯较简单，在木板制成的模具内用力甩压泥巴，抹平沿口，松开木板，砖坯就算做成了。制瓦片则把一只由活动木板拼接而成的状如小木桶样的制瓦模具放于转动的轴承上，将泥巴厚薄均匀地抹在模具湿布上，再将小木桶连着湿布向内一收，四块瓦坯制出。砖瓦自然阴干后，即装窑烧制。经过“烧窑”后，就开始出窖，“透水”的是青砖青瓦，没有“透水”的是红砖红瓦。现在砖瓦厂多用机器打砖烧制，效率大大提高。

（十三）棉絮制作

本地以前有弹棉花行当，弹棉花的被称为弹花匠，弹花匠的工具是长长的弯弓、大木棒棉、圆木墩等。接到棉花后，弹花人把棉块撕成小团，均匀铺好，支出一片厚竹板，从头上方引下一个钩，挂住大弓的中脊，左手握住弓的一头，右手握大木棒糙敲击牛筋弦，借牛筋爆发的张力去撕、绷旧棉絮。直至把棉絮弹得松泡，取了圆木墩将泡棉摊匀压实，一床棉絮就弹好了。接着往棉上网线，经纬交织的线网罩好后，棉絮制作完成。

（十四）掰竹笋

本地端午盛行吃竹笋，有掰竹笋的习俗。春天竹笋细长，脆生，易于掰采。竹笋采回家后，剥去笋壳，一小把一小把捆在一起，放在清水里煮沸，称为“潦”。潦过后，竹笋即可拿到场上出售。

（十五）扎竹扫把

竹扫把的原料为细竹，该竹子不高，成蓬生长，韧性强，适合做扫把。人们砍来竹子，剔去竹叶，砍掉主干上多余的枝丫，只留下顶部枝丫，对齐头尾，扎成圆柱形用竹篾紧紧捆扎好，砍齐头部，竹扫把就扎好了。竹扫把长度在1.5—2米之间，整体形状如一只毛笔，在民间很受欢迎。

（十六）闹鱼

人们利用民间土方药鱼，称为闹鱼。这种捕鱼方式污染小，对鱼危害不大，自然环保。鱼汛来后，人们使用茶枯、石灰、辣椒面、辣柳叶等，捣碎混合在一起，抛洒在鱼集中的缓水河段，鱼吃后翻白肚漂浮在水面，人们就用“捞蔸”或者鱼叉捉鱼。闹鱼时间一般为一天一夜，一天后，清水冲来，鱼儿药效消失，结束捕鱼活动。

## 二、居住文化

岑巩木房有叫五柱四的，有叫五柱六的，有叫三柱二的，都是上面盖瓦、下面四列三间一层楼的全木结构房子。房子中间一间是“堂屋”，前面空出约4尺宽，叫“吞口”。在“堂屋”与“吞口”之间的大门地脚上装大门六扇，叫“禄和门”。堂屋后面叫“神龛背”或“道巷”，一般不铺夫妻床，因前面是神龛，对神不敬。堂屋和道巷之间的板壁叫“神壁”，上面装有“神龛”，供奉神和本家列祖列宗。堂屋是自家举行重大活动，如结婚拜堂、丧事停柩、红白事摆酒席等之场所，自家的近亲嫡戚等重要人物来访或辞别，都要先经过堂屋。堂屋两头有房间，右边一间装成前后两小间，专门供人铺床休息。左边一间也装成前后两小间，后面一间铺床，前面一间是伙房，有灶和火坑、碗柜等，叫“火边”，专门用来做饭就餐、人事活动，是利用率最高的房间。羊桥土家族乡一带的“火边”，靠晒壁和左边挡头壁的角落设火铺，火铺离地面约两尺高，靠上面的上方装有火炕，妇女站在地上做饭；火铺上铺有木板，供人休息。有的地区房子左边一间不装成两小间，是一个大通间，专供做饭就餐及人事活动用。

还有叫“连五间”的房子。“连五间”是六列五间，除“火边”那一间外，其余都是铺床睡觉的房间。房子除框架之外的另一个部分是板壁。一栋房子的板壁以“一穿”为界分上装和下装，板壁的木种一般是杉木作板、枞木或柏木作枋，板镶于枋内，枋镶于柱内。房子的另外一个装修是楼板，堂屋一间的楼板叫“天楼板”，楼板基本是枞木或枫木。

20 世纪 90 年代后期开始，由于人民生活富足，收入增加，多效仿沿海修建小洋楼，房屋越修越漂亮，从原来的两层到五层六层。在装饰上，枋柱为罗马柱地面砌以地板砖，窗户为横推大玻璃窗。屋顶为水泥顶，加以隔热层，边缘用琉璃瓦装饰。

## 三、民间手艺

民间手艺一般有“一劁二补三打铁”之说。一劁指劁猪骟牛手艺。劁匠口含一只铁哨，走乡串寨。每到一处，即吹响铁哨，铁哨发出尖利的声音，提醒大家劁匠来了。二补是指补锅手艺。补锅匠常常挑着行头，边走边喊补铁锅换底。补铁锅要生火炉烧铁水，补锅匠把坩埚里烧成的铁水倒在毛灰上，然后对着铁锅漏洞贴去，这样铁锅就补好了。而现在补铁锅，主要是换锅底。三打铁是指打铁手艺。铁匠都有一个自己的铁匠铺，有一座用来煅烧铁坯的火炉，火炉所用的燃料有木炭和煤炭。一个铁匠一般会带一到两个学徒，打铁的时候，师傅把火炉里烧得通红的毛铁用铁夹夹好，放在一个铁砧上，然后和徒弟你一锤我一锤地把毛铁捶打成各种用具。铁匠用来打铁的工具有：小铁锤、大铁锤、铁夹（用来夹烧熟了的铁坯）、砧子（铁匠打铁的平台）等。木匠是本地一种古老的行业。木匠主要工具有斧头、刨子、锉子、锯子、墨斗、曲尺等。这些东西统称为“家食”，可以用一个背篼背走。木匠师傅分好几种，一般而言，分起房立屋的、打造家具的、修猪栏牛圈的等。木匠师傅以木头为材料，伸展绳墨，用笔划线，后拿刨子刨平，再用量具测量，制作成各种各样的家具和工艺品。木匠干活时常常哼唱些歌谣，在重要场合如立屋时，还要唱一些敬神曲子。竹器制作人被称做篾匠。本地老百姓日常用具很多是用竹子加工而成，如提篮、撮箕、箩筐、背篓、筛子、簸箕、斗笠等。篾匠手艺是一门细活，要经过多年磨炼才能达到精熟的程度。篾匠手艺最重要的基本功就是劈篾，把一根完整的竹子弄成各种各样的篾，首先要把竹子劈开：一根青竹，对剖再对剖，剖成竹片，再将竹皮竹心剖析开，分成青片和黄片。然后再根据需要，竹皮部分剖成青篾片或青篾丝。青篾适合编织细密精致的篾器，加工成各类极具美感的篾制工艺品。黄篾柔韧性差，难以剖成很细的篾丝，故多用来编制大型的竹篾制品。

## 四、饮食文化

岑巩县各民族以大米为主食，包谷、小米、高粱、荞麦、红薯等杂粮为辅粮，比较喜欢具有民族特色的食品，如灰碱粑、米粉、粽子、豆腐笋、香肠、社饭等。形成以粮食作物为主食，以各种肉类、蔬菜作为副食的基本饮食结构。临近春节时，家家杀年猪、熏腊肉、灌香肠、打糍粑，制作各类食品。

日常生活中，蔬菜品种众多，有莴笋、竹笋、黄瓜、南瓜、豌豆、豇豆、茄子、蕨菜、青菜、萝卜、丝瓜、韭菜、魔芋等。在口味上，偏重酸辣，嗜吃辣，几乎无味不辣，家家制作干板菜、酸菜、渣辣面、糟辣椒、水豆豉等，其味非常可口。岑巩人民每年过社时还要做社饭，是用大米掺和一定的蒿菜叶、腊肉丁、花生等蒸熟而成。冬天喜欢吃火锅，火锅以肉类为主食，蔬菜为配菜，以辣椒碟做“蘸水”。群众爱饮酒，许多人家用天锅酿制米酒、包谷酒、苕酒、苦酒，天马镇的包谷酒是乡场上的抢手酒类，另外还制作甜酒，即不过滤的醪糟酒，小孩也能吃。部分老年男人喜欢吸叶子烟（土烟），皆为自己栽种，中青年人均吸纸烟。

岑巩米粉以其米质优良著称。首先，将大米浸泡一两个小时，然后磨浆熏蒸，熟后切成条状，下锅煮熟，加上佐料，味美可口。岑巩米粉比较畅销。常有贵阳、凯里、铜仁、怀化等地客商在岑巩市场上采购岑巩豆腐，特别是龙江河、龙鳌河一带，溪流水质较好，制作的豆制品较为优良。

## 五、服饰文化

岑巩县各民族服装方面差别不大，20 世纪 90 年代以前，中老年人穿着一般为蓝布或者黑布对襟衣，扣子为布扣。头上包一张蓝布或者黑色帕子，该帕子称为“萝卜丝帕子”，包扎方式为围绕头部缠绕几圈，包成圆形。裤子多为蓝灰黑三色，腰带为布带，个别系草绳，青年人系皮带。现在，服装均为市面流行服装，夏季多为衬衫、T 恤、裙子，冬季为羽绒服、皮装、棉大衣等。配以皮靴皮鞋，草鞋基本上只是一种装饰或者舞蹈道具。广大农村也多流行皮鞋，穿解放鞋的人已经很少了。

## 六、节日文化

县境内的各种民族节日，已经基本与国内传统节日及法定节日合拍，如新年、春节、国庆、五一、五四等。传统节日有春节，阴历正月初一，俗称过年，传统上从岁末除夕、新年正月初一持续到正月十五元宵节（过年时，除夕要守夜，初一要拜年）。清明节，阴历四月五日至四月六日，祭祖、扫墓。端午节，阴历五月初五，又称端阳节，主题是吃粽子。七夕节，阴历七月初七，又称乞巧节，即中国的“情人节”。中元节，阴历七月十五，又称盂兰节，俗称七月半、鬼节，有祭祀灵魂等民间习俗。中秋节，阴月十五，举家团圆节，主题是赏月、吃月饼、偷瓜。重阳节，阴历九月初九，为敬老节。小年，阴历腊月廿三，打扫卫生。

岑巩人过年，杀年猪是一件要事，杀年猪的日子定在腊月初八，叫（杀腊八猪）。杀猪时节，全寨人来帮忙。猪杀死后，主人家要切猪脖子上的肉，与猪血、猪肠等一起煮火锅，大家一起吃喝，称之为吃“泡汤”。进入腊月后，就准备过年的年货了。做灰碱粑、打粑、磨豆腐。腊月二十七要杀鸡杀鸭。在岑巩有“七死八活九遭瘟”的说法，意思是用来过年做菜的鸡鸭，二十七日能杀死，二十八日杀不死，二十九日杀，来年自家喂养的鸡鸭要遭瘟疫。腊月二十九要把住房周围的卫生彻底打扫干净，贴门神、春联和年画。大年三十是最隆重的一天，这一天的早饭，大部分人家是简单地吃粉或面。早饭过后，男人上庙、敬老人家、割牛草煮牛饭，女人们办年夜饭。下午吃年庚饭，晚上守岁、洗脚、接灶、除夕等。

从初二开始，直至十四日结束，走亲访友，叫拜年。岑巩地区的拜年，以晚辈给长辈拜年为主，一般是女婿给岳父母拜年，外孙给嘎公婆拜年，外甥给舅爹妈拜年。其次是多年至亲佬表或郎舅平辈相互拜年。

元宵期间，也就是初一至十五这半个月期间，岑巩地区有玩龙灯的习俗。龙灯要玩到十五的晚上 11 点钟之后。一铺灯由篾条和纸扎的两条龙组成，分龙头、节子、龙尾。一铺龙灯在路上的排列次序为打提笼的，接着是排灯、龙头、节子、龙尾。其余还有进寨打招呼的灯头老爷、背蜡烛的、玩杂耍的、敲锣打鼓的、吹号的等人，特别是看龙灯的人更多。龙灯进了某一个寨，这一个寨的人家要烧香烧纸接灯，每家分几个玩灯的人或看灯的人，办酒饭给玩灯人吃，叫讨“计灯酒”。龙灯进屋要讲吉语，吉语一般是祝贺、免除瘟疫等内容。有时也采用问答的形式讲吉语，叫“盘灯”，话题一般是何处何人为什么玩这铺龙灯。正月十五是元宵节，也叫“上元节”，也是过年结束的一天。这天的饭菜办得比较丰盛，全天的喜庆氛围也是与大年三十相差无几。俗语说：“十五烧了门前纸，大的出门做生意，小的出门拣猪屎。”意思是说，过了正月十五，就算是过完年了，从第二天十六开始就要安排做活路（农事）了。

岑巩地区，清明节要“挂亲”，所谓“挂亲”，就是用白色特制的清明纸制成的清明标（又叫坟标），分别在自家所有祖坟上插起，在坟门口烧香纸，在坟边放炮竹，有的还准备菜、酒、粑（鸡蛋形）、饭等在坟边供（敬）。清明的前后各三天共六天可以挂亲。在六天中可以随便动挖坟墓，除此六天以外，不能动挖坟墓。

立夏节过得比较隆重。立夏节不能少的食品是蛋，主要是鸭蛋。主要吃法是调好油汤，打破蛋壳直接将蛋放入油汤中煮熟，叫“荷包蛋”。除蛋以外，还要吃竹笋，竹笋的吃法是：将竹笋切成细颗，与豆腐、肉混炒，吃饭时用莴苣叶包着吃。另外的食品是米粑。

岑巩有小端午和大端午之分，即五月初五是小端午，五月十五是大端午，主要过的是五月初五小端午。标志食品是“粽子”，又叫“粽粑”。粽粑的主要原料是糯米，也掺肉、豆、花生、板栗等，另外加入糯草灰，即加碱。包粽粑主要是用竹科类的粑叶包，包出的粽粑外形是一个三棱锥体。粽粑色鲜味美，不仅当餐食用，还用作走亲访友的礼品。龙田每年的端午节前后有赛龙舟的习俗。

岑巩有“六月六晒龙袍”之说。即在古历六月六日，把自家人冬天穿的衣裤拿出来晒，特别是老人们的寿衣寿裤。姑娘陪嫁的衣服裤子、鞋子以及床上用品等也拿出来晒，以免受潮。注溪土家族六月六“娃娃场”，是土家人民长期的生活习俗。七月十五叫“中元节”，俗称“鬼节”，又称亡人节、月半节（有些地区为十三或十四）。俗传去世的祖先七月初被放假半月，新老亡人这段时间要回家看看，故有“七月初接祖，七月半送祖”习俗。七月半给自家的列祖列宗烧包封是必须要办的一件事，包封是用绵白纸把用钱錾打过的火纸包扎起来，写上先人名字，岑巩新老城都选在河坝上烧，用火纸点燃包封。在包封燃的同时，还要燃放爆竹。当包封燃尽后，人们才三三两两地慢慢离去。在水尾、天星、羊桥一带地区是过七月十二，在这一天，每家都派小孩去把自家嫁出去的姑娘接回来过七月半，其意思是让嫁出去的姑娘感到自己并没有被娘家人忘记，还很受尊重。

八月十五是中秋节，在八月十五这天，家里的晚餐要比平常丰盛一些，晚饭后还在自家摆上月饼等糖果闲聊赏月。在农村，八月十五这天晚上，青少年们去野外偷别人家蔬果之类的东西吃，偷了被别人骂认为是好事，被偷的人家也不觉得是什么坏事，偷的东西有柚子、柑子、花生、南瓜、姜等。农历九月九日，为传统的重阳节，又称“老人节”。重阳日，历来就有赏菊的风俗，所以古来又称菊花节。农历九月俗称菊月，也有喝酒的习俗，其酒叫“菊花酒”。岑巩地区这一天做米粑，最好的菜是鸭子煮板栗。

## 七、喜庆文化

岑巩县各民族有生育请粥米酒、祝寿、进新屋、开财门等习俗。生育请粥米酒习俗为：新媳妇生第一个孩子，要举办粥米酒。举办粥米酒又叫“打三朝”，孩子生下后，主家通知外婆家，外婆家来人看望，并商量好“打三朝”的日期，到了日期，亲戚朋友就来喝酒庆贺。以前粥米酒只来女客，送的礼物一般有鸡、蛋、甜酒、糯米以及小孩子的衣服玩具、用具等。现在来客男女不限，多直接送人民币，外婆家买婴儿床、婴儿车、衣服、玩具、用具等。

祝寿习俗，民间称为“做生”。一般老人过了花甲之年，子孙就要为其祝寿，忌讳六十岁祝寿，骂人有“做人家六十岁”之言，即不能做六十岁生日宴。祝寿时，女婿须备厚礼，主家款待来客，老寿星坐上席，人人为其敬酒，欢庆寿辰。现在许多人年过四十岁即办“生日宴”，大家一起欢庆。

进新屋习俗，现在无论是买商品房的，还是自己修房子的，都要选择一个日期进新屋。以前一般是请道士先生看日子，现在多选在国家法定节假日，如国庆、五一等。有的人家要“搬香火”，即从老屋里分一个火出去，表示分家立业。新屋堂屋（客厅）里挂神榜，一些农村地区还要请“财帛星”来踩“财门”，亲戚朋友前来祝贺。

## 八、婚姻文化

县境内的婚姻习俗，由于各民族长时间相处，又相互开亲，在习俗上互相渗透，民族区别不大。随着时代的进步，现代的都市婚姻风气影响着岑巩县，婚姻习俗加进许多新的内容，而且富有时代色彩。男女过了法定婚姻年龄，多通过自由恋爱后结婚。婚礼的日期多在国家法定节假日，也有的请人看黄道吉日。在婚礼的头一天，迎亲队伍驾接亲花车（多为小轿车）到达女方家，女方家该日办酒，大宴宾客，称为“花筵酒”。以前还盛行新娘“哭嫁”，表示难舍父母兄弟。在婚嫁喜庆的日子，晚上要煮油茶待客，名为“吃夜宴”。婚礼当日早上约5点钟，新娘盛装打扮，赶时髦的还穿白色婚纱，在鞭炮声响中登上接亲车，辞别父母而去。所有嫁奁装在车上，随车拖去。现在嫁奁主要为电视、冰箱、洗衣机、空调、摩托、组合柜等电器家具用品。新娘到达后，在司仪主持下举行婚礼。婚姻习俗上，农村保留部分原来风俗，如接亲还请唢呐师傅，新娘进门司仪在门前杀鸡祭神。现在最有特色的仪式“哭嫁”已经消失了。城市已经完全是现代婚礼，新郎西装革履，新娘披洁白婚纱，在喜庆音乐中敬酒。

## 九、丧葬文化

县境内丧葬多采用土葬。丧葬仪式有发讣闻、散孝帕、宰牲口、宴宾客；请礼生、堪舆道士、总管、执事、厨师、吹鼓手等；治丧程序有开路、打绕棺、开吊祭奠、鸣炮奏乐、聚师明歌、择日发丧；丧后还要“复山”“烧七”等。水尾镇大树林苗族的丧葬比较特殊，尸体入棺后，一不开路，二不打绕棺，三不点地府灯，四是抬丧出门不打碗。只开家祭，念祭文，烧香纸，请阴阳先生择日入土。丧葬习俗保持的原风味较多。现在也有简单办丧事的，一些在外地的岑巩人死后在火葬场火化，骨灰保存，带回岑巩故土安葬。在城镇，丧葬仪式主要变化是简化治丧程序，有的请乐队或者歌舞队进行歌舞表演。在农村，农民外出打工的人多了，多种经营的多了，进入乡镇企业的多了，按老传统办丧事几乎不可能。因而，农村许多地区，抬丧都要请其他寨邻和朋友，其丧葬习俗部分保持传统，但又在发生着显著变化。

# 第二章　加强政治建设　全面深化改革

## 第一节　探索时期

### 一、民族事务机构

作为少数民族人口占总人口 60% 以上的多民族杂居的地区，黔东南解放以后，各级党政领导十分重视民族工作，组织专门工作机构处理民族问题和负责民族方面的工作。镇远行政专员公署苗胞接待办公室是黔东南地区新中国建立以后最早建立的民族事务管理机构，专门处理涉及民族关系和民族问题方面的工作。该机构 1949 年 11 月组建，1951 年镇远专区民族民主联合政府成立后撤销。

1951 年 6 月，镇远专区召开全区第一次各族各界代表会议，选举产生镇远专区民族民主联合政府，下设专署民族事务委员会等办事机构（尚未明确编制，在会上明确由专员兼主任委员）。1952 年 11 月，贵州省民族事务委员会下文组建“镇远专署民族事务委员会”，编制为 6 人，实行委员制，并明确由专员兼民委会主任。1952 年 12 月 9 日，专署秘书室出面组织碰头会议，研究民委会人选及委员名额分配事宜，确定驻会 6 人，按民族人口比例配备各民族干部，镇远专署民委会正式成立。民委职责为：调查、了解党的民族政策的贯彻执行情况，处理民族事务，开展各民族社会经济调查以及组织、发动少数民族发展生产等。1953 年 3 月，专署民委会配备干部 5 人，专职副主任龙和甫，委员兼专职干部有潘汉澄（苗）、杨再传（苗）、王金荣（苗）、杨政兰（侗）。1954 年 2 月，贵州省民族事务委员会行文明确镇远专署民族事务委员会专职编制为 4 人。1954 年，龙和甫担任专署民委主任委员。1956 年 5 月贵州省人委任命王金荣为专署民委副主任。1956 年 7 月 23 日，黔东南苗族侗族自治州正式成立。7 月 26 日，自治州人民委员会召开第一次全体会议，讨论自治州直属机构的设立。会议决定撤销“民族事务委员会”，增设“自治州宗教事务科、自治州语文指导委员会”，上报省人民委员会，省人民委员会于8月份下文批准组建“黔东南苗族侗族自治州宗教事务科”和“黔东南苗族侗族自治州语文指导委员会”。1963年，贵州省召开民族工作会议，贵州省民族事务委员会明确自治州的民族事务工作由自治州人民委员会办公室负责，经费安排使用由民政部门负责办理。“文化大革命”期间，民族事务工作被取消。

## 二、党的民族政策的贯彻实施

### （一）党的“八大”时期民族政策的实践

随着对农业、手工业和资本主义工商业社会主义改造基本完成和第一个五年计划取得重大成就，全国进入一个新的发展时期。中共“八大”会议确定新时期的主要任务是集中力量发展社会生产力，实现社会主义工业化，满足人民的经济文化需要。在民族工作方面，“八大”强调：正确处理少数民族问题，是我们国家工作中的一项重大任务，必须用更大努力来帮助各少数民族在经济上和文化上的进步，使各少数民族在我国社会主义建设事业中充分地发挥作用。

1956年10月3日，中共黔东南地委根据检查中存在的问题，作出了《关于少数民族地区转高级社具体处理意见》（草案），对少数民族地区自留地、特殊用地等问题以及节日集会、传统娱乐等问题作出了具体规定。《处理意见》规定：对自留地“一律不入社”，少数民族游方坡、姊妹坡、斗牛场、跑马场等土地“一律不入社”；龙船田、祭祀田可以不入社，但合作社可以租种，少数民族棉花土、土烟土、蓝靛田等，“根据实际需要按户留一部分给社员私有”；姑娘田、祭祀田、妇女私房田“一律不入社，但合作社可租种”；少数民族虎牛、龙牛、祭祀牛、斗牛、姑娘牛、保家牛等“一般不作价入社”。《处理意见》中的附件还对民族节日问题作了规定。

1956年10月9日，中共黔东南地委向省委作出《黔东南地委关于执行民族政策情况的检查报告》，对在农业合作化运动中忽视民族特点急躁冒进、取消少数民族特需商品生产和供应等做法和民族干部等问题都作出了检讨。提出要彻底纠正在检查过程中暴露出来的违反民族政策的问题，检查执行民族政策要制度化、经常化；加强各民族干部对马列主义的学习，加强党的民族政策学习，提高各民族干部政策水平和工作能力；发展生产改变少数民族的贫困状况；加强民族地区调查研究工作等六条意见。

毛泽东同志1957年2月发表《关于正确处理人民内部矛盾的问题》讲话，在谈到民族问题时强调指出："汉族和少数民族的关系一定要搞好。这个问题的关键是克服大汉族主义。""八大"精神、毛泽东同志的讲话，是此时期民族工作的指导方针。黔东南自治州、县各级党委贯彻党的"八大"路线，按照省委"对民族政策的执行情况再进行一次检查"的指示及省民委制定的1957年民族工作计划，从总结民族工作经验入手，结合整顿农业合作社、加强农业生产、开展增产节约运动，开展了民族政策执行情况检查。

1957年4月，全州第一届人民代表大会第二次会议审议通过了《黔东南苗族侗族自治州人民委员会关于高级农业生产合作社具体问题处理的补充规定》，会议通过了在国家和少数民族的主要节日，合作社应予以放假的决定。1957年秋，为配合民族语文推行工作，州语委和州民族语文学校编译印发了《苗文农民识字课本》8000多册，编译印发了《苗汉词典》工具书3000多册。苗文、侗文试点推行工作采用夜校学习班形式，先在苗族、侗族集中聚居乡村举办学习班，然后再集中连片进行。

从1958年2月起，先后在凯里挂丁、台江施洞、凯里凯棠、雷山西江等苗族聚居的村寨开办苗文试点。到1958年11月底止，又先后在台江、凯里、雷山、剑河、丹寨、黄平、施秉等苗族聚居的11个县开办了33个苗文推行工作试点。1958年12月，在榕江县车江乡开始推行侗文试点。1958年9月，双语教学实验开始启动。

1961年，按照中共中央八届九中全会关于对国民经济实行"调整、巩固、充实、提高"的八字方针，黔东南州开始对国民经济进行调整。在民族工作方面，州委、州人民政府根据中央、省指示精神，结合州的实际，抓了调整民族关系、认真贯彻执行党的民族区域自治政策、恢复特殊照顾政策等一些工作，取得了很大成效。

1962年7月9日至18日，民族工作会议召开，出席会议的有苗、侗、布依、壮、瑶、汉、仡佬等12个民族的代表共206名。其中有县、区、社党内外在职干部、医务界、教育界、工商界人士和民主人士及民族上层人物。会议传达了全国、贵州省民族工作会议精神，检查了本州执行民族政策的情况。各族代表肯定了本州社会主义建设取得的成就，对搞好民族工作提出意见和建议，会议特别强调贯彻党的民族区域自治政策，尊重少数民族的自治权利，有关少数民族的重大问题，要由少数民族和干部充分讨论，按照他们的意愿作出决定。之后，民族自治地方的自治权得到了一些恢复。1962 年，根据国务院批转商业部、对外贸易部、民族事务委员会党组《关于第五次民族贸易工作会议情况的报告》中对边远山区、边远牧区、民族贸易企业在资金、利润、价格补贴等方面给予照顾的规定，以及 1964 年 2 月 7 日财政部《关于计算民族自治地方 5% 机动资金的具体规定》，给自治地方更多的财政管理权限，留给自治地方一定比例的民族机动金和高于一切地方的预备金。黔东南 16 个县享受照顾。

根据 1962 年 9 月贵州省民族事务委员会制定的《关于恢复对少数民族作特殊照顾的有关规定》发放无偿农具、无息贷款、低息贷款，对土酒税、屠宰税和高寒山区的农业税减免照顾，少数民族地区贸易工作贯彻“不赔不赚，少赔不赚，以赚补赔”的方针，对少数民族地区的教育、医疗等特殊照顾政策逐渐恢复。所有这些，对调动各少数民族的生产积极性、尊重民族特点、巩固各民族之间的团结、促进民族地区的社会主义建设事业起了良好的作用。这一段时期，全州民族工作经历了曲折发展的进程，虽然“左”的指导思想未能彻底纠正，但民族工作还是取得了一定成绩。

中华人民共和国成立后，县境内各少数民族的政治、经济与文化不断得到发展。1962 年 8 月，县委、县人民政府专门召开岑巩县民族工作会议，副县长杨希震（侗族）亲自主持，传达全国和省、州民族工作会议精神，县委第一书记罗继纯作专题报告，总结执行民族政策情况和工作中的经验教训，研究并提出了执行民族政策、加强民族团结、发展民族经济的九条意见。

1963 年 2 月，中共岑巩县委宣传部组织工作组，先后到龙田地区的菜山、过山、大路坎、响鼓坪等四个民族村寨，进行了一个多月的实地调查，了解民族村寨生产、习俗情况，听取群众意见，并对少数民族染布所需的特殊用地——兰靛自留地及其头帕、裹脚、围腰的用布等问题做了研究和解决。

（二）“文化大革命”时期党的民族政策的实践

这一时期，中共岑巩县委及其领导下的广大人民群众与“左”倾错误的斗争是艰难曲折的。正是由于广大党员干部和工人、农民、解放军、知识分子等的共同奋斗，使“文化大革命”在岑巩县的破坏受到了一定程度的限制。岑巩县的国民经济虽然遭到较大损失，但是在粮食生产、农田水利基本建设、工业交通、医疗卫生等事业方面仍然取得了一些成就。

岑巩县革命委员会是在这一特殊时期下产生的特殊的临时权力机构，该机构负担起了当时岑巩县的党政、司法、刑侦、教育等各项事务，部分或大部分地代替了岑巩县委、岑巩县政府的工作职能。“补台”后的岑巩县革委会，人员大部分是优秀而忠于党的事业的、新当选的委员，不乏勤勤恳恳、忠诚老实的先进人物。其中平庄公社苗族女社员吴文娟，曾在 1970 年 4 月被选为第四届全国人民代表大会代表。

岑巩县革委会积极支援国家建设。1970 年 8 月 17 日，根据国务院、中央军委批转的《湘黔、枝柳铁路建设会议纪要》精神，贵州省革委会、省军区发布《关于动员民兵参加湘黔铁路会战的命令》。9 月 22 日，岑巩县革命委员会召开会议，作出《关于动员民兵参加修建湘黔铁路会战的意见》。岑巩民兵团从 1970 年 8 月参战到 1972 年 6 月胜利返回，共建成隧道 7 座，桥梁 4 座，涵洞 5 座，为湘黔铁路建设作出了应有的贡献。

这一时期，全县各族人民在兴修水利、改河造田修筑公路方面做了大量的工作。1970 年后，共开工修建小 I 型水库 14 处，其中续建 8 处；小 II 型水库 5 处，水轮泵站小 II 型 5 座，改河造田工程一处；修建桥梁 9 处，新修公路 54 公里，修便道 800 多公里。除各公社和 80% 以上的大队都通了汽车外，还修通了部分林区公路。另外，修建或续建大量的水库如将军山水库、板山水库等。20 世纪 70 年代，岑巩县水利工程、水利建设和公路建设均取得较大成绩。

为了解决长期以来农村缺医少药的问题，保障人民群众身体健康，1965 年 6 月 26 日，毛泽东主席指示“把医疗卫生工作的重点放到农村去”。上海第一医学院积极响应毛泽东主席的号召，以一批毕业班学生党员和学生干部为主体的青年学生组织了一支医疗队。为了增强全县的医疗卫生技术力量，中共岑巩县委、县革命委员会责成卫生局副局长欧明俭组织联络小组，与医疗队联系，表达岑巩人民热切欢迎医疗队到岑巩县落户的愿望，争取医疗小分队迁到岑巩县。县委根据医疗队的工作需要，选择交通、水电等基础设施较好的思旸公社新兴村作为医疗队的基地，随后从新兴村调拨36亩土地给医疗队。1974年8月，成立医疗队筹建组，在新兴实施土建工程。筹建组依靠当地的干部群众，在㵲阳河畔一片长满茶树的山坡上修建了门诊部、住院部宿舍、图书室、供应室、库房、食堂等，总计占地面积2000平方米。1974年11月至1975年5月，上海医疗小分队分批离开剑河，迁至岑巩新兴，更名为“贵州省指点江山医疗队”，直属贵州省卫生厅领导，由黔东南州卫生局代管。医疗队队员在为农村群众防病治病的过程中，坚持密切联系人民群众，经常走访老干部、老农民、老赤脚医生，有时还请队员到医院座谈，学习当地干部群众的好思想、好作风，努力把自己锤炼成受群众欢迎的好医生。在中共岑巩县委的领导下，“指点江山”医疗队10名共产党员，认真过好组织生活，发动积极分子入党，扎实做好全队的政治思想工作。要求医疗队与岑巩师范结对，以利开展党的工作。为了适应新形势的需要，按照1979年1月2日中共贵州省委《关于解决“指点江山”医疗队问题的请示报告》的批复，医疗队重新分配，与岑巩人民惜别，分赴新的工作岗位。县委、县卫生局在上海医疗队医院的基础上建立岑巩县新兴医院，县卫生局副局长龙治堂兼任院长。

1968年，岑巩县贯彻执行中共中央“农业学大寨”的指示和方针政策，掀起农业学大寨运动，推广大寨的先进经验，有力推动了农业生产。1969年1月，县委、县政府制定了1969年至1974年全县农业发展规划，提出要学习大寨自力更生、奋发图强、艰苦奋斗的革命精神，把山区建设好。

## 第二节　改革开放时期

### 一、民族事务机构

党的十一届三中全会后，党中央实行改革开放，拨乱反正，民族工作得到恢复和发展。1980年4月4日，中共黔东南州委统战部写出书面报告上报州委，要求成立“黔东南苗族侗族自治州民族事务委员会”。同年4月24日，黔东南自治州革命委员会发出通知，确定建立“黔东南苗族侗族自治州民族事务委员会”，暂定编制7人，州民族事务委员会正式成立。1981年3月，潘树荣（苗）任民委主任。州民委为州人民政府职能工作部门，主要负责民族政策和民族团结的宣传教育、民族识别、民族语文试点推行、民族经费的安排管理使用、落实民族政策等方面工作。

1983年1月10日，岑巩县人民政府决定成立“岑巩县民族事务委员会”，由副县长顾先义（苗族）分管，王泽武（侗族）兼任主任。1984年1月调吴国权（苗族）任专职副主任，1987年9月升任主任。

县民委干部虽然文化水平有高低，参加民委工作有先后，但都热爱民族工作，勤奋学习，不断提高政治和业务素质，较好地完成了任务，发挥了职能部门工作的作用。1985年，吴国权被评为全州民委系统先进工作者，出席省委、省政府召开的全省民族团结表彰大会，获得荣誉证书。1987年，岑巩县民委被评为全州民委系统扶贫工作先进集体，荣获二等奖。1988年吴国权被评为省委、省政府召开的民族团结表彰大会先进个人。

## 二、民族成分识别与更改

岑巩县自古以来是仡佬族、土家族、苗族、侗族聚居的地方。由于各个历史时期受到封建统治阶级的残酷压榨，有些逃往他乡，有些被迫隐瞒族属。千百年来的民族歧视与政治压迫，使境内少数民族长期不敢公开承认自己为少数民族。自1984年以来，通过进一步深入贯彻落实党的民族政策，各族人民树立了民族自尊心，强烈要求正本清源，恢复本来面目。为此，县委、县人民政府于1984年8月14日召开了全县各区乡镇以及县直部办委局负责人会议，贯彻1982年国务院人口普查领导小组、公安部、国家民族事务委员会联合发出的《关于恢复或改正民族成分的处理原则的通知》文件精神。同年10月20日，中共岑巩县委、岑巩县人民政府决定成立“岑巩县民族识别领导小组”，由县人大常委副主任杨明勋担任组长，副县长刘树智、民委副主任吴国权任副组长，县政协副主席陈树培、统战部副部长田永谷、县委办公室副主任龙斌、民委调研员陈来春为成员。下设办公室，吴国权兼任办公室主任。为搞好民族识别和民族成分更改工作，县民委编印了《岑巩县民族识别和民族成分更改宣传提纲》。1985 年 5 月 4 日，县民委发出了《关于认真做好民族成分更改手续的通知》。同年 11 月 29 日，县民委又发出《关于对申报更改民族成分的补充通知》。通过一系列工作，初步清理了本县境内 100 多个姓氏的来历和各民族的历史渊源以及迁徙情况，恢复和更改了一部分人的民族成分。

改革开放以来，经过贯彻党的民族政策，少数民主群众放弃顾虑，报出自己正确的族别。通过进行民族成分的识别与更改，到 1990 年全国第四次人口普查时统计，全县总人口 181913 人，少数民族 64441 人，占总人口数的 35.42%。1990—2000 年，岑巩县每年进行民族成分的识别与更改工作。至 2002 年底，全县少数民族人口有 8.61 万人，占全县总人口数的 41.2%。针对在民族成分识别与更改工作中，出现乡镇识别更改、公安部门识别更改状况不统一，公安部门与县统计局的数字不一样，造成统计数字不准确的情况，2003 年，县民宗局与县公安局发出《关于规范我县更改民族成分的通知》。2004 年，全年按照民族成分识别与更改的政策规定，批准办理更改少数民族成分 25 户，对不符合条件更改的不予办理，对其讲解党的民族政策，做好思想政治工作。至 2005 年底，据县统计局统计，全县常住一年及一年以上的总人口 22.49 万人，其中少数民族人口 11.3 万人，占全县总人口数的 50.25%。至 2010 年底，据县公安局统计，全县总人口 225439 人，其中少数民族人口 104240 人，占全县总人口数的 46.23%。

## 三、民族干部培养

中华人民共和国成立以来，岑巩县各级党委和人民政府非常重视吸收、培养和选拔少数民族干部的工作。通过各种渠道，采取各种有效方法，选送民族干部到党校、院校或培训班学习深造，提高他们的政治、文化和科学知识水平，并让他们在实践中加强锻炼，提高工作能力，增长才干。党的十一届三中全会以后，全州少数民族干部的培养提拔工作进一步得到重视，1980 年 1 月 5 日州委发出《关于训练基层干部的安排意见》，各级各部门按照这个意见要求，培训了大批少数民族干部。1980 年 2 月，党的十一届五中全会进一步明确要调整充实好党的各级领导班子。州委按照这个要求对县级领导班子进行了充实调整，选拔使用了一批少数民族干部，1987 年 4 月初州八届二次会议通过了《黔东南苗族侗族自治州自治条例》，为培养选拔少数民族干部提供了坚实有力的法律基础。

据1990年底统计，全县有少数民族干部1255人，占干部总数的48.31%。其中，侗族579人、土家族368人、苗族296人、仡佬族2人，其他少数民族10人。参加中国共产党的少数民族党员1605人，占全县党员总数的36.93%。在全县党政机关中，有少数民族县级干部8人、区级干部130人。中华人民共和国成立前，全县的仡佬族只有几人读过小学或私塾。中华人民共和国成立后，仡佬族有了自己的大学生、中专生和副部长、乡长、教师、医生、科技人员。家住思昉的侗族吴本立，1959年毕业于重庆建筑工程学院，1962年后任贵州省建筑设计院和贵州省城乡规划设计院设计室副主任、党委书记、院长、高级工程师。设计的农房方案，曾获贵州省科技成果二等奖；参与编写《贵州省国土资源》一书，获贵州省科技进步二等奖、国家科技进步三等奖。

结合《中共中央组织部、中共中央统战部、国家民族事务委员会关于进一步做好培养选拔少数民族干部工作的意见》的贯彻落实，由州委办批转了《中共黔东南苗族侗族自治州委组织部、中共黔东南苗族侗族自治州委统战部、中共黔东南苗族侗族自治州民族事务委员会党组〈关于加强培养选拔少数民族干部工作的意见〉》，对培养和选拔少数民族干部提出了具体要求。文件要求全州各级各部门，一是进一步提高对培养选拔少数民族干部工作重要性的认识，增强工作的自觉性和责任感；二是坚持解放思想，实事求是的原则，继续壮大少数民族干部队伍，优化队伍结构，扎扎实实做好少数民族干部工作；三是加强对少数民族干部的培养教育，全面提高队伍素质；四是坚持干部“四化”方针和德才兼备原则，积极选拔少数民族领导干部，切实加强少数民族后备干部队伍建设。州委统战部在党委的领导下，按照文件要求，着力培养德才兼备、坚持祖国统一和民族团结、密切联系本民族群众的民族干部和代表人物，有计划地增加数量，改善结构，提高素质。通过挂职锻炼、进党校学习、举办经济管理培训班及民族理论和民族政策研讨班等方式培训民族干部，取得了一定成效，一大批少数民族干部和代表人物被选配到各级党委、政府重要领导岗位以及人大、政协、民主党派机关等工作岗位，为州“三个文明”建设积极努力工作，充分发挥他们参政议政、民主监督的职能作用，为全州经济社会发展作出了积极贡献。至2000年底，全县有少数民族干部2472人，约占干部总数的67%，其中县处级少数民族领导干部18人，占县处级干部数的75%；乡镇科局级少数民族干部210人，约占同级干部数的81%。

21世纪初，是我国社会主义现代化建设的机遇期。2001年，中共黔东南苗族侗族自治州委办公室转发了《中共黔东南苗族侗族自治州委组织部关于进一步做好培养选拔年轻干部、少数民族干部和非中共党员干部工作的意见》，对培养选拔少数民族干部提出了新的措施和要求。文件指出：一是要充分认识培养选拔少数民族干部的重要性和紧迫性，要从长治久安和全州经济社会发展的战略高度出发，充分认识做好培养在选拔年轻干部、少数民族干部和非中共党员干部工作的紧迫性和必要性，加大力度，努力使这几个方面的工作取得新的突破。二是要明确工作目标，采取切实措施，进一步加大和选拔配备少数民族干部工作的力度。在民族乡的领导班子中，应选配好少数民族领导干部，少数民族人口多的县（市）领导班子和少数民族人口较多的乡镇领导班子，均应配备一定数量的少数民族干部，各级党政群工作部门和事业单位都应注意选配少数民族干部，在全州范围内，其他少数民族和汉族干部也要保持合理的比例；对少数民族干部，要在严格把握德才标准的基础上，在同等条件下优先使用，对特别优秀的少数民族年轻干部，可以破格提拔使用，要重视县级、乡科级少数民族干部的选拔，本地区、本部门没有合适人选的，要通过交流选配或留出职位在一定期限内抓紧选配；要立足长远，加强少数民族干部的后备干部队伍建设，乡以上党政领导班子要按正职一比二、副职一比一的要求建立后备干部队伍，对年轻后备干部，要坚持动态管理，备用结合，选拔任用少数民族干部，要严格按照《党政领导干部选拔任用工作暂行条例》的规定执行。三是培养选拔少数民族干部要坚持标准，严格把关。培养选拔少数民族干部，必须坚持干部队伍“四化”方针和德才兼备原则，把思想政治素质好、科学文化水平高、组织领导能力强、政绩突出、群众公认的干部选拔进各级领导班子。四是以提高整体素质为重点，大力加强少数民族干部培养教育。要把少数民族干部的培训纳入培训总体规划，统筹安排，要按照“三个代表”要求，围绕贯彻干部教育“十五”规划，有计划、有重点地组织少数民族干部到各级党校或行政院校教育培训，系统学习马克思主义基本理论和党的基本路线、基本知识、优良传统作风，帮助他们夯实理论基础，坚定走有中国特色社会主义道路的信念，牢固树立正确的世界观、人生观、价值观，对少数民族干部还要广泛、深入地进行马克思主义民族观、宗教观的教育；要重视在实践中锻炼干部，采取多种措施，不断提高少数民族干部的领导能力，要有计划、有重点地选派基层优秀少数民族干部到上级党政机关和经济相对发达地区挂职锻炼，对各级党政机关中有培养前途，但缺乏基层工作经验的少数民族干部，要有计划地选派他们到基层任职、挂职、扶贫，今后选拔少数民族干部，要把基层工作经历作为重要条件，对不愿意到基层或艰苦地方去工作的，不能提拔，更不能重用；要加大少数民族干部的轮岗交流力度，有计划、有步骤地进行岗位轮换，使他们接受多岗位锻炼。五是加强领导，精心组织，把培养选拔少数民族干部工作落到实处。

文件出台后，全州各级党委切实加强了对少数民族干部和少数民族代表人物的培养。

2010 年，全县共有少数民族干部 2943 人，占全县在职干部的 85.8%，其中在职县级干部 29 人，乡科级领导干部 370 人，乡科级非领导及股级以下干部 2544 人。少数民族代表及委员：州党代表 12 人，县党代表 205 人；省人大代表 2 人，州人大代表 12 人，县人大代表 117 人，州政协委员 10 人，县政协委员 112 人。在各自的工作岗位上民族干部和汉族干部亲密团结，努力进取，不少少数民族干部成了各行业的佼佼者。县委组织部、统战部、县民宗局等单位贯彻落实民族政策，采取“派出去学”“请进来教”“走出去看”等形式，加强少数民族干部政治理论和业务学习。2010 年通过县委党校学习和调训等形式，共培训少数民族干部 686 人次。

## 四、民族政策的贯彻实施

### （一）平反冤假错案，贯彻落实党的民族政策

党的十一届三中全会后，中共岑巩县委、县人民政府及时纠正了“左”的错误，认真贯彻落实党的民族政策，纠正冤假错案，广泛开展“民族团结月”活动。

1978 年后，中共岑巩县委认真贯彻中共中央、省委、州委关于纠正冤假错案指示精神，对中华人民共和国成立以来各历史时期处理的案件和一部分提出申诉的历史老案，分期分批地逐一进行了复查和纠正。

（二）开展民族团结工作，改善民族关系

中华人民共和国成立后，各民族建立了平等、团结、互助的社会主义关系。在社会主义建设中，各民族和睦共处，团结奋斗，为发展境内经济文化作出了自己的贡献。龙田总院村邓家湾村民组18户人家，有9户是从高坡大岭上迁移下来的仡佬族。仡佬、汉两族人民同居一个寨，共饮一井水，一家有事，众人相帮，友好相处，亲密无间，从未发生纠纷和争端。汉族村民朱玉贵和火山坡仡佬族村民孙德才打“干亲家”，亲如手足。中华人民共和国成立前，汉族与仡佬族通婚之事闻所未闻，在党和人民政府领导下的新社会，汉族和仡佬族青年男女打破了这种民族壁垒，龙马村仡佬族青年陶文举和汉族姑娘何凤英结成伴侣，勤劳生产发家，在当地传为佳话。在职工中，汉族、仡佬族联姻之事不断增多。至于土家汉成亲、汉侗结缘、汉苗相配的家庭，在岑巩境内比比皆是。

民国时期，羊桥土家族乡戴姓土家族和王姓汉族曾因婚姻纠纷发生过两次大的械斗，造成流血事件，双方伤亡不少人。中华人民共和国成立后，在党和人民政府的教育下，两姓村民由相互仇视敌对的关系转变为团结合作、相互通婚的亲密关系。1971年，龙田总院村火山坡仡佬村民孙宗尤家遭火灾，房屋化为灰烬，烧死4个小孩，寨邻都是汉族人，家家捐赠粮食、衣物，还无偿献工献料，很快修起了大瓦屋，为孙家及时解了难。1983—1986年间，羊桥土家族乡蓑衣村和两河村被洪水冲毁良田570亩，相邻村寨土家、侗、苗、汉等各族人民主动大力支援，不计报酬，投工7.1万个，帮助两个村恢复良田120亩。在文化生活中，龙田镇仡佬族艺人教汉族青年吹唢呐，活跃农村文化生活。汉族名匠刘年丰给仡佬族青年吴德子、陶文清传授木工技艺，使他俩成为当地知名木匠师傅，到处有人请他俩去打制家具，使他们增加了经济收入。在农田建设、兴修水利、植树造林等各项生产活动中，各民族团结合作，共同开发岑巩山区经济的生动事例不胜枚举。

1983年7月6日，县委、县政府批转县委宣传部、县民委《关于开展“民族团结月”活动的安排意见》，广泛开展“民族团结月”活动，县广播站举办“民族团结月”专题节目广播，县文化馆、各公社文化站开办“民族团结月”专题橱窗，县电影院、各公社电影队开展“民族团结月”幻灯片宣传，各公社、各单位采取悬挂大幅标语、出墙报、黑板报等各种形式，广泛宣传党的民族政策。

县委还邀请各民族干部、群众、知识分子、专业技术人员、先进模范人物、知名人士等代表召开座谈会，总结检查党的民族政策的执行情况，结合开展“五讲四美三热爱”活动，倡导社会主义新风尚。

（三）落实少数民族经济扶持政策

1. 民族经费管理与使用

在民族经费的管理与使用上，县委、县人民政府始终根据中央、省、州民委的一系列民族工作方针政策，抓住民族工作的中心，与财政等部门密切配合，用好用活民族经费，从经济效益与社会效果上狠下工夫，花较少量的钱，办较多的事，扶持少数民族发展经济，解决生产、生活、文化落后等实际问题，促进全县各民族政治、经济和文化事业的发展。民族经费包括：民族机动金、有偿无息周转金、扶持地区补助金、社会捐助资金及补助农村少数民族建房资金。

1984—1988 年，全县共享受国家给予各项民族机动金 71.2 万元，先后安排了农业、教育、文化、卫生、修桥补路、水电建设及农村少数民族建房补助等 97 个项目，扶持少数民族发展经济和文化事业。扶持少数民族发展经济，发挥了应有的作用，取得了较好的成果。在教育事业上，补助城关小学、岑巩中学、水尾中学、注溪五星小学、衙院小学、平庄小学、马鞍山小学共修建校舍 6 幢，建筑面积 4000 平方米。在卫生事业上，拨款给县人民医院修建 X 光检查楼 1 幢，建筑面积 420 平方米，安装 300 毫米 X 光机一套；给县防疫站安装冷链运转机一套，当年运转 3 次，接种 17468 人次。在文化事业上，购电视差转机 2 台，给平庄乡和羊桥土家族乡各修建电视差转台 1 处，覆盖范围为 31.08 平方公里。在交通事业上，为天星、凯本、天马、龙田、思旸等乡镇的 9 个村寨修建石拱桥、平板桥 13 座，各种桥涵 2 座，全长 502 米。在人畜饮水方面，为思旸、水尾、天星、凯本、天马、大有、羊桥等乡镇 10 个村寨修建人畜饮水池、水井及架设自来水管 21 处，解决 18 个自然寨及机关学校 3000 多人和牲畜饮水的困难。补助农村各民族修建木房和砖木结构房屋 120 幢，建筑面积 9886 平方米。

1990 年，国家补助农村不发达地区少数民族建房资金 2.75 万元，建房户自筹 4.86 万元，亲友资助 1.05 万元、粮食 2 万斤，投入劳动日 2800 个，共修建木房 22 栋、砖房 4 栋、砖木结构房 1 栋，建筑面积总计 3603 平方米，解决 27 户计 97 人的住房难问题。实施交通、人畜饮水、文教卫生等项目，使全县少数民族地区的经济得到快速发展。

1993年至1997年，争取经费129.22万元。用于科教文卫项目48.8万元；用于水利电力、交通、人畜饮水工程12.45万元；投入扶贫点7.5万元；扶贫建房与“乐施会”捐资建房31.2万元，319户1504人受益；扶持乡镇企业19万元；民族乡专项补助和其他补助9.67万等。

2000年，启动小额扶贫贷款15万元，发放羊桥土家族乡蓑衣、两河、杨柳、泡湾、丁坪5个村18个村民组76户少数民族群众，发展养殖业等，其中养殖项目资金占80%，其他项目占20%。扶助大有乡和平村公路维修资金5万元。奔坡、长溪、白岩坪、汤江溪、中洞、和平等6个村自筹资金16万元，投工投劳1.5万个，修通简易公路。2009年通过积极争取，上级部门共安排岑巩县少数民族发展资金项目和省级民族资金共计9个，资金39万元，项目涉及羊桥、天星、注溪、大有、思旸等5个乡镇。

2010年，根据州《关于下达2010年第一批中央财政少数民族扶贫发展资金的通知》，下达岑巩县第一批项目资金23万元，项目有6个，分别是县少数民族科技培训4万元，天星乡民冲村通村公路维修3万元，思旸镇龙江村马坡脚公路4万元，羊桥土家族乡杨柳村通组公路4万元，注溪乡马家沟公路4万元，大有乡长溪村麻元察便桥4万元。根据州《关于下达2010年第二批中央财政少数民族发展资金的通知》，下达岑巩县第二批项目资金10万元，项目有2个，分别是龙田镇白泥冲沟渠维修5万元，客楼乡土黄村通村公路5万元。道路和水利项目共计8个，项目资金3万元，有效改善15户5824人的出行和灌溉问题，为岑巩县边远贫困地区群众改变生产生活条件，促进农民增产增收创造了条件。

2. 科技扶贫

1986至1988年，县民委与县科协、民政局、平庄乡人民政府合作，对平庄乡后坪村走马坪村民组（10户29人）进行科技扶贫，1988年全组粮食产量由1986年的4250公斤上升到11066公斤，增产1.6倍，人均产值由74元增加到266元，增长2.6倍。1988年县民委与县科协、科委等单位联合，到羊轿土家族多龙湾村扶贫，推广杂交水稻，总产达62.4万公斤，比1986年增长64.3%，突破了该村历史上水稻产量的最高水平。1990年在凯本、天星、平庄等乡（镇）

建立扶贫点4个，其中种植业3个，养殖业1个，覆盖48个村民组计604人。在扶贫点举办培训班8期，参加培训人数达500余人次。1992年，对少数民族居住较多且经济发展缓慢的乡（镇），本着“优惠扶持、适当倾斜”的原则，实行“收入上交，支出下拨，定额补贴逐年递减，超收分成”的财政管理体制。在羊桥土家族乡羊桥村、祝坝村、杨柳村推广杂交水稻3800亩，亩产比常规水稻增长14%。在天星乡毛坪村大坳组，推广杂交水稻和种植烤烟，杂交水稻总产量比上年增长5.5%。旱田种植烤烟47亩，烤烟总收入达17140元，人均2194元。1993年至1997年，投入民族扶贫资金7.5万元，在羊桥土家族乡姚寨村、注溪乡岑王村开展杂稻制种870亩；县民族局、县政协、县畜牧局、县科委等部门在羊桥土家族乡实施“105工程”（即10乡100村1000户扶贫），为5村51个组订阅《贵州科技报》56份。在凯本乡沈家湾村雷古凸组、羊桥土家族乡办烤烟扶贫点，举办扶贫培训班4期，培训人员1300余次，印发资料2100多份。

1995年至1997年，岑巩县在羊桥土家族乡羊桥村嫩山背村民组实施“1105”（人均一头猪、一只羊、半头牛）脱贫示范工程，发展养殖户40户，养猪481头，引进黑山羊种羊84只，总收入17.2万元，人均955.6元。在客楼乡推广生猪养殖新技术，共发展36户，养猪182头，山羊85只，牛28头。

2009年11月至2010年5月，在县城关、思旸镇铜鼓田村、羊桥土家族乡羊柳村举办三期少数民族科技培训班，每期培训3天，制定了少数民族科技培训实施方案，并认真组织实施培训。参加培训人员180余人，培训期间，县农业局、县畜牧局等单位的技术员为参加培训的学员讲授了生猪饲养管理、生猪疾病防治、种草养畜、山羊饲养管理及疫病防治、蔬菜种植技术、水稻高产技术及病虫害防治技术等方面的知识，并向每位学员发放了种养殖方面的书籍和学习资料1000余份。

## 第三节　跨越发展时期

党的十八大以来，以习近平为代表的新一代领导集体，带领各族人民继续探索中国的发展之路。岑巩县委认真贯彻落实党的十八大和十八届历次全会精神，认真学习宣传贯彻党的十九大精神，以习近平新时代中国特色社会主义思想为指引，以脱贫攻坚统揽经济社会发展全局，坚持主基调战略不动摇，统筹推进“五位一体”总体布局，协调推进“四个全面”战略布局，全力实施大扶贫、大数据、大生态、大健康战略行动，坚持政治定力，保持发展动力，持续精准用力，全县呈现出经济平稳健康发展、社会和谐稳定、文化繁荣发展、生态环境持续改善、政治生态良好的局面。

党的十八大以来，习近平总书记就做好民族工作发表了一系列重要讲话，提出了新时代加强民族团结的新理念和新思路。习近平总书记在全国民族团结进步表彰大会上指出：中华民族一家亲、同心共筑中国梦，这是新时代我国民族团结进步事业的生动写照，也是新时代民族工作创新推进的鲜明特征。各族人民亲如一家，是中华民族伟大复兴必定要实现的根本保证。实践证明，只有中国共产党才能实现中华民族的大团结，只有中国特色社会主义才能凝聚各民族、繁荣各民族。岑巩县委始终坚持党的领导，以切实的举措和载体把党的民族政策和中央、省、州的决策部署落到实处，推动全县民族团结进步事业全面发展。

### 一、民族事务机构及民族工作概况

岑巩县民族宗教事务局在县委、县政府的正确领导下，深入贯彻和落实中央、省、州民族宗教工作会议精神，紧紧围绕全面建成小康社会的宏伟目标，贯彻执行民族宗教法律、法规、规章和方针政策，组织开展民族宗教理论、政策和重大问题的调查研究，负责协调推动有关部门履行民族工作相关职责，促进民族政策在经济发展和社会事业有关领域的实施、衔接，对政府系统民族工作进行业务指导，配合有关部门起草和完善民族宗教地方性法规、规章草案。保障少数民族的合法权益，依法保护公民的宗教信仰自由和正常的宗教活动，维护宗教界合法权益。团结和引导全县少数民族群众，开拓进取，艰苦奋斗，扎实工作，参与拟定少数民族经济社会相关领域的发展规划，促进建立和完善少数民族事业发展综合评价监测体系，推进民族事务服务体系和民族事务管理信息化建设，研究少数民族经济发展、社会事业方面的问题并提出特殊政策建议，参与协调少数民族科技发展和经济技术合作等有关工作，组织指导民族宗教政策、法律法规和基本知识的宣传教育工作。协调、指导民族区域自治法的贯彻落实，指导民族乡有关重大庆典活动，组织、指导民族团结进步创建和表彰活动，参与有关部门拟订少数民族人才队伍建设规划，联系少数民族干部，协助有关部门做好少数民族干部的培养、教育和使用工作，负责宗教工作队伍和有关人员的培训工作。管理少数民族语言文字和民族古籍工作，指导少数民族语言文字的翻译、出版和民族古籍的搜集、整理、出版工作。依法履行宗教事务管理职责，参与处理涉及宗教事务的重大事件，防范利用宗教进行的非法、违法活动，抵御境外利用宗教进行的渗透活动，指导乡镇依法履行管理职能；承担宗教事务行政执法工作；指导宗教团体依法依章开展活动，支持宗教团体加强自身建设，推动宗教团体在宗教界开展爱国主义、爱社会主义、拥护祖国统一和民族团结的自我教育，负责办理宗教团体需由政府解决或协调的相关事务和行政许可监管工作。承办县委、县人民政府和州民族宗教事务委员会交办的其他事项，维护民族团结、宗教和谐。

## 二、民族成分识别与更改

为了规范公民民族成分的管理工作，根据宪法和《中华人民共和国户口登记条例》，2015 年 5 月 20 日，国家民委第 5 次委务会议审议通过，并经公安部同意，2015 年 6 月 16 日中华人民共和国国家民族事务委员会、中华人民共和国公安部令第 2 号公布，自 2016 年 1 月 1 日起施行，国务院民族事务部门和公安部门负责指导、监管公民民族成分的登记和管理工作。岑巩县民族宗教事务局认真贯彻《中国公民民族成分登记管理办法》，在岑巩电视台滚动播放新的政策，重点宣传用好审批权，做好管理服务，完善民族成分规范化管理系统建设。把握稳妥、自愿原则，对符合条件的更改民族成分，对不符合条件的群众，耐心解释相关政策。审批办理民族成分更改：2017 年 38 户 38 人，2018 年 34 户

34 人，2019 年 88 人；干部人事档案民族确认：2017 年 270 人，2018 年 22 人，2019 年 8 人。

## 三、民族干部的培养

民族干部的培养必须坚持以马列主义、毛泽东思想、邓小平理论和“三个代表”重要思想、科学发展观、习近平新时代中国特色社会主义为指导，紧紧围绕贯彻执行党的基本路线，围绕民族地区改革、发展和稳定的大局，认真贯彻党的坚持干部队伍“四化”方针和德才兼备原则，坚持“三支队伍”一起抓，坚持“稳定、充实、提高”并举，才能造就一支德才兼备、数量充足、结构合理，坚定地与党中央保持一致，坚决维护民族团结和国家统一，善于领导改革开放和社会主义现代化建设的高素质的少数民族干部队伍。坚持以加强思想政治建设为重点，全面提高少数民族干部队伍的素质，特别是帮助他们牢固树立马克思主义民族观、宗教观。要注意加强汉族干部和少数民族干部的团结合作，调动各民族干部的积极性，共同为民族团结进步事业和社会主义现代化建设作出贡献。注意处理好五个重要关系：一是要处理好数量与质量的关系；二是要处理好深化干部人事制度改革与认真贯彻落实民族政策的关系；三是处理好坚持干部标准与同等条件下优先提拔少数民族干部的关系；四是处理好培养党政干部与培养专业技术人才的关系；五是处理好培养少数民族干部与注意调动汉族干部积极性的关系。把加强培养教育作为少数民族干部队伍建设的基础性工作来抓，才能把这项关系长远的大事抓紧、抓好、抓实。岑巩县委、县政府从民族干部培养的经验中，深刻认识到民族干部的培养对做好黔东南州的民族工作、发展民族经济、维护中华民族的大团结和铸牢中华民族共同体意识具有现实意义。

岑巩县委持续开展大规模干部及相关人员培训，不断提高其理论水平，积极制订教育培训计划，优化培训内容。按照计划开展形式多样的教育培训活动，合理安排好县处级、县直部门及乡镇领导干部、同步小康驻村干部、村第一书记、村两委负责人、扶贫干部、非党干部、妇女干部、党务工作者等各类人员的教育培训工作。共培训各级各类人员：2015 年 3434 人次，其中县处级领导干部 82 人次，乡科级领导干部 362 人次，一般干部 1675 人次，村相关人员 1054 人次，妇女干部 124 人次，党务工作者 137 人次；2017 年 1566 人次；2018 年 1020 余人次，其中非党干部100余人次，妇女干部160余人次；2019年1000余人次，其中非党干部120余人次、妇女干部130余人次。2019年组织干部群众收看“新时代学习大讲堂”125期，培训各级各类干部34500人次。

加强干部作风锤炼，坚决扛起政治责任，建立健全干部能上能下、能进能出的管理机制，扎实开展“干事创业精气神不够、患得患失、不担当不作为”专项整治工作，进一步压紧压实责任，对作用发挥不好、作风不实、不在状态的干部严肃问责，根据研判情况，调整不胜任现职干部2015年7人、2019年7人；约谈干部2015年21人，其中领导干部19人，一般工作人员2人。

加强干部队伍建设，不断提高专业化水平。强化优秀年轻干部的源头培养，进一步加强改进选调生和公务员工作，着眼干部队伍长远发展，注重在基层培养锻炼。继续开展面向脱贫攻坚中表现优秀的村干部、大学生村官、第一书记和驻村干部定向招录乡镇公务员工作。2018年共招录公务员8人、选调生6人，其中面向第一书记和驻村干部4人。2019年共招录选调生5人，公务员17人，其中面向优秀村干部、第一书记和驻村干部招录10人。

完善年轻干部发现储备、培养锻炼、选拔使用、管理监督的全链条机制。开展优秀年轻干部专项调研，分领域、分类别、分层级储备一批优秀年轻干部，建立“成长档案”，实施“精准滴灌”，切实做好培养选拔女干部、少数民族干部、党外干部工作，统筹使用好各年龄段干部，进一步激发干部干事创业激情。截至2019年，岑巩县共入库优秀年轻干部298人，其中少数民族干部276人，女干部104人，党外干部80人。

根据中央、省、州机构改革有关文件精神和2019年《中共岑巩县委岑巩县人民政府关于岑巩县县级机构改革的实施意见》文件精神，结合全县领导班子建设实际，扎实做好机构改革工作，共调整科级干部120人次。

树立正确的选人用人导向，坚持重德才、重实干、重实绩的用人导向，紧紧围绕“工业强县、城镇化带动和农业产业化”三大战略需要选干部、配班子。树立基层一线选人用人导向，注重选拔经过实践锻炼和重大考验的优秀干部，选拔发展型干部、配备发展型班子。坚持把功夫下在平时，注重加强对领导班子运行和领导干部表现的日常研判，充分运用督导检查、考核考察、审计、举报查核等方面成果，多渠道、多层次、多维度深入了解干部的德才表现，提升识人察人精准度。树立重视基层一线选人用人导向，按照好干部标准，大力培育选拔使用脱贫攻坚一线政治过硬、实绩突出、群众认可的优秀干部。2015 年任免干部 313 人次，2017 年任免干部 497 人次，提拔干部 171 人次，为决战脱贫攻坚、决胜小康打下坚实的基础。2019 年，从脱贫攻坚一线提拔使用优秀年轻干部 27 名，占全县干部提拔总数的 54%。

注重班子年龄结构配置，准确把握干部队伍年轻化政策和干部分类管理的要求，逐步形成了老中青结合的合理领导班子梯次配备结构。合理使用职级公务员，对职级公务员实行组织人事部门、原单位双重管理，充分发挥职级公务员的工作积极性，通过鼓励和引导他们到重点项目或贫困村带头攻坚，贡献余热，主动做好“传、帮、带”。统筹选拔任用女干部、少数民族干部、党外干部，进一步提高领导干部和各级领导班子配备的科学化水平。2018 年全县乡（科）级领导班子中配备女干部 90 人、少数民族干部 389 人、党外干部 46 人。2019 年全县乡（科）级领导班子中配备了 84 名女干部、436 名少数民族干部、44 名党外干部。

加强干部管理，不断深化干部监督管理机制。切实加强对干部政策法规的经常性教育，筑牢干部思想防线，通过干部培训班、集中学习和在干部调整、节假日等重点时段采取谈话、提前发送通知、手机短信等方式，提醒干部自觉遵守执行组织人事纪律和廉洁从政规定，警示干部遵规守矩。认真做好州管干部、挂职干部和县管干部年度考核工作，出台《岑巩县科级领导班子和县管干部年度考核征求意见办法（试行）》，年度考核广泛征求各级各部门的意见。征求意见情况由县委组织部负责收集整理和综合研判，作为科级领导班子和县管干部年度考核等次评定的重要依据，严防年度考核错评、漏评现象发生。

## 四、民族政策的贯彻实施

### （一）落实民族乡建设政策，支持民族乡发展

1. 支持民族乡基础设施建设

2014 年 8 月，县财政投资 3 万元，修建两河村岩科、穆家两组宽 4.6 米、长 5 米的钢筋混凝土矩形平板便民桥 1 座；争取资金 5 万元，修建高冲村向家组人行便桥 1 座；争取资金 5 万元，修建龙统至油房通组公路；争取资金 5 万元，维

修两河至黄家组公路；争取资金 6 万元，建设羊桥土家族乡文化站；争取资金 5 万元，建设紫薯基地。

2015 年建立竞争性项目库，羊桥土家族乡甲鱼养殖项目，补助 15 万元。

2016 年争取各类民族资金 176 万元，其中投资羊桥土家族乡基础设施建设 66 万元，改善群众生产生活条件，覆盖贫困户 443 户 1502 人；投资 30 万元，在杨柳村集中新建牛圈舍 30 间；投资 10 万元，在杨柳村硬化地面 720 平方米、植树 200 棵；投资 4 万元，在龙湾村新建民族文化广场 1 个；投资 5 万元，硬化坪地村施寨至岗坡寨公路 1 公里；投资 10 万元，建设羊桥牌坊 1 个；投资 7 万元，补助杨柳村文化长廊建设等。

2017 年争取民族发展资金项目 15 个，资金总额 171 万元。安排项目资金 69 万元，投向贫困村 5 个，其中投向羊桥土家族乡发展资金 56 万元，在两河、龙湾等贫困村建设肉牛养殖基地和建设人饮工程、活动场地等，覆盖贫困户 190 户，带动项目区贫困户脱贫 20 户；投资 18 万元，实施通组公路硬化 3 条，受益人数近 600 人；投资 45 万元，建设村活动场所、休闲亭子、绘制民族传统文化美化长廊等项目 7 个，惠泽群众 5000 余人；投资 20 万元，扶持产业发展；投资 15 万元，建设人畜饮水池 2 个，受益贫困户 40 户 170 余人；投资 4 万元，培训民间工艺传承学员 160 人。

2018 年获批少数民族发展资金 294 万元，项目立项 16 个（其中安排在贫困村的项目 11 个，资金 230 万元），主要开展肉牛饲养、生产生活用水工程、产业桥、道路硬化等建设，受益群众 400 人。

2019 年获批少数民族发展资金 286 万元，项目立项 11 个，分别开展产业配套设施、灌溉沟渠等建设，受益群众达 2000 余人，其中安排在贫困村项目 9 个，资金 177 万元，占总资金 61.89%。

2. 发展民族乡产业

2014 年 3 月，会同贵州省田野紫旭食品公司对羊桥土家族乡发展紫薯项目进行实地考察，达成初步种植意见：在炮湾村种植 300 亩紫薯产业，严格按照技术流程和要求栽培，实行规范化种植。2014 年 5 至 9 月，多次到紫薯基地调研，督促抓好项目落实。2014 年 12 月，对紫薯项目进行验收，亩产量 3000 斤左右，按 0.6 元 / 斤计算，亩收入在 1800 元左右。2015 年在羊桥土家族乡投资 24 万元，发展电子商务和种植业，投资4万元发展电子商务点1个。采取“政府＋企业＋合作社＋农户”形式，在杨柳村投资20万元，种植紫葡萄134亩。产业进入成熟期后，贫困户户均将增收1.90万元，共有21个贫困户90余人受益。

3. 民族乡周年庆典

2015年12月20日，羊桥土家族乡成立30周年，羊桥街上、钟灵山下彩旗飘扬，羊桥人民欢聚在羊桥中学进行庆典活动。州、县祝贺团，各乡镇、县直机关单位和州内各县少数民族乡派员参加此次活动。通过成果展、文艺表演、篮球比赛等活动，充分展现土家儿女团结、拼搏向上、和谐共进的良好精神风貌。

（二）积极抓好民贸民品优惠政策的贯彻落实，扶持民贸民品生产

县财政局、县人行与民贸企业沟通协调，2014年底，5家企业获得一年期流动资金贷款，贷款金额2100万元，享受贷款贴息；2015年发展民贸企业25家，获得金融机构贷款贴息手续民贸企业6家，企业享受优惠利率贷款总金额2750万元，争取到位补贴资金57.78万元，及时将贷款贴息划拨到相关民贸企业；2016年县内有5家民贸企业享受优惠利率，贷款总额2300万元，获得优惠利率贷款贴息累计45.56万元；2018年，县内民族贸易获贴息企业3家，贴息金额共计22.65万元。2019年全县共有民族贸易企业12家，有3家企业共获贴息23.66万元。

（三）落实民族特色文化的保护与发展

1. 建设民族特色村寨

2014年3月，县政府开展民族文化特色村寨普查工作，抽调专人组成工作小组，经过为期两个月时间，完成10个民族村寨普查工作；2015年结合“四在农家·美丽乡村”建设，统筹布局，落实民族村寨建设专项资金90万元，保护注溪衙院土司文化、羊桥杨柳土家文化等。2016年，县民宗局深入水尾大树林、水尾于河、羊桥杨柳、平庄凯空等10个民族特色村寨，开展旅游资源大普查，对建筑、设施、人文活动等进行记录统计，共调查到龙鳌祭祀、思州傩戏傩技、岑巩花灯、田氏土司古建筑群遗址等资源。2017年投资50万元，用于民族特色村寨马家寨基础设施建设。加强少数民族特色村寨命名挂牌申报工作，2018年成功申报平庄镇平庄村凯空组为第三批中国少数民族特色村寨命名挂牌村寨；2019年凯本镇凯府村申报为第四批省级少数民族特色命名挂牌村寨。

2. 挖掘与保护民族传统文化

依靠发展乡村旅游产业和其他特色产业，传承民族文化，提高民族地区和少数民族群众的生产生活水平。2016 年初，县民宗局启动《清水江研究丛书》编纂工作，成立了编辑领导小组，抽调经验丰富、文字功底好、工作责任心强的干部集中办公，深入全县 11 个乡镇采集、调研，通过整理、修改、编辑，2016 年 10 月，《清水江研究丛书》出版。2017 年，投资 1 万元，在羊桥土家族乡中心小学开展土家族摆手舞、土家族金钱棍进校园活动，组织学生拜访土家花灯民间艺人，学习花灯的调式、唱腔、唱词、舞蹈。2018 年，挖掘保护思州传统文化，投入资金 4 万元，挖掘整理思州土司文化、思州龙灯文化，已整理出版《思州土司文化》《思州龙灯文化》两部专著。岑巩县第二中学获批民族文化进校园项目资金 8 万元，进行校园围墙彩绘，营造了思州民族民间文化气息。2019 年，岑巩县羊桥乡中、小学共获批民族文化进校园项目资金 5 万元。

3. 成立民族文化研究会

2015 年，县民宗局多次到注溪镇、羊桥土家族乡深入挖掘民族民间文化，到镇远县考察学习土家族学会筹建经验，经过考察学习、深入研究，为岑巩县筹备土家族学研究会打下坚实基础。2016 年 12 月 27 日，在岑巩县召开“首届黔东南州侗学研究会·2016 年学术年会暨美丽侗寨建设及侗乡旅游开发研讨会”，邀请了省内外侗学会的老领导及专家学者 140 余人参会。县民宗局精心组织、周密安排，参与会议各个环节，提供优质细致服务，会议和研讨取得了圆满成功。

（四）扎实开展民族团结进步创建活动

2014 年，县民族宗教事务局与县委宣传部、县委统战部、县委政法委、县文体广电旅游局联合，开展丰富多彩、形式多样、扎实有效的民族团结进步宣传教育活动。采取悬挂大幅标语 4 幅，发放宣传资料 2000 余份，利用手机报开展为期一个月的民族理论、民族知识、民族政策、民族法律法规宣传活动。2016 年，根据州委办公室州人民政府办公室《关于做好建州 60 周年民族团结进步模范集体和模范个人评选表彰工作的通知》精神，经基层推荐，评选组审查，提出初步推荐名单。州委、州政府表彰模范集体 2 个：羊桥土家族乡人民政府、岑巩县交通运输局；模范个人 5 人：杨柳青、李鑫、戚元、田桦、黄双英。2017 年 11 月，县委统战部和羊桥土家族乡 80 人，参加民族团结进步宣传教育政策法规知识竞答考试，学习党的民族理论、民族政策和民族基本知识。2018 年 9 月，县委统战部、县民宗局、县司法局等部门组成宣传组，在全县范围内开展民族宗教政策法规学习宣传活动，发放宣传资料 500 余份，为群众现场解答民族宗教知识疑问 80 余人次。2018 年，县民宗局被评为贵州省第八次民族团结进步模范集体，客楼镇党委书记张明保被评为民族团结进步模范个人。2019 年，县民政局、羊桥土家族乡初级中学以“弘扬民族文化，建设生态家园”为主题，从“七个一”全面持久开展民族团结进步示范创建工作。注溪镇党委书记肖庆梅被评为国家级全国民族团结进步示范创建模范个人，王树红等 4 人被评为全国民族团结进步示范州级先进个人。凯本镇人民政府、县妇幼保健院被评为全国民族团结进步示范州级先进集体。围绕“共庆祖国七十华诞、同谱全面小康新章”，开展民族团结进步宣传教育月活动，在全县域内利用悬挂宣传标语、LED 电子显示屏、发放宣传资料等方式大力营造民族团结氛围，发放宣传资料 2000 份。2020 年，岑巩县凯本镇人民政府、岑巩县妇幼保健院由州委、州政府在 2020 年 2 月 12 日授予创建全国民族团结进步示范州先进集体称号。

（五）落实民族教育政策

严格按照《省级民族专项经费管理办法》，协调做好民族教育专项经费项目申报，督促办好民族特色班，做好招生宣传工作。2015 年，岑巩县 3 所中小学校获得民族教育专项经费，资金 5 万元。民族乡少数民族报考凯里学院 3 人，报考州民族高级中学 3 人，均被报考学校录取。2016 年，为羊桥土家族乡初级中学争取民族文化进校园资金 1 万元，羊桥土家族乡杨柳小学 2 万元，教学内容增加土家摆手舞、金钱棍等。在 2016 年第九届“贵青杯”贵州省青少年教育系列活动——“快乐律动梦想飞扬”校园舞蹈展演中，羊桥土家族乡初级中学的民族舞蹈成功晋级决赛，2016 年 6 月 11 日，在决赛中荣获三等奖。

# 第三章　繁荣发展经济　改善民生福祉

中华人民共和国成立前，在生产资料私有制的束缚下，全县社会经济的发展长期处于封闭式状态，农业落后，工业不兴，商业萧条，交通闭塞，经济一片萧条。中华人民共和国成立后，通过土地改革，组织互助合作，组织手工业恢复和发展生产，兴办供销合作商业和国营商业，经济发展取得初步成效。党的十一届三中全会后，岑巩县各级党组织认真贯彻执行党的路线、方针和政策，以经济建设为中心推进各项改革，在农村实行以家庭联产承包为主的生产责任制，企业实行经济责任制和扩大经营自主权，建立社会主义市场经济体制，城乡经济有了较大发展。党的十八大以来，中共岑巩县委认真贯彻落实党的十八大和十八届三中、四中、五中全会精神，深入学习习近平总书记系列重要讲话精神，认真贯彻落实习近平总书记、李克强总理视察贵州时的重要指示精神，团结带领全县广大干部群众，高举“发展、团结、奋斗”的旗帜，坚持主基调、主战略，积极适应经济发展新常态，着力破解改革发展难题，在抢抓机遇中谋跨越，坚持谋在新处，推进跨越发展，谋划了新思路，提出了“工业强县、城镇化带动、农业现代化”三大主战略，突出抓好“大扶贫、大数据、大健康”三大战略行动，明确“国家循环经济示范县、黔东区域中心城市、文化旅游新区和康体休闲示范基地”三大发展定位。截至 2019 年，全县地区生产总值完成 55.54 亿元，规模以上工业增加值 7.98 亿元，财政总收入完成 4.24 亿元，社会消费品零售总额 13.92 亿元。

## 第一节 探索时期

### 一、生产关系变革

中华人民共和国成立后，在党和人民政府的领导下，针对封建土地私有制严重阻碍社会经济发展的具体实际，首先发动广大农民群众开展了伟大的土地改革运动，没收封建地主的土地分配给无地或少地的劳动人民，进而组织互助组、初级社、高级社到人民公社，逐步建立起社会主义性质的土地集体所有制。随着生产实践经验的总结，在土地集体公有制的前提下推行农业生产联产承包责任制的经营形式，进一步促进农业生产向前发展。

（一）土地改革

1950 年 10 月，在岑巩县城召开第一次农民代表大会，号召农民站起来向封建势力作坚决的斗争。会后，各乡（镇）村先后建立农民协会，开展查黑田、清积谷、清匪反霸、减租减息和退押的群众运动。通过开展减租退押运动，广大劳动人民觉悟起来，积极投入土地改革。

1951 年 5 月 12 日，县人民政府发布公告，宣传贯彻《中华人民共和国土地改革法》，并转发中南军政委员会《关于土地改革法实施办法的若干规定》。成立了岑巩县土地改革委员会，由县长黄锐任主任，并组织工作组首先进驻思旸镇 13 个村进行土地改革试点工作，到 7 月中旬，土地改革运动在全县铺开。9 月 12 日，全县土地改革结束。

（二）农业合作化

1951 年土地改革后，广大贫农、雇农及部分中农分得了土地，生产热情高涨，农业生产得到较快发展。但是，由于生产设备及费用不足，经济基础薄弱，加上一家一户的经营，受到各种限制，产生许多困难，有的村寨又出现雇工、放债、买卖土地等新的阶级分化，制约着农业生产的发展。为了发展生产，走共同富裕的道路，在冬季生产中，贯彻中共中央 1951 年 9 月发出的《关于农业生产互助合作的决议（草案）》，开始组织临时性的换工互助劳动。1952 年 3 月，召开全县第三次农代会，对农民进行“组织起来，爱国增产”的教育，本着“自愿互利，典型示范”的原则，引导农民组织起来。开初，大部分属于临时性或季节性互助组，真正有干部领导、有评工记分的互助组只有7个，即大有乡1个，思旸镇1个，钟灵乡2个，天马乡3个。4月5日，在大有乡成立县境第一个农业生产互助组——杨三互助组，共8户人家28人。其中，雇农6户、贫农1户、中农1户。在互助组内贯彻“自愿互利，等价交换，民主管理”的原则，县委及时进行了总结，将经验在全县推广。随即先后建立思昉区马坡乡赵忠应互助组、天马区板山乡黄三妹互助组、龙田区木榨乡刘年胜互助组，成为全县很有名气的互助组。当年底，全县组织起来常年性互助组21个，季节性互助组1736个，参加农户占全县总农户的54.3%。由于依靠集体的力量战胜了当年的旱灾和虫灾，全县粮食总产比1951年增产30%，平均每个农户增10%左右，互助组的增产比单干户快，初步显示组织起来的优越性。1953年，继续深入贯彻中共中央关于农业互助合作的指示，总结经验教训，发动开展粮食高产竞赛活动。6月，召开全县干部整风会，继续批判不结合实际、盲目冒进的官僚主义，加深认识，领导农业互助合作应按照“自愿互利”组织起来的两大原则，促进农业互助合作组织的健康发展。年底，全县互助组发展到1982个，参加农户12115户，占总农户的67.1%，互助组耕地面积96316亩。

1953年冬，贯彻中共中央《关于发展农业生产合作社的决议》，县委组织工作组分赴各区、乡，以常年性互助组为基础，建立初级农业生产合作社。首先在异溪乡进行，由杨三等36户农民自愿组织的“五一”初级农业生产合作社正式成立，成为岑巩县具有半社会主义性质的第一个初级社。其初级农业社实行“自愿入社，土地入股，比例分红”（即土地分30%，劳力分70%），采取评记2分，按工分计酬。1954年春，先后成立板山星火初级社、马坡初级社等。第一批建立6个社，第二批建立58个社，第三批建立12个社。“五一”初级社扩大到50户236人。年底，全县建立初级社76个，农户2089户，占总农户的10.7%；常年互助组641个，农户5773户；临时季节性互助组1724个，农户10013户。全县组织起来的农户占总农户的91.5%。1955年，采取召开各种会议的办法进行培训，初级社干部分一、二、三批共培训784人，学习建社方针、政策及社章等。中共岑巩县委制定了五条管理办法：①划分生产队和耕作区；②搞好生产计划；

③解决包工包产问题；④制定财务制度和搞好财务管理；⑤开展爱国增产劳动竞赛运动。是年，全县新建初级社加上老社总共有116个初级社。

1955年10月，在县城召开全县党员会议，到会704人。会上贯彻中共中央指示，总结农业合作化运动的经验教训，批判“右”倾情绪，提出掀起农业合作化运动高潮，要求将初级社过渡到高级社。在马坡乡由马坡等5个初级社和27户个体农户自愿联合组织第一个高级社——马坡高级农业生产合作社。将土地、耕牛、大农具入社为集体所有，取消土地分红，实行“按劳分配”的社会主义分配原则。县委、县人民委员会总结马坡高级社的经验在全县推广。到1956年3月，全县办高级社12个，入社农户4156户，占总农户的21.06%；初级社325个，农户14070户，占总农户的71.30%。秋季，进一步掀起办高级社热潮和扩社、并社工作，将初级社全部过渡为高级社，全县高级社达126个，农户18210户，占总农户的92.03%，基本完成对农村生产资料私有制的社会主义改造工作。高级社土地归集体所有，实行“按劳分配”原则，采用定额计酬或小段包工、包工到组（到劳、到户）的办法，并实行奖励制度。1957年，部分高级社还推行三包（包工、包产、包成本）责任制。对居住分散的地区试行“包产到户，超产分成”的办法，效果很好。

（三）人民公社

1958年秋，在县境掀起大办人民公社的运动。9月，贯彻中共中央《关于在农村建立人民公社问题的决议》，按照“政社合一”“工农商学兵五位一体”的精神，仅仅一个月时间，就以10个基层片区为单位宣布成立10个人民公社，每个公社冠以具有鲜明时代特色的名称：即团结（思旸）、前进（大有）、红光（注溪）、红旗（驾鳌）、钢铁（羊桥）、东风（天马）、卫星（凯本）、火箭（龙田）、胜利（平庄）、跃进（客楼）人民公社。下设124个农业生产大队共428个生产队。所有耕地、山林、耕牛、大农具、果木树等统归人民公社集体所有。当时，公社对生产资料实行无偿调用；其组织按军事化编制，分团、营、连、排、班等，劳动力由公社统一调遣，搞大兵团作战；生活上实行“吃饭不要钱”，推行伙食供给制，大办集体食堂，所有人户一律进食堂就餐，“五保户”入幸福院（敬老院）、小孩入托儿所。由于以高指标、瞎指挥、浮夸风和共产风为主要标志的“左”倾错误在运动中严重泛滥，挫伤了群众的积极性。1959年1

月，岑巩县并入镇远县之前，按照“一大二公”的要求，将10个公社合并，建立岑巩、驾鳌、天马、龙田4个公社，并以1956年的30个乡镇（时称“小乡”）为基础设30个管理区，以相当于原高级社、初级社规模设农业生产大队和生产队（时称“小队”）。由于管理工作不从实际出发，时时变化而混乱，加上遭受特大旱灾，农业生产遭破坏，粮食大幅度减产，致使人民生活特别困难，耕畜锐减，造成了连续三年的经济困难时期。

1961年8月，恢复岑巩县建制，将4个公社调整为14个公社。冬季，贯彻中共中央《关于农村人民公社当前问题的紧急指示信》，纠正“五风”错误，彻底解散公共食堂，取消生活供给制和劳动半工资制，以生产大队为核算单位，允许社员经营小量的自留地和家庭副业，恢复农村集市贸易。在经营管理上，推行“三包一奖四固定”（即包工、包产、包投资，超产奖励；土地、劳力、耕牛、农具固定给生产队使用），实行由生产队按大队“三包一奖”制度组织生产，大队统一分配。继后又相继推行“分配大包干”办法，生产队除包干国家征购任务、大队提成、留一定数量的公积金、公益金外，其余收入由生产队组织分配。有158个生产队实行包产到组（户）的办法。

1962年，贯彻中共中央关于农村基本核算单位下放及《农村人民公社工作条例（修正草案）》即《六十条》政策后，县委抽调268名干部到34个生产大队进行工作。宣传实施人民公社实行“三级所有，队为基础”政策，以生产队为基本核算单位，在公社、大队计划的指导下，由生产队组织生产和收益分配。同时，把“四固定”变为“四所有”，把生产经营分配权下放给生产队。社员劳动推行劳动定额管理和“三基本”（即规定社员完成一定数量的基本劳动日和基本肥料，分配一定的基本口粮）制度。社员口粮采取基本口粮（以人定量）与工分分粮相结合的分配原则（“人七劳三”或“人六劳四”）把生产和分配统一起来，有利于生产队的经营管理，促进农业生产发展。

1963年初，将14个公社进一步调整为31个公社，设111个大队1196个生产队。由于组织形式与生产力发展水平相适应，农业生产很快得到恢复和发展，到1965年，全县粮食总产达4720万公斤，比1959年增长80%。

1968年开始，执行“政治工分”，取消劳动定额管理和“三基本”制度，扩大公社和生产小队规模，扩大核算单位。同时，将31个公社合并为11个公社，小队由1966年的1061个合并为730个。

## 二、经济综述

（一）经济发展概况

中华人民共和国成立后，中共岑巩县委根据中央和省、州委指示精神，完成土地改革，合理调整工商业，实行新税制，加强税收工作，采取了核实编制、清理仓库、控制投放、节约开支等项措施，使财政收支很快接近平衡，金融、物价趋于稳定，社会秩序逐步好转，生产力有了很大发展，经济实力大大增强，城乡基本建设日新月异，人民生活水平不断提高，全县的经济形势发生了巨大的变化，同时也经历了曲折的发展过程。

1950—1952年经济恢复时期，组织互助合作，兴办供销合作商业和国营商业，组织轻手工业恢复和发展生产，取得初步成效。1952年，全县工农业总产值达到808万元，比1949年增长23%，年均增长7.7%，其中工业总产值26万元，农业总产值782万元，分别比1949年增长30%和23%。粮食总产量达到2591万公斤，比1949年增长12.6%；油料作物总产量达到45.77万公斤，烟叶总产量22万公斤，分别比1949年增长27.1%和37.5%；生猪存栏2.1万头，大牲畜存栏1.7万头，分别比1949年增长66%和7.4%；社会商品零售额为125.9万元，农副产品采购总值为91.5万元，分别比1949年增长58.2%和165%。

1953年后，通过开展对农业、手工业和资本主义工商业的社会主义改造，加之兴修水利，植树造林，修筑公路，沟通城乡物资交流，使国民经济得到蓬勃发展。到1957年，全县工农业总产值增至1256万元，比1952年增长55.4%，年均增长10.7%。其中，工业总产值为102万元，比1952年翻了两番；农业总产值为1154万元，比1952年增长48%。粮食总产量达到4206万公斤，油料作物总产96万公斤，烟叶总产21万公斤，分别比1952年增长62%、109.7%和下降4.5%；生猪存栏3万头，大牲畜存栏2.2万头，分别比1952年增长41%和29%；社会商品零售总额273.1万元，农副产品采购总值238.5万元，分别比1952年增长1.2倍和1.6倍。

从1958年开始，开展“大跃进”运动，全县掀起大办工业、大办商业、大搞深耕、大修水利的热潮，对国民经济的发展，特别是对工业的发展曾起到一定的促进作用。但由于高指标、瞎指挥、不顾客观条件，盲目追求高速度的做法，给经济建设造成巨大损失。

1961 年下半年开始，贯彻国民经济“调整、巩固、充实、提高”的八字方针，到 1962 年，全县工农业总产值上升为 1012 万元，比上年增长 36.6%。其中工业总产值为 101 万元，农业总产值为 911 万元，比上年分别增长 42% 和 36%。1963 至 1965 年，通过调整产业结构，加强基础建设，开放农贸市场，国民经济又有较大发展。1965 年，全县工农业总产值达到 1560 万元，比 1962 年增长 54.2%，年均增长 18.1%。其中工业总产值 118 万元，农业总产值 1442 万元，分别比 1962 年增长 16.8% 和 58.3%。粮食总产量达到 4519.8 万公斤，油料作物总产 95 万公斤，烟叶总产 10 万公斤，分别比 1962 年增长 52.9%、187.9% 和 150%；生猪存栏 5.8 万头，大牲畜存栏 25 万头，分别比 1962 年增长 2.2 倍和 26.8%；社会商品零售总额完成 498.4 万元，农副产品采购总值完成 259.9 万元，分别比 1962 年增长 28% 和 5%。

1966 年“文化大革命”开始后，全县经济建设遭受损失和挫折。1968 年后，广大干部、职工和农民群众排除干扰，各行各业恢复发展生产，国民经济有所回升。到 1970 年，全县工农业总产值上升为 1840 万元，比 1965 年增长 18%，年均增长 3.6%。其中工业总产值 152 万元，农业总产值 1688 万元，分别比 1965 年增长 28.8% 和 17%。粮食总产 4372.8 万公斤，油料作物总产 84 万公斤，分别比 1965 年减少 7.4% 和 11.5%；烟叶总产 16 万公斤，比 1965 年增长 60%；生猪存栏 6.9 万头，大牲畜存栏 2.64 万头；社会商品零售总额完成 667 万元，农副产品采购总值完成 362.2 万元，分别比 1965 年增长 33.8% 和 39.4%。

从 1971 年开始，县内兴办“五小工业”和社队企业，大搞农田基本建设和水利建设，推广良种，研制机械，开展“农业学大寨”和“工业学大庆”运动，国民经济在曲折中有所发展。至 1978 年，全县工农业总产值达到 3348 万元，比 1970 年增长 82%，年均增长 10%。其中工业总产值为 544 万元，农业总产值为 2804 万元，分别比 1970 年增长 258% 和 66%。粮食总产量达到 5781 万公斤，比 1970 年增长 32.2%；油料作物总产 202 万公斤，烟叶总产 15 万公斤，分别比 1970 年增长 140.5% 和下降 6.25%；生猪存栏 8.12 万头，大牲畜存栏 2.5 万头，分别比 1970 年增长 17.7% 和 4.17%；社会商品零售总额完成 1229.8 万元，农副产品采购总值完成656.5万元，分别比1970年增长84.4%和81.3%。

（二）经济结构

1. 农轻重比例

中华人民共和国成立前，县内工业经济十分薄弱，农业经济处于绝对主导地位。1949年，全县工农业总产值656万元，其中，农业产值占97%，轻工业产值占2.8%，重工业产值占0.2%。中华人民共和国成立后，随着国民经济的不断发展，轻工业、重工业产值在工农业总产值中的比重逐年提高，1952年全县工农业总产值为808万元，其中，农业产值占97.7%，轻工业产值占2%，重工业产值占0.3%；1957年全县工农业总产值为1256万元，其中，农业产值约占93.3%，轻工业产值约占3.7%，重工业产值约占2.4%；1962年全县工农业总产值为1012万元，其中，农业产值占92.5%，轻工业产值占3.9%，重工业产值占3.6%；1965年全县工农业总产值为1560万元，其中，农业产值占93.4%，轻工业产值约占5.1%，重工业产值约占1.5%；1970年全县工农业总产值为1840万元，其中，农业产值占91.7%，轻工业产值占6%，重工业产值占2.3%；1975年全县工农业总产值为2392万元，其中，农业产值占87.4%，轻工业产值占9%，重工业产值占3.6%。总体来看，呈现农业总产值占比整体逐步下降，轻、重工业占比逐渐上升的趋势。

2. 农业

县内农业生产历来以种植业为主，林业、畜牧业、副业、渔业为辅。中华人民共和国成立后，虽然长期贯彻“农、林、牧、副、渔全面发展”的方针，林业、畜牧业、副业的比重有所上升，但因受客观条件和整个国民经济发展的限制，始终未能改变种植业的主导地位。

3. 工业

中华人民共和国成立前，县境内仅有少量手工业生产，且均为个体经营。至1949年，仅有一座装机10千瓦的小火电厂。当年，全县工业总产值20万元，个体（私营）占96%，国营仅占4%。中华人民共和国成立后，国营、集体工业得到长足发展，并逐步形成电力工业、机械工业、化学工业、森林工业、建材工业、食品工业、服装制革工业、造纸印刷工业等工业门类。

4. 商业

中华人民共和国成立前，县境内商业均为私营，且以经营生活资料为主，生产资料经营很少。至1949年，全县100余户私营商业的社会商品零售额为79.6万元。其中，生活资料零售额为77.1万元，占97%，生产资料零售额为2.5万元，占3%。中华人民共和国成立后，国营、集体、个体商业全面发展，并以国营、集体商业占主导地位，生活资料、生产资料同时经营，生资资料的经营额比重逐年上升。

## 第二节　改革开放时期

1978年12月，党的十一届三中全会冲破了长期“左”的错误的束缚，端正了党的指导思想，重新确立了党的马克思主义思想路线，是中华人民共和国成立以来具有深远意义的伟大历史转折。1982年9月，中国共产党第十二次全国代表大会召开，提出在实现历史性转变的基础上，建设中国特色的社会主义理论。会后，农村改革迈出了巨大步伐，并进入以城市为重点的经济体制改革的新阶段。1989年6月，党的十三届四中全会后，党中央全面坚持党的基本路线，继续抓经济建设，加强党的建设和政治思想工作。1992年，邓小平南方谈话，强调要坚持党在社会主义初级阶段的基本路线100年不动摇。1997年9月，中国共产党第十五次全国代表大会召开，确立了邓小平理论在全党的指导地位。2002年11月，中国共产党第十六次全国代表大会召开，会议要求高举邓小平理论伟大旗帜，全面贯彻“三个代表”重要思想，继往开来，与时俱进，全面建设小康社会，加快推进社会主义现代化，为开创中国特色社会主义事业新局面而奋斗。

1979年6月30日，中共岑巩县第三届委员会第九次全体会议召开。1983年底，岑巩县进行机构改革，中共岑巩县第三届委员会调整了全县各级领导班子。1984年1月，11个区级公社改为11个乡（区级），设乡党委。7月，全县设4个区委和14个乡（镇）党委。1984年10月至2012年12月，先后召开中共岑巩县第四、第五、第六、第七、第八、第九、第十、第十一次代表大会，选举产生中共岑巩县第四、第五、第六、第七、第八、第九、第十、第十一届委员会。1988年3月，撤区并乡，全县设4个镇党委和7个乡党委。1990年以后，各乡（镇）分别建立中共纪律检查委员会。

从1978年12月至2012年12月，这一时期是岑巩县发展的新时期。岑巩县各级党组织认真贯彻执行党的路线、方针和政策，中共岑巩县委在加强党的建设、调整各级领导班子，以经济建设为中心推进各项改革、发扬社会主义民主等方面做了大量的工作，取得了可喜的成绩。在农村实行了以家庭联产承包为主的生产责任制，企业实行经济责任制和扩大经营自主权，建立社会主义市场经济体制，城乡经济有了较大发展。全县工业生产、交通邮电、贸易金融等都取得了巨大的成就，法制宣传深入人心，社会稳定，教育文化、科技、体育、广播电视、医疗卫生等各项事业蓬勃发展。2001年2月24日，岑巩县城顺利从思旸镇龙江村搬迁到思旸镇新兴村，揭开了岑巩县在新世纪发展崭新的一页。

## 一、落实家庭联产承包制

在党的十一届三中全会上，党中央提出《关于加快农业发展若干问题的决定（草案）》，为全国农村进行以家庭联产承包责任制形式的农村经济体制改革敞开了大门。中共岑巩县委、岑巩县人民政府从1979年初开始，在全县范围内改变以队为基础的集体经营方式，把耕地按人口包干到户，实行承包经营，逐步确定农村以家庭联产承包为主的生产责任制。从1998年7月开始，又在全县范围内将以队为基础的承包经营方式，改变为以村民委员会或村集体经济组织为基础的承包经营方式，对农村土地实行延包。2002年2月，全县经过宣传发动，经过核定面积、分户造册，审核表册、填发证件，立卷归档、总结验收三个阶段，全面完成了农村土地延包工作。全县43421户18852人承包耕地面积158896亩，林地51822亩，其他5362亩，发放土地承包经营权证45966册。5月，根据农村税费改革扩大试点的有关文件精神，对第二轮土地承包耕地面积进行了认真核查。5月31日，黔东南州延长土地承包期工作领导小组办公室对岑巩县呈报的《关于更正二轮土地承包耕地面积的请示》作出了更正批示。随着农业生产责任制的不断完善和发展，充分调动了广大人民群众的生产积极性，农民生活水平逐步得到提高。通过第二轮土地延长承包期，全面准确地界定了农村土地承包双方的责、权、利，并对原有的承包合同进行了规范、补充和完善，及时清理收回“三户一人”土地，进一步稳定和完善农村土地承包关系，全县人民人心安定。

## 二、实行城镇经济体制改革

党的十二大以后，党和政府在深化农村改革的同时，采取了系列步骤推行城镇经济体制改革。从 1983 年 6 月起，国营企业实行利改税制度，进一步扩大国营企业的自主权。1984 年 5 月 30 日，中共岑巩县委、县人民政府转发县委组织部、县劳动人事局《关于扩大国营企业干部人事自主权的报告》。5 月 31 日，县委、县政府召开全县经济工作会议，会议决定从下半年开始，全县的国营工业企业一律实行全民所有，以集体经营、按章纳税、自负盈亏的办法进行改革。针对县内国营企业的实际情况，县委提出改革意见。8 月，县经委所属的国营企业执行包干上交，超额部分归企业的办法进行承包。县商业局所属的饮食服务公司下属理发店、照相馆与公司进行承包，承包部门代表向企业签订承包合同，实行独立核算、照章纳税、自负盈亏的办法，每月向企业提交承包款。1985 年 4 月 8 日，县委、县政府下发《关于城镇经济体制改革的意见》，全县通过贯彻实施《关于城镇经济体制改革的意见》，使企业真正成为独立的经济实体，并根据自己的实际情况，提高了企业自我改造和自我发展的能力。全县政企职责已逐步分开，企业的自主权得到了进一步发挥，逐渐改变了企业吃国家“大锅饭”，职工吃企业“大锅饭”的不合理现象。1986 年，全县紧紧围绕增强企业活力这个中心，把搞好政企职责分开，落实企业的经营管理权作为重点，进一步扩大了厂长（经理）的自主权。1987 年，在县属国营企业中普遍推行“包死基数、确保上缴、超收多留、欠收自补”的承包经营责任制，县属 23 家国营企业有 17 家落实了第一层次的承包。与此同时，按照国务院《关于深化企业改革增强企业活力的若干规定》，积极推行厂长（经理）负责制，实行厂长（经理）任期目标责任制。经过 4 年的城镇经济体制改革，扩大了国营、集体企业的自主权，许多企业转换生产经营机制，增强了企业的活力，经济效益得到很大提高，为县域经济快速发展铺平了道路。

## 三、乡镇企业蓬勃兴起

1984 年，中央强调农村工业既要整顿发展社队企业，又要办好家庭小工业、社员联办工业以及其他形式的合作工业。中共岑巩县委认真贯彻上级关于发展乡镇企业的系列指示，充分认识发展乡镇企业的重要意义，组建乡镇企业管理机构，专门负责乡镇企业工作，大力扶持乡镇企业发展。

1980年全县乡镇企业个数为41个，从业人员599人，总产值97.82万元，营业收入88.93万元，上交税金6.06万元，纯利润5.75万元。1984年，岑巩县进行机构改革，社队企业更名为乡镇企业，县社队企业局改为乡镇企业局。根据中央、省、州有关文件精神，县里制定发展乡镇企业系列优惠政策措施，并对乡镇企业实行目标责任管理，使乡镇企业发展逐年迈上新的台阶。

到1995年底，全县乡镇企业个数达2815个，从业人员502人，总产值4269万元，税金126万元，纯利润331万元。1996年初，中共岑巩县委、县人民政府拿出10000元，对1995年发展乡镇企业较好的10个乡（镇）兑现目标责任奖，并给予表彰和奖励，县里还与11个乡（镇）签订了1996年乡镇企业发展目标责任书。

1996年5月22日，县里针对乡镇企业发展存在的问题，制定了政策措施加以解决。“十五”期间，县委根据上级政策，认真贯彻《乡镇企业法》和《贵州省乡镇企业条例》，对发展乡镇企业又作适当调整，以服务“三农”为目标，以增加农民收入为切入口，推进乡镇企业改革与发展，加快结构调整、产业聚集与升级，加强乡镇企业管理，提高自身素质，打造各类服务平台。

至2005年底，全县乡镇企业个数达2008个，从业人员4827人，总产值25256万元，比1995年增长5.92倍；营业收入24153万元，比1995年增长6.34倍；税金1218万元，比1995年增长9.67倍；纯利润1190万元，比1995年增长2.7倍。拥有固定资产695万元，支付劳动者报酬3076万元。按照企业性质分类，全县有集体企业5个，有限责任公司17个，私营企业85个，个体独资企业21个，其他企业1630个。按照行业分类，有农业企业、工业企业交通运输业、建筑业、商贸餐饮业、服务业六大产业。年产值100万元以上乡镇企业有11个，年产值500万元至1000万元的企业1个，年产值1000万元至5000万元的企业3个。乡镇企业生产的主要产品有：铁合金、锰粉、松节油、化肥、红砖、家具、茶叶、思州石砚、电子元件等20多个品种。

## 四、建立和完善社会主义市场经济体制

1992年10月12日，中共中央在党的第十四次全国代表大会上明确提出：我国经济体制改革的目标是建立社会主义市场经济体制，以利于进一步解放和发展生产力。1993年3月6日，中共岑巩县委在第七次党代表大会上，对全面贯彻落实党的第十四次全国代表大会关于建立社会主义市场经济体制的精神作了安排部署。1993年11月14日，党的十四届三中全会作出了《关于建立社会主义市场经济体制若干问题的决定》。按照中共贵州省委和中共黔东南州委的安排部署，1994年5月20日，中共岑巩县委发出了《关于组织全县干部学习社会主义市场经济基础理论和基础知识的通知》，要求广大干部认真学习建立社会主义市场经济体制的重要理论，做到学用结合，学以致用，结合岑巩的客观实际，把社会主义市场经济体制理论与岑巩的改革开放结合起来，与岑巩的发展结合起来，促进生产力的迅速发展。

从1994年开始，岑巩县对地方国营岑巩县机械厂实行国有民营的管理方式，即由私营企业兴达铸造厂对地方国营岑巩县机械厂进行人、财、物全面承包经营。1997年地方国营岑巩县化工厂实行股份制改造，向职工出售经营性资产130万元，每股1000元，职工认购968股，成为岑巩县境内国营企业改造成为股份制企业的第一户。1998年1月，又将地方国营岑巩县水泥厂以708万元出售给浙江省私营老板经营，成为黔东南州第一家国营企业出售给私人经营的企业。当年企业生产水泥21713吨，产值314.9万元，上缴税金45.15万元。水泥产量逐年提高，1999年为27822.5吨，2004年为30762吨，204年为77668吨，企业年年盈利。

为发展岑巩工业经济，县委、县政府于2001年9月制定《关于招商引资的若干规定》等一系列招商引资优惠政策，吸引外地客商到境内办厂，主动与外地客商联系，争取客商到岑巩县办厂，同时为客商做好配套服务协调工作，客商投资到哪里，配套设施和服务就跟到哪里，让客商感受到在岑巩办厂软硬环境都好，使其“留得住，有效益、能发展”。到2004年，共引进工业项目25项，引进资金22170万元。岑巩县工商业经过几十年不断地发展壮大，已成为岑巩经济的主力军。到2005年，县境内有工商企业308户，私营商户1748户，从业人员

1869 人，注册资本 2831.83 万元。

2005 年，全县生产总值 63739 万元，其中第一产业增加值 23279 万元，第二产业增加值 17313 万元，第三产业增加值 23147 万元。全县工业企业完成产值 43839 万元，其中，规模工业产值为 38000 万元，规模工业企业税金 1689 万元，实现销售收入 32292 万元。财政总收入 4836 万元，增收 586 万元，本级财政收入完成 2603 万元，增收 495 万元。粮食作物种植 18107 公顷，粮食总产量 71180 吨。农业结构调整取得新进展，优质高效农业得到进一步发展，种植油菜 359400 亩，优质稻 52600 亩，烤烟 6255 亩，杂稻制种 70 亩，收购烤烟 1.2 万担。制种农户、烟农分别实现收入 1230 万元和 500 万元，户均分别收入 4950 元和 446 元，烤烟种植、杂稻制种已成为农业结构调整的主导产业，实现了农业增效和农民增收。全县有养殖企业 3 家，养殖大户 316 户，肉类总产量达 11572 吨，禽蛋产量达 499 吨，水产品产量达 285 吨，畜牧水产业总产值达 1.33 亿元。早熟蔬菜种植取得新突破，创办早熟蔬菜基地 2 个，带动全县种植早熟蔬菜 6734 亩，亩产值达 1670 元。思州绿茶年产量 23 吨，成为省内外畅销产品。实施招商引资带动战略，把扩大开放作为招商引资的重点来抓，不断创新招商引资方式方法，进一步推进了招商引资工作的开展，共引进（签约）项目 12 个，协议引资 9300 万元，到位资金 6466 万元。加强了旅游基础设施建设，动工建设了连接梵净山旅游景区的三级油路，进一步改善了龙鳌河陈圆圆墓、中木召古庄园遗址等景点的基础设施条件。社会治安综合治理和民主法制建设进一步加强，为建立和完善社会主义市场经济体制起到了积极的作用。

## 五、发展非公有制社会主义经济

1980 年，中共岑巩县委作出了“放宽农业政策，推行联产承包责任制”的决定，在全县推行联产承包，调动了广大群众发展农业生产的积极性。岑巩在发展粮食生产的同时，积极开展多种经营，初步打破单一经营的格局，农村商品经济和个体经济逐步得到恢复和发展。

1983 年 8 月，县委决定成立个体劳动者协会，负责对个体私营经济进行自我管理、自我教育、自我服务。1984 年，召开首届个体劳动者代表大会，民主选举产生了岑巩县第一届个体劳动者协会。协会的成立，对推动和发展个体经济起到了促进作用。

1988 年 11 月 15 日，为加快岑巩城镇集体、私营、个体工业的发展，县委、政府下发《关于加快发展城镇集体、私营工业和个体工业的若干规定（试行）》，对县城内集体企业实施承包经营责任制，按“包死基数、确保上缴、超收多留、欠收自补”的原则，实行所得税承包、定死基数，逐年递增，在承包中引进竞争机制，允许一个人同时承包两个企业，并同时担任两个企业的领导人，实行多职多薪，收入可以高于企业职工平均收入的一至三倍，并摊入企业成本，机关单位及企事业人员经批准可停职停薪到集体企业承包经营，职工身份不变。积极发展股份制企业，对集体企业以及县外单位和个人到岑巩办的集体工业企业，符合规定减税条件的，给予减税让利。大力扶持城镇集体、私营工业和个体工业的发展，同时下发《关于推动横向经济联合的优惠办法（试行）》，对外商、外地全民、集体和个体客户来县内独资或投资联合办企业制定了一系列优惠政策，并对有贡献者给予奖励。

1990 年，岑巩县在制定“八五”计划时，强调在商品流通领域大力发展多种经济成分的流通企业，实行国家、集体个人一起上，多渠道、少环节、多形式地建立商业流通网点。全县有证个体商业发展到 828 户，从业人员 1026 人。

1992 年，中共黔东南州委、州人民政府决定建立新兴—羊坪经济开发区，县委抓住这一历史发展机遇，建立“新兴经济开发区”。7 月，成立新兴经济开发区管理委员会，制定了《关于新兴经济开发区经济技术综合开发优惠条件》，在土地征用和开发、外来人员务工与就业、外来客商税费优惠上制定了一系列优惠政策，改善投资软环境，提高办事效率，简化审批手续，实行一条龙服务。对帮助引进资金和带领含资金的项目及高新技术产品的单位和合法的中介人予以奖励。此举加快了岑巩县非公有制经济的发展。

1993 年，县委就“发展非公有制企业、加快社会主义建设”召开了扩大会议，专门讨论研究如何发展私营企业问题。为加快岑巩县个体私营经济的发展，县委决定成立岑巩县个体私营经济领导小组，负责全县个体私营企业发展。1994 年 5 月，县委召开“全县个体、私营经济工作会议”，扶助支持和引导非公有制经济迅速健康发展，对个体、私营经济实行“四不限”，允许先上车，后补票，先行动，后规范，多发展，早见效。

1995年3月，新兴被国家建设部批准为小城镇建设试点镇（国家建设部500个小城镇建设试点唯一的村级制集镇）。县委切实加大招商引资力度，加快新兴开发区建设步伐，不断改善投资环境，实行“一个机构、一个窗口、一个图章”的办事制度，提高办事效率。限时办理各种手续，为外来客商提供能源、交通、通信、保险等方面的保障及咨询服务，提供生活、文化娱乐等方便，保障其合法权益和人身安全。对外来客商的税费实行按性质和内容分年度返还的优惠政策，对引进技术、资金、人才的单位和个人进行奖励，促进和推动了岑巩县经济快速发展。

1995年5月，以“发展才是硬道理”为标准，放手发展个体私营经济，制定了《关于加快个体私营经济发展的实施意见》，规定县、乡两级党委政府成立个体、私营经济领导小组，把发展个体、私营经济列入重要议事日程，作为振兴岑巩经济的战略任务来抓；扩大个体、私营经济的主体范围，放宽经营人员资格和登记条件，简化开业登记手续；允许党政机关、企事业单位分离出来的富余人员从事个体经营或开办私营企业；允许企业在职技术人员到个体工商户或私营企业兼职；鼓励、支持农民进入城镇经商和兴办企业；放开经营范围和方式，对发展个体和私营经济实行“五不限”（不限发展比例，不限发展速度，不限经营方式，不限经营规模，不限经营范围）；个体工商户、私营企业享有和国有企业同等的税收等优惠政策，按谁投资、谁所有、谁受益、谁维修完善的原则，扩大市场规模，为个体私营经济发展提供经营场所；积极鼓励、引导农民从事种植、养殖和深加工，对农民申请个体经营的，按“先放开，后规范”的原则允许从事经营活动，不发照，不收费；坚决制止乱收费、乱摊派、乱罚款，实施“收费明白卡”制度，卡上没有的收费项目，个体私营企业有权拒付，切实减轻个体工商户和私营企业负担，保障其合法权益。

1998年2月，县委召开全县个体经济管理专题会议，提出“要把发展个体工商户作为发展岑巩县经济增长点，实现发展速度必须在上年的基础上增长15%”的目标。2000年，县内非公有制经济保持较快的增长，但与周边地区相比差距较大。县委主动查找制约非公有制经济发展的症结，在工作环境的优化和政策措施到位上找原因，一方面切实清理影响非公有制经济发展的政策，扫除一切影响非公有制经济发展的因素。另一方面采取更加简化、便捷的服务措施，促进政策落实到位。

随着岑巩县城整体规划与调整的顺利实施，县委按照工业强县的战略，利用地处两省三地交界的地区优势和紧邻湘黔铁路、320 国道、GZ65 高速公路的交通优势，成立岑巩县工业园区，主动承接东部产业链的转移。2001 年 9 月，岑巩县制定了《关于招商引资若干规定》，对招商引资领域、投资方式、土地使用权作了明确规定。坚定工业富县方针，加快工业发展步伐，把工业经济摆在整个经济工作的首位，推进经济结构战略性调整。建立劣势企业退出机制，引导优势企业、县外企业和私营企业收购、兼并和承租国有企业，发展混合经济，实现投资主体多元化。主动承接产业梯度差的辐射，积极引进高耗能企业，发展冶炼、建材等工业，积极扶持发展有地方特色的食品、中药材等加工业。

2002 年，在以新兴城市建设为龙头的城镇化进程中，进一步落实非公有制经济“大发展、大提高”的方针。县内形成了以电力、冶炼、农机制造、建材、食品加工、商业饮食为主的非公有制经济群体。2002 年末，全县非公有制企业发展到 37 户，从业人员 1350 人，注册资金 5626 万元。2003 年 6 月，岑巩县工业园区更名为思州工业园区，当年引进贵州中金硅业有限公司、贵州国恒锰业有限公司、岑巩县天榕锰业有限公司、岑巩县凯乐锰业有限公司等 6 户企业落户工业园区，共引进资金 2.45 亿元。2004 年，仅这 6 户企业产值就达 1188.2 万元，实现税收 337.5 万元，提供就业岗位 1060 个。

随着社会主义市场经济体系的日臻完善和成熟，岑巩县非公有制经济得到了长足发展，至 2005 年，全县共有个体工商户 2435 户，从业人员 2483 人，注册资金 12723 万元；有限责任公司 47 户，注册资金 17288 万元；私营企业 67 户，注册资金 8746 万元。这些非公有制企业和个体户已成为境内商品流通的主力军和岑巩县经济发展中的骨干力量。

2010 年，岑巩县工农商实现全面发展，全县完成生产总值 144557 万元，其中第一产业 37723 万元，第二产业 48114 万元，第三产业 58720 万元。三次产业比例为 26.1∶33.3∶40.6，二、三产业比重占经济总量的 73.9%。城镇居民人均可支配收入 12182 元，农民人均纯收入 3100 元。全社会固定资产投资 42673 万元，实现社会消费品零售总额 48167 万元，全县财政总收入完成 13460 万元。

## 六、国民经济与社会发展

1978年以后，中共岑巩县委贯彻中央“调整、改革、整顿、提高”的方针，逐步将工作重点由原来的“以阶级斗争为纲”转移到经济建设上来，改变过去“左”的做法，调动了广大人民生产积极性。1980年，全县工农业总产值达到4137万元。其中，农业总产值3611万元，工业总产值526万元，粮食总产量6056.5万公斤，油料作物总产量32.8万公斤，烟叶总产量为9万公斤；生猪存栏9.45万头，大牲畜存栏2.61万头，分别比1978年增长164%和3.16%；社会商品零售总额完成112万元，农副产品采购总值完成687.9万元，分别比1978年增长25.36%和4.8%。

1981年，岑巩县贯彻落实党中央的号召，解放思想，进行经济体制改革。农村普遍推行家庭联产承包责任制，土地下户，改变过去的大集体作业，推行以农户为主体的个体承包。工业推行经济责任制，流通市场逐步开放，通过改革，全县经济保持较快发展。

到1984年，全县农业总产值4344万元，比1980年增加20.30%，粮食总产量达到6332万公斤，油料作物总产量352万公斤，烟叶总产量18万公斤，分别比1980年增长4.45%、9.04%和100%；工业总产值898万元，比1980年增长70.72%。全县生猪存栏9.74万头，大牲畜存栏3.10万头，分别比1980年增长3.07%和18.77%。

1986年，农业在巩固和完善家庭联产承包责任制的基础上，调整产业结构，发展商品生产，推广适用农业科学技术；工业全面推行承包经营责任制，不断进行技术改造，开发新产品，提高产品质量；商业、运输业、建筑业等市场全面放开，出现国营、集体、个体一起上的新局面，国民经济建设得到较快发展。建成了新兴变电站和油脂厂、花生食品厂、肉联加工厂，架通了新兴至老城城关的输电线路。到1990年，全县农业总产值达到9361万元，工业总产值达到2340万元，粮食总产量达到6416.6万公斤，油料作物总产量达到622.8万公斤，烟叶总产量达到77万公斤，均为历史最高纪录。生猪存栏11.9万头，大牲畜存栏4.38万头。社会商品零售总额达到3375万元，农副产品采购总值达到1783万元。

这一时期，农业实用技术的推广有了新的进展，粮食单位面积产量有所提高，油菜、花生稳定发展，烤烟种植面积逐年扩大，家畜家禽饲养量逐年增多，生猪出栏率逐步提高。乡镇企业有所发展，产值和效益逐步提高。封山育林面积逐年扩大，森林覆盖率有所提高，果树茶叶发展有了新的起色。水利设施的维修、管护不断加强，有效灌溉面积逐步得到恢复和发展。岑巩县的财政收入每年以两位数速度增长。

乡镇企业和集体经济有了新的发展。茶叶、油桐通过更新、改造和新造，已具有一定的规模。封山育林有了长足的发展，林业生产综合效益提高。果树、药园和经济林逐步从零散种植向区域化种植迈进，农业生产内部结构从抓粮食生产向多品种的商品生产转化。工业生产通过进一步深化改革，有了新的发展。

1997 年，全县农业得到加强，粮食获得增产，油菜、烤烟等大宗农产品及畜禽产品稳定增长。全县农业总产值 29054 万元，农民人均纯收入达到 1183 元，比上年净增 70 元。财政收入达到 1521 万元，社会商品零售额年平均增长 1.66%，达到 6308 万元；山区农业综合开发开始起步，扶贫攻坚取得显著成效，实现了越过温饱线的目标，进入了全省率先解决温饱先进县的行列。全县农村贫困人口从 1992 年的 88630 人减少到 1997 年的 27000 人，城乡人民生活水平有所提高。1997 年，全县粮食产量为 72836 吨，油菜子产量 4149 吨。生猪年末存栏数 151541 头，大牲畜年末存栏数 55016 头。工业有了新的发展，工业总产值 9589 万元，企业通过转换经营机制，建立新的经营模式，呈现了新的生机和活力，工业产值在国民生产总值中的比例逐年增加。发电量达 5901 万千瓦时，水泥产量达 15330 吨，木材生产为 2388 立方米。

至 1997 年底，全县 129 个村全部通电，农村电气化建设有序展开，完成了岑巩—新兴公路改造及柏油路铺设工程，开通了县城 2000 门和新兴开发区 1000 门程控电话。

岑巩县坚持以经济建设为中心，国民经济保持稳定增长。1998—2002 年的 5 年里，全县上下以改革开放为动力，立足县情，抢抓机遇，艰苦创业，经济建设取得较大发展，国民经济和社会发展“九五”计划顺利完成，“十五”计划开局良好。2000 年全县国民生产总值实现 39266 万元，比 1997 年增长 31.05%，其中第一产业 18082 万元，第二产业 7122 万元，第三产业 14062 万元。财政收入完成 1761 万元，比 1997 年增长 52.6%，完成固定资产投资 13683 万元，消费品零售总额达9451万元。经济结构战略性调整取得了较大进展，尤其是通过深化改革、扩大招商引资，工业经济得到较快发展，二、三产业在国民经济中的比重有了大幅度提升。

在农村，加大农业产业结构调整力度，农业和农村经济持续稳定发展。岑巩县广大党员干部落实好党在农村的一系列路线、方针、政策，巩固农业的基础地位。着力调整农业产业结构，逐步形成了优质果品、优质粮油、优质烤烟、优质茶叶、无公害中药材、畜牧养殖等六大产业，农村种养大户、示范户、专业户不断涌现，农业和农村经济呈现出持续稳定发展的势头。2000年，全县粮食总产量61906吨，油菜子产量4025吨，杂稻制种2050亩，优质烤烟7230亩，中药材57亩，完成稻鱼工程2567亩，推广优质果品4000亩。生猪存栏16.93万头，出栏12.44万头。通过扶贫开发，稳定解决2.68万贫困人口的温饱问题，农民收入不断增加。2002年，岑巩县乡镇企业完成总产值28122万元，完成增加值6270万元，实现税金742万元。通讯、商业等发展迅速，到2002年底，全县固定电话已达13168户，移动电话用户突破1万户。全县核准注册登记私营企业37户，从业人员1350人，注册资金5626万元。个体工商户注册登记2056户，从业人员229人，注册资金1997万元。全县接待游客3000人次，实现旅游收入330万元。

固定资产投资逐年增加，到2002年底，全县累计完成固定资产投资3.1亿元，是"八五"期间的3倍。招商引资工作取得较大成就，湖南、广西、江西、浙江、福建、山东等地一大批外来投资商落户岑巩投资开发。1998年至2002年的5年里，岑巩县共引进企业28家，实际投入资金11948万元。

到2005年底，岑巩县生产总值完成63739万元，其中第一产业23279万元，第二产业17313万元，第三产业23147万元，全社会完成固定资产投资22883万元，全县财政总收入完成4836万元，地方财政总收入完成2603万元，全县金融机构各项存款余额53468万元，城乡居民储蓄存款余额35433万元，各项贷款余额52423万元。共引进项目12个，协议引资9455万元，到位资金7100万元。全县非公有制企业发展到98户，注册资金总额1.14亿元。乡镇企业个数发展到208户，乡镇企业总产值25256万元。非公有制经济成为岑巩县经济结构的重要组成部分。

农业稳步发展，农业结构调整取得较大的成效。农作物生产获得较大发展：2005 年，粮食作物种植面积 27.16 万亩，油料作物种植 7.31 万亩，烟叶栽培 7380 亩，蔬菜栽培 6.4 万亩，其他作物种植 4.75 万亩。年粮食总产量 71180 吨，油菜子产量 433 吨。

优质、高效和特色农业持续发展。2005 年，完成优质稻种植 537 万亩，总产 2.44 万吨；年末生猪存栏 178300 头，大牲畜存栏 58074 头，羊存栏 48020 只，家禽存栏量为 38.12 万只，兔存栏 1265 只，肉类总产量 11572 吨，禽蛋产量 400 吨，牛奶产量 47 吨，水产品产量 285 吨。

工业经济稳步发展。2005 年，规模以上工业企业实现总产值 43839 万元，工业增加值 11897 万元，同比增长 27%。发电量完成 276 万度，供电量 29638 万度，水泥 10.31 万吨，铁合金 3.81 万吨。

这一时期岑巩县重视基础设施建设，陆续修筑县级公路和乡村公路数十条，其中州属公路 182 公里，县属公路 305 公里。湘黔铁路、320 国道、CZ65 国道穿越而过。岑石公路、江岑公路贯通。

岑石公路按国家二级公路标准改扩建，全线铺设沥青路面，岑江公路相继按二级公路标准改造，亦铺设沥青路面。通过公路改造，车流量、载重量及车速等都得以大大提高。1985 年至 2005 年兴建村级公路 60 余条，总长 394.5 公里。建成连接公路的大型桥梁 14 座，其中跨越㵲阳河的 3 座，龙江河的 9 座，车坝河的 2 座。至此，岑巩东可出羊坪至长沙，西可至石阡，南通镇远大岭江古，北可连江口、铜仁。以县城为中心连接各乡（镇）村的交通网络基本形成，95% 以上的村都通了汽车。

## 第三节　跨越发展时期

党的十八大以来，以习近平同志为核心的党中央，面对世界经济复苏乏力、局部冲突和动荡频发、全球性问题加剧的外部环境，面对我国经济发展进入新常态等一系列深刻变化，在经济建设、政治建设、文化建设、社会建设、生态文明建设等方面提出一系列新理念、新思想、新战略，形成了习近平新时代中国特色社会主义思想。在这一重要思想指引下，我国经济保持中高速增长，对世界经济增长贡献率超过30%；社会主义民主不断发展，中国特色社会主义法治体系日益完善；思想文化建设取得重大进展；人民生活不断改善，人民获得感显著增强；生态环境治理明显加强，环境状况得到改善。实践充分证明，习近平新时代中国特色社会主义思想是党和国家各项事业蓬勃发展的行动指南，是我们在新时代进行伟大斗争、建设伟大工程、推进伟大事业、实现伟大梦想的强大思想武器。党的十九大按照中国特色社会主义事业"五位一体"总体布局，对经济建设、政治建设、文化建设、社会建设、生态文明建设等作出新的全面部署，为我们在新时代推进中国特色社会主义伟大事业提供了实践遵循。

岑巩县委在省委、州委的坚强领导下，坚持以习近平新时代中国特色社会主义思想为指导，深入学习贯彻党的十八大、十九大精神和习近平总书记在贵州省代表团的重要讲话精神，全面贯彻落实习近平总书记对贵州工作系列重要指示和批示精神，坚持以脱贫攻坚统揽经济社会发展全局，坚持稳中求进工作总基调，统筹推进"五位一体"总体布局，协调推进"四个全面"战略布局，全力打好三大攻坚战，统筹推进稳增长、调结构、促改革、惠民生、防风险等各项工作，全县呈现出脱贫攻坚"整县摘帽"有序推进、经济社会平稳发展、文化事业繁荣向上、生态环境持续改善的良好局面。

## 一、国民经济综合实力实现新跨越，发展质量明显提高

坚定不移实施主基调主战略，奋力后发赶超、增比进位。这一时期经济总量显著提升。十二五期间，全县地区生产总值由14.46亿元增加到36.56亿元，年均增长16.5%；地方财政一般预算收入由5886万元增加到37739万元，年均增长46.6%；全社会固定资产投资由4.27亿元增加到61.98亿元，年均增长70.8%。岑巩经济开发区跻身省级循环经济示范园区和"511"民营经济示范园区，2000万元规模以上工业企业由14家增至43家；3个特色高效农业示范园区被列为省级示范园区，岑巩成为全省唯一国家级杂交水稻种子生产基地县，粮经比由55.4∶44.6调整为48.2∶51.8；三次产业结构从26.1∶33.3∶40.6调整到22.3∶31.1∶46.6。

2016年，全县地区生产总值完成42.78亿元，比上年增长14.1%；500万元以上固定资产投资完成38.81亿元，比上年增长22.7%；社会消费品零售总额完成11.63亿元，比上年增长13.3%；城镇新增就业人数0.26万人，比上年增长7.7%；农村居民人均可支配收入完成7659元，比上年增长11.1%；城镇居民人均可支配收入完成24844元，比上年增长9.3%；节能降碳指标控制在国家下达计划范围内。

2017年，全县地区生产总值完成46.51亿元，比上年增长8.7%；500万元以上固定资产投资完成37.26亿元；规模以上工业增加值完成10.91亿元，比上年增长1.5%；一般公共预算收入完成32553万元，比上年下降18.9%；八项支出完成125490万元，比上年增长9.9%；农民人均可支配收入8425元，比上年增长10%；城镇居民人均可支配收入26981元，比上年增长8.6%；社会消费品零售总额12.91亿元，比上年增长11%；全县旅游总收入6.25亿元，比上年增长55.5%。节能降碳指标控制在国家下达计划范围内。

2018年，岑巩县地区生产总值完成487265万元；城镇居民人均可支配收入完成29328元，比上年增长8.7%，农村居民人均可支配收入完成9259元，比上年增长9.9%。启动“十三五”中期评估工作，分析各项经济发展指标存在的问题和原因，总结规划编制和实施的经验，为“十三五”顺利完成各项目标任务提供保障。

2019年，岑巩县地区生产总值完成55.54亿元，其中一、二、三产增加值完成10.07亿元、17.23亿元、28.24亿元，分别增长5.9%、8.9%、6.1%。规模以上工业增加值7.98亿元，增长10.7%；500万元以上固定资产投资下降6.7%；社会消费品零售总额13.92亿元，增长3.8%；一般公共预算收入完成2.34亿元，下降22.3%；财政八项支出14.57亿元，增长6.2%；城镇、农村居民人均可支配收入完成31909元、10278元，分别增长8.8%和11%；500万元以上固定资产投资在建项目123个，累计完成投资25.94亿元。

2020年，岑巩县立足杂稻制种、油茶两大主导产业，统筹优质烤烟、中药材、食用菌、生态畜禽养殖、商品蔬菜等特色产业，大力培育、引进省内外经营主体，通过订单发展、拓展内需、网络推介和东西部扶贫协作等方式，全面打通农产品销售渠道，带动群众增收致富。一是发展订单“直销”。全县51个坝区产业培育、引进经营主体160个，全面推广“企业+合作社+贫困户”等生产经营模式，鼓励农户加入村级合作社发展“订单”产业，对接25家龙头企业落实杂稻制种、烤烟、中药材等种植8.96万亩，订单产业比重达30%，同时完成绿茶、精品粮油、香猪、土鸡蛋等订单4000余万元。二是拓展市场“内销”。成立县乡村三级农产品对接专班和县级农产品配送公司，加强68个贫困村与企业、超市、学校食堂和机关单位食堂对接力度，“七进主体”与43个合作社签约，覆盖贫困户9401户口28205人，全县产销对接销售农产品47584.05吨，产值达34438.62万元。三是线上平台“网销”。搭建“互联网+农产品销售”“农村电子商务”等农产品销售平台，每个中心村建立一个电商网点，大力培育农产品区域性品牌，推动产品变网品。至2020年，有思州柚、思州锅巴粉等20余种地方农特产品入驻省商务大数据服务平台，68个中心村实现电商网点全覆盖，完成网络交易额达9100万元，网络零售额达650万元。四是扶贫协作“外销”。以浙江建德市对口帮扶为载体，加大龙田蛋鸡养殖扶贫产业园建设力度，积极参加经贸洽谈会、农产品博览会，通过设立办事处、开设经销窗口等，销售农产品金额1.81亿元，其中销售认定扶贫产品1.58亿元，销售带贫农产品0.23亿元。

## 二、城乡格局展现新风貌，城镇建设提质上档，美丽乡村提速推进

围绕州委、州政府提出的“黔东集群发展”方向，坚持不懈推进城镇化带动战略，统筹城乡发展，2020年，县城中心城区规划面积从4.8平方公里扩展到58.94平方公里，新增商住地产开发140万平方米，新建住宅小区18个；按照5A级景区标准启动了城北新区（4.3平方公里）建设。加快推进各具特色的示范小城镇建设，水尾镇成功入列省级特色示范小城镇。扎实推进“四在农家·美丽乡村”六项行动计划，建成州级示范村6个，实施推进村建设41个，硬化通组公路486公里、串户路326公里，太阳能路灯已覆盖73个自然寨。

## 三、生态建设迈上新台阶

### （一）生态经济加速发展

截至2019年，全县优质油茶基地5.9万亩，惠及林农5000户，挂果面积2万亩，在中部丘陵地区发展油茶，改、造结合，有序推进油茶产业；全县优质思

州柚基地4.8万亩，挂果2.3万亩，平均年产果量达2000万公斤，产值达1.2亿元；水蜜桃基地2.1万亩，其中挂果1.2万亩，年产量1200余万公斤，年产值达7000万元；脆红李基地0.6万亩，初果面积0.2万亩，年产量40万公斤，年产值达320万元。全县发展林下经济，利用森林林地面积已达36.4万亩，产值达2.9212亿元。其中林下种植业面积5.32万亩，产值8246.91万元；林下养殖业面积10.43万亩，产值8118.53万元；林产品采集加工利用林地面积14.433万亩，产值7046.6万元；森林景观利用林地面积6.22万亩，利用产值达5800万元。

（二）生态工程稳步推进

2015年，累计完成石漠化综合治理75平方公里、封山育林7.88万亩、人工造林11.3万亩，全县森林覆盖率达56.39%。2016年，聘请森林管护人员55人，签订管护合同55份，落实管护面积116万亩，完成天然林资源保护工程二期封山育林任务1万亩。全县实施“绿色贵州三年行动计划”营造林任务56421亩，其中人工造林16000亩，封山育林34421亩，人工促进封山育林6000亩，森林覆盖率54.48%。2017年，完成绿色贵州三年行动计划营造林任务56421亩，其中人工造林16000亩，封山育林34421亩，完成绿色贵州三年行动计划省级财政县乡村造林项目封山育林24421亩，人工促进封山育林6000亩，森林覆盖率58.53%。2018年底，有公益林46.78万亩，占林地面积的34.9%，生态护林员增加至443人，县内森林覆盖率59.75%。2019年聘请林管员、常年护林员、季节性护林员总计50个，管护森林面积46.78万亩。完成森林抚育补贴项目割灌除草0.8万亩和3万亩营造林任务。2019年，开展义务植树活动，植树绿化32300株，绿化面积407亩，完成2018年度中央财政森林抚育补贴项目5000亩中幼林的割灌除草工作，确定林业用地面积154.39万亩，森林覆盖率60.76%。

## 四、改革开放激发新活力

（一）坚持以改革促开放，以开放促发展，行政效能不断提高

十二五期间建成县政务服务中心、11个乡镇便民服务中心和79个村级便民服务站并投入使用，精简行政审批事项127项，办理流程减少198个环节。积极服务企业，深入贯彻落实“简政放权、放管结合、优化服务”，企业项目备案实现“零上门”或“最多跑一次”即可办结，截至2019年，企业投资项目备案

41件。

（二）市场活力不断增强

完成“先照后证”“三证合一”等系列商事制度改革，扶持培育壮大市场主体，企业户数从2011年的300户增加到2019年的1149户，增长283%；个体工商户数从2573户增加到目前的6634户，增长158%。截至2019年，共有企业1970户，注册资本881626.42万元；农民专业合作社389户，注册资本66753.59万元；个体工商户10130户，注册资本86635.93万元。

（三）对外开放不断深化

全方位、多方式招大商、引好商，“十三五”期间招商引资到位资金201.4亿元，是“十一五”时期的5.4倍。

## 五、社会事业取得新进步

坚持抓民生就是抓发展的理念，大力保障和改善民生，持续提升人民群众的幸福感和获得感。

（一）脱贫攻坚成效显著

2019年，城乡居民人均可支配收入分别为22730元、6894元，均实现年均增长12.7%。全县“减贫摘帽”通过省级验收，累计减少贫困人口6.06万人，实现贫困乡镇发生率为“0”目标。2020年3月3日，贵州省人民政府正式批准岑巩县退出贫困县序列。

（二）公共服务明显改善

教育事业快速发展，新建和改扩建校舍面积26万平方米，新建职业技术学校1所，中小学校3所，乡镇公办幼儿园11所，率先接受省人民政府对“普十五”评估验收。2020年高考二本及以上上线人数917人，比2011年增加631人。医疗卫生事业不断进步，医疗卫生体制改革扎实推进，新建县医院综合医技楼、4个标准化乡镇卫生院和60个村级卫生室，县人民医院成功创建二级甲等医院，建成全国计划生育优质服务县。建成县体育公园和83个农民健身广场。

（三）社会保障体系不断健全

基本养老、就业、医疗、工伤等保障覆盖面不断扩大，城乡低保实现应保尽保、应退尽退。至 2019 年底，累计实施保障性住房 4908 套、棚户区改造 2270 户、农村危房改造 16410 户。

（四）社会大局和谐稳定

织密了社会防控安全网络，人民群众安全感和满意度稳步提升，“三四五六·打防创优”平安建设经验在全省推广，创建无毒害县通过省级验收。

# 第四章　传承创新并重　发展文化事业

据文献资料记载和文物古迹考察，从隋唐时的思旸白崖悬棺葬，唐天宝年间的“思州石砚”，鳌山寺古建筑遗迹，佛教、道教艺术等等，可以看出当时县境内的设计、工艺、石刻等文化艺术已发展到一定水平。宋元时期，从出土的思州铜鼓、铜锣、犁铧，民间的“施锣”风情，土家族的“六月六赶娃娃场”等，可以看出文化艺术活动有所发展。明清时期，中央王朝的“调北填南”“改土归流”，军屯民屯遍及全境城乡，中原文化大量传入境内，形成了思州古老文化艺术与中原文化艺术交融的局面。民国时期，随着社会经济的发展变化，开始设置文化事业机构，民众文化活动有所开展，文学、艺术、体育、科学等发展有了一些基础。岑巩境内的“跳宝抱神”祭祀舞，融祭祀、舞蹈、戏剧演唱为一体的“喜傩神”活动，民间故事传说及中木召古城文物等，构成思州传统特色文化形态。

中华人民共和国成立后，文化事业作为社会主义建设的组成部分，由国家投资兴办，经过 70 年艰苦努力，在全县城乡建成多层次多方位为各民族人民服务的现代文化科学网络，科学技术得到发展和广泛应用。

## 第一节　探索时期

### 一、文化事业

#### （一）开展群众文化活动

1951 年 4 月，岑巩县文化站成立，配备职工 2 人。1952 年 11 月，改名为岑巩县文化馆，设馆长 1 人，副馆长 1 人，职工增至 4 人。初步开展了一些文化活动。1973 至 1978 年间，岑巩县文化馆设馆长 1 人，副馆长 1 人，职工最多时达 9 人。1975 年，县拨款修建厢房两幢。1987 年，国家又拨款修建砖木结构楼房，面积 600 平方米。共有固定资产 12 万元，大小房屋 20 间，分别作为保管、美术摄影、歌舞音乐、文艺创作等活动场所和办公室、宿舍。

（二）文艺演出

20 世纪 50 年代，县内群众文化工作主要以发展各种文化工作组织为主，配合抗美援朝、土地改革、镇压反革命、农业合作化等政治经济活动开展宣传活动。60 年代，随着国民经济的整顿、恢复和发展，群众文化活动逐步开展。1961 年 7 月，凯阳俱乐部被评为贵州省先进农村俱乐部。1962 年，全县组织文娱晚会 10 次，出黑板报 33 期共 68 版，自制幻灯片 4 套。1963 年，组织业余湘剧团、京剧团在城关开展活动，全县建立农村俱乐部 17 个，文艺创作组 19 个，歌咏队 23 个，幻灯组 2 个，搜集创作的山歌 340 首，快板 62 篇。1964 年，开展春节文化教育宣传月活动，演出 394 场次，演出节目 1185 个，观众达 15 万多人次；街头宣传 18 次，出黑板报 78 版；组织故事员 119 人，讲革命故事 208 个；组织唱革命歌曲比赛，全县组织有农村俱乐部 65 个，读报组 31 个，歌唱组 400 个；搜集到民歌 784 首，快板评书 96 篇，小剧本 11 个，小演唱资料 25 件，创作歌曲 6 首，诗歌 2 首，散文小说 14 篇，方言土语 236 条。凯阳俱乐部演出的《丰收舞》《夫妻挑战》《浪子回头》《参军光荣》《算命先生骗钱又害人》等节目，深受群众欢迎。1965 年，由县文化馆 12 人组成“乌兰牧骑演出队”，进行乡村巡回演出，召开岑巩县第二届工农业余文艺汇演大会，先后发展和改建农村文化室 102 个，参加活动 1 万多人次，培训县区社文艺骨干 769 名，农业生产大队的业余演员增加到 1782 人，全县文化工作成绩显著，县文化馆被评为贵州省文化系统先进单位。1972 年 4 月 27 日，岑巩县业余文艺宣传队成立，成员 30 人。1973 年，将县文化馆与宣传队合并，组建馆队合一的文化工作小分队。1974 年，组织观看样板戏《龙江颂》，举办样板戏学习班，举办岑巩县首届少年风筝美术展览。1976 年，开展一周的岑巩县业余文艺调演。1977 至 1978 年，全县举办美术、书法作品展览两次，展出作品 253 件，开展宣传活动等，受到贵州省文化局表扬。1978 年，组织县业余文艺宣传队赴凯里参加第八次全州业余文艺调演，被评为黔东南州先进演出单位。

（三）图书发行

1952 年，岑巩县社联图书发行书店成立以来，岑巩支店作为全县图书销售点，负责全县图书的发行工作。为了满足城乡图书发行工作需要，1972 年，岑巩支店分别在全县各区设门市部 5 个，流动组 1 人，组织代销点 21 个。1962 年，全县销售科技、政治、文艺书籍和中小学课本 23 万余册。这一时期，发行马列著作和毛泽东著作 10.7 万册，全县人均为 5.4 册。

（四）成立图书馆

1977 年 1 月 19 日，岑巩县图书馆成立，职工 2 人。1978 年，国家投资兴建一楼一底房屋 9 间，占地面积 150 平方米，建筑面积 286 平方米。馆设采编、外借、阅览、藏书、办公、财务等 5 个室。经过逐年购置图书，馆藏书达 2.3 万余册，并备有 18.5 平方米宣传专栏 1 个，辟有新书介绍、读者心得、知识廊、小科学、望透镜等栏目，不定期地进行更换张贴。

（五）电影放映

1971 年，岑巩县电影院建立，实行划片包干放映责任制，逐步满足群众看电影要求。当年有电影队 4 个，共放映 772 场，观众 39.4 多万人次。其中，3 个电影队还深入到从未放映过电影的 64 个边远生产队放映，很受群众欢迎。放映《李双双》等电影后，鼓舞人民团结，努力生产，发挥了电影宣传教育的积极作用。县电影系统每次放映前结合党的中心工作，请当地领导讲话，自编快板、金钱板宣传党的方针政策和当地农业生产中涌现出来的好人好事。县电影系统认真放映电影、搞好宣传教育工作，成绩显著，被省、州、县评为先进集体。

## 二、文学艺术

（一）文学创作

20 世纪 50 年代，县境以群众业余文艺团体自编的演唱资料为主，凯阳俱乐部创作的《跃进中无闲人》剧本排练演出。1958 年，全县有农村业余剧团创作组 13 个。60 年代，岑巩县文化部门选编的《岑巩县民歌选》，收录民歌近千首，曾广泛流传。磨寨俱乐部的《李中勋的转变》，凯阳俱乐部的《夫妻挑战》《动员妹妹进民校》，沙子坳俱乐部的《科学相声》及各个俱乐部演出的《三丑会》《借耕牛》《一条围腰》《要彩礼》《保管员》等小歌剧、话剧、相声作品受到群众热烈欢迎。据统计，1964 年全县有农村文艺创作组 19 个，县文化部门搜集群众创作反映现实生活和斗争的新民歌有 784 首，曲艺作品（快板、唱词、评书等）98 篇，小型话剧、歌剧、快板剧 11 部，花灯和小演唱 25 件，歌曲 5 首，散文、小小说 14 篇，农谚、歇后语、方言土语 236 条汇编成集，加工、整理、选编《天马民歌选》两集、《演唱资料》三集，刊印 790 册，《灯语新编》一集，有的曾在省、州报刊杂志上发表，文学创作活动日趋活跃，作品数量增加，形式多样。

（二）戏剧曲艺

思州傩戏原是岑巩形成最早、流传较广的戏剧，唐至宋代为盛行时期，明清两代广为民间演出，现已成为民族文化研究的重大课题。湘剧、汉剧、木偶戏在明清后大量进入境内，湘戏、木偶戏盛行。20 世纪 50 年代，县内的戏剧主要是农村俱乐部自编自演的话剧或歌剧。县城有业余湘剧团和木偶剧组。60 年代，县文化部门组织有业余文化工作队。1965 年，召开岑巩县第二届工农业余汇演大会，有 32 个业余文工队参加，演员达 277 人，观摩演出 4 场、公演 2 场，观众 3 万余人次，收到节目 128 个，演出 107 个，16 种形式，评出了 32 个优秀节目。

县内最突出的是历史悠久的丧葬击鼓唱歌，凡是谁家老父老母去世，都得请歌师傅来唱孝歌。击鼓唱孝歌首先要唱《请歌师打口号》，再唱《请歌郎》，然后进入正唱，说唱《开五门》《立楼扎寨》《招亡》《唱颂歌》《送亡人离别歌》等等，歌唱亡者一生的功劳业绩。再就是唱花灯和打金钱棍曲调。明清以来，城乡在春节至元宵节期间进行演唱，还有玩龙灯讲吉语，以及在不同场合打竹板讲快板儿等。思旸镇瓦窑陈氏祖传在春节期间进行打金钱棍，说唱古今。水尾镇老中医、县人民委员会委员陈德轩，每逢开会都会说几段快板，歌颂新社会、新生活。注溪乡地郎村农民杨昌耀，随口编唱的快板词，相传可以唱七天七夜。县、区、乡、镇、村的俱乐部，每次演剧都少不了要说唱一两个快板节目。上海、贵阳知青到岑巩安家落户时，协助加工提炼，使快板词更加艺术化，深受群众喜爱。在农村讲故事比较普遍，1964 年开展春节文娱活动 1 个月中，有 119 名故事员讲革命故事 208 个，听众 1 万余人。1965 年，全县有业余演员 1203 人，其中故事员 25 人，在 285 个地点举行晚会 904 场，演出 1590 个节目，观众达 15 万人次。

（三）音乐舞蹈

县内的群众音乐，主要是民歌，有山歌、酒歌、礼仪歌等，舞曲有双采茶、单采茶曲牌，采莲船、金钱棍曲调及乐器和器乐曲等。20世纪50年代，革命歌曲成为岑巩县解放、土地改革、农业合作化时期群众最喜欢的音乐，形成逢会必唱、比赛对唱、演出欢唱的局面，鼓舞人们奋发向上。

舞蹈有宝抱神舞、傩愿舞、花灯歌舞、金钱棍舞等。中华人民共和国成立后，老解放区秧歌舞、腰鼓舞传入境内，成为流行舞蹈。50年代，苏联的交际舞传入县城，风行一时。80年代，迪斯科舞蹈等传入县内，成为青年人的热门舞蹈。县文化部门在文化中心还专门举办学跳“迪斯科”舞活动。1984年，龙明光创作的《白杨树下两相会》歌舞获黔东南州三等奖，宋邦宁的《蜜橘丰收》歌舞获州优秀节目。

（四）工艺美术

工艺美术有绘画、雕刻、银饰、编织、镜器、剪纸等，历史悠久，工艺精湛，具有地方特色。

绘画有傩戏挂图彩画、山水画、人物画等。从《思州石砚》画谱可以看出，唐代时绘画有发展，明清时思州寺庙壁画、彩图相当普遍。民国时期绘画名士聂宝善、程云等画的松鹤图、梅花争春、秦叔宝、尉迟公像等比较出彩，今贵州省博物馆收藏有聂宝善的绘画作品。中华人民共和国成立后，绘画艺术大有发展，随着社会进步，在县城年年举办绘画展览和比赛，文化部门设有展览亭，电影部门宣传画专栏经常有展出。

雕刻种类较多，有木刻、竹刻、石刻等。石刻最早的要数中木召出土的石刻牛头。最典型的要算“思州石砚”，自唐代沿袭至今。雕刻产品有“双龙抢宝”“喜鹊含梅”“松鼠葡萄”等传统名品57种，工艺精湛，刻出的龙珠凤眼、日月星辰、植物花卉等，活灵活现，栩栩如生。此后，雕刻工艺又不断创新，出现“龟砚”“金鱼戏水”等新的造型34种，1975—1976年曾远销到日本、新加坡等东南亚国家，深受欢迎。国内名家学士纷纷来人来函求购，供不应求。境内还有众多的墓碑、牌坊、楹墩、门栏、石板花纹石刻等，遍及城乡。

木刻雕塑传统古老，世代沿袭，种类亦多，有佛像、傩面具、楼阁装饰、戏台、神龛、门窗、嫁妆、桌、椅、床、柜及生产、生活用具等，工艺精湛。今龙田镇街上民间艺匠林兴祥，雕刻的傩面具、龙杖，古朴典雅，形态惊人，堪称绝技。思州名士聂宝善在一根手拇指大、长仅盈尺的茶子树器具上，利用树包自然雕刻出罗汉、狮、虎、牛头、龟、金瓜等 16 个图案，形态各异，栩栩如生。

县内银饰生产历史悠久，清代至民国时期较有名者为熊银匠，其制作百家锁、银项链、项圈、首饰、耳环等银饰不下千件，今已失传。

县内有竹编、藤编、草编等，以竹编最为出色。其品种有箪、笠、背篓、鱼篩、睡席等，还利用竹篾青黄不同颜色编制成各种花纹图案，成为市场上极富特色的产品。

1976 年，岑巩县工艺美术厂成立，开发镜器生产，其品种有穿衣镜、屏镜、镜屏等数十种，受到县内群众好评。

刺绣历史比较悠久，自古流传至今。仡佬、土家、侗、苗等民族刺绣的花枕头、围腰、手帕、衣、鞋、帽、背带等，图案古朴精美，五彩缤纷，光彩夺目。

据史料所载，木刻制版明清时比较盛行。民间制版的财神图、桃符印、糖食品封面版、年糕版等有数十种。图案素雅，布局合理，刀法流畅，是一种别具风格的木刻制版。

剪纸为思州历史传统工艺的一大特色，源远流长。仅思州“喜傩神”的铺堂剪纸图案就不下百种。此外，还有花篮剪纸、神马剪纸、门神剪纸、鞋花、帽花剪纸等 100 余种，如“紫燕双飞”“天女散花”“开门大吉”“双喜”等等，均在农村广为流传。

县内书法始于唐代，盛行于清代。清人黄群书在鳌山寺的石门对联、刘元恺在刘贵墓志碑的书写都较出色。思州名士聂宝善清末曾被上海中国图书公司竞选为出版《曾文正日记》的首席膳写人。中华人民共和国成立后，县内书法人才不断涌现，结合岑巩实际每年都举办书法展览和比赛。

（五）民间文学

县内民间文学丰富多彩，广泛流传于群众之中。有神话、传说、故事、民歌、农谚、童谣等。1958 年、1964 年、1985 年先后多次选编成集，刻印《岑巩民歌》《天马民歌选》《演唱资料》《思州文艺》等民间文学资料。

## 三、新闻事业

县内自民国二十八年（1939）创办《岑巩周刊》开始有通讯报道。1958年7月，建立岑巩县报社，全县有通讯组14个，业余通讯员57人，年底并入《镇远县报》而终止。20世纪60年代，以县报通讯组、通讯员为基础，为贵州日报社和贵州人民广播电台组织一批通讯员。其中，1963年6月统计，全县业余通信员44人；1965年，组织中心通讯组8个，基干通讯员47人，组织读报组838个；1966年，新建农民通讯组6个，全县通讯员发展到147人；1968年，岑巩县革命委员会专门成立通讯组机构，配备专职通讯干部3人。70年代，中共岑巩县委宣传部恢复设通讯干事，专抓通讯报道工作。1973年3月统计，全县有通讯组11个，业余通讯员92名；1974年，经《贵州日报》评议，评选出岑巩县先进通讯组1个，模范通讯员5人。1976年，全县业余通讯组发展到24个，通讯员119人。

广播电视是中华人民共和国成立后县内新办的新兴事业。1950年建立收音站，1958年8月1日成立岑巩县广播站，年底与镇远县广播站合并，保留岑巩片区广播工作，1961年8月，恢复岑巩县后，岑巩县广播站恢复。先后建立驾鳌公社广播站、龙田公社广播站、天马公社广播站。1968年，广播事业机构大大发展，人员最多达38人。1969年，全县11个公社，除思旸公社外，其余公社都先后办有广播站，县社广播人员工资经费统由县财政开支。该年，在思旸公社新兴大队建立广播室。1974年8月，凯本公社凯阳大队广播室成立。1977年，建立思旸公社广播站。该年，岑巩县广播事业局成立，实行局站合一，两块牌子，一套人马。

（一）报刊

1953年县政府创办《新闻简报》，主要刊载中央及西南局人民广播电台新闻，截至1954年6月共发行162期。1958年7月创办《岑巩县报》，为中共岑巩县委机关报，由中共岑巩县委宣传部领导，辟有国内外简要新闻、工作经验、农村通讯、时事政策讲话、文艺等栏目。围绕中国共产党的中心工作，结合县境实际宣传党的方针政策，宣传各行各业特别是农业生产等社会主义革命和建设的经验及成就，表扬好人好事等，共发行27期。截至1958年11月，全县组织有通讯组14个，业余通讯员57人，于1958年12月停刊，人员并入镇远县报社。1965年3月22日，建立《新闻简报》编委会。

（二）广播

1958年，岑巩县广播站成立后，主要是转播中央、省人民广播电台节目。1959年，主要摘录报刊新闻进行本地口语广播。1964年起，在确保转播好中央、省台节目的情况下，开始设自办节目，配备专职采编人员，每天自办节目15至20分钟。1964年，播放岑巩县新闻稿件379篇，摘播文稿168件，以后每年播发岑巩县新闻200篇左右，并每天播送岑巩县天气预报。1965—1966年，利用广播召开全县广播大会11次，听众达16万多人次。“文化大革命”期间，“以阶级斗争为纲”的宣传成了广播的中心内容。1978年后，拨乱反正，为搞好县内自办节目，实行付稿酬的办法。

## 四、体育

中华人民共和国成立初期，体育工作由县文教科兼管，配专职干部1人。1956年11月，岑巩县体育协会成立，县长彭秋峰兼任主席，副县长、文教科长刘启渊兼任副主席。人员增至2人。1964年4月，岑巩县体育运动委员会成立，县武装部政委马德亮兼任主任，副主任3人。配专职干部3人。1973年4月，恢复岑巩县体育运动委员会，县革委副主任、县武装部部长吴二全兼任主任，副主任2人。1975年，副主任增至3人，配专职干部3人。

（一）传统体育

思州民间传统体育较为盛行，重要的体育活动有武术、杂技、赛龙舟、打陀螺、下三三棋等形式。

武术活动自古至今，县境各族人民都比较重视，视为健身之宝，习武之风颇盛。武术有器械和徒手两大类，器械类有刀、枪、剑、矛、棍、弓、箭等十八般武艺；徒手武术主要是拳术，在县境流行的种类有洪拳、蔡拳、莫拳、花拳等。洪拳何时传入县境无考，其特点是步伐沉稳，刚劲有力，手部攻击包括拳、指、掌等，主要步伐为四平大马、三角马、吊马、走马和麒麟马等。蔡拳流传时间无考，系少林始祖蔡福所创，拳法以埋身近战为主。莫拳主要流传于县境民族村寨中，始祖为舍人殊，是一种远近攻打俱宜的拳术。花拳清末民国初从湖南传入境内，以长桥大马或侧身涉步为主，是攻防兼备的拳法。

（二）农民体育

中华人民共和国成立后，随着体育运动的普及，特别是大量的复员退伍军人回乡，知识青年增多，活动项目不断增加，农民球队不断成立，农民体育活动不断发展。1965年，全县以农村文化室为中心，组织农民篮球队61个，有7657人参加各种体育活动。1977年8月，县境以区为单位开展军事体育竞赛活动，进行队列、刺杀、投弹等比赛。

（三）职工体育

中华人民共和国成立后，人民政府十分重视职工体育活动的开展，不仅参加人群广泛，而且内容丰富，范围也较广。

20世纪50年代，县机关所有职工每天早上都坚持跑步，县长黄锐亲自督促，喊口令，在大操场跑3圈，然后自由活动。每天晚饭后，统一安排职工集中于大操场，开展打秋千、踩滑板、跳高、打球等各种体育活动。1955年元旦，举行篮球比赛，组织县公安队、中学、教职、五四、友谊、县府、企工、工联等球队参加。1958年举办全县体育运动大会，机关职工与学生一起参加进行篮球、排球、乒乓球、举重、游泳等27个项目的比赛。通过比赛，选拔出194名选手参加在镇远举行的黔东南州第一届人民体育运动会。在全州运动会上，岑巩县获团体总分第二名，田径项目获4个第一名、6个第二名，马拉松二等运动员2人。

20世纪60年代，县内职工体育活动进一步开展。1965年，在县机关建立篮球、排球、乒乓球运动队，经常参加活动的有700多人，占职工总数的80%以上。当年进行篮球比赛达106场，每场观众500人左右，还组织了2200人次的游泳活动。

70年代，活动的开展更加广泛。1976年7月，组织6支队伍，在龙江河进行游泳比赛，参加的职工及群众、中小学生达1万人左右。这一时期军事体育活动较多，在职工中普遍进行工间操。平时举行篮球、乒乓球、排球、象棋、拔河等友谊赛，体育活动开展得有声有色。

（四）学校体育

岑巩县成立体育管理机构，把学校体育列为重要组成部分。要求各中小学贯彻德、智、体全面发展的教育方针，每周给学生上两节体育课，向学生传授体育知识和体育技能，内容主要是列队体操，其次是篮球、跳高、跳远、撑杆跳高、跨越跳厢、倒立、单双杠、爬绳、爬杆等等。1951 年 6 月，县文教科举办“六一”体育运动会。1953 年，各学校先后开展田径赛，条件好的岑巩中学建立篮球、排球、乒乓球和田径运动队。1955 年 6 月，岑巩中学、思旸中心小学举办“六一”体育运动会，参赛学生 192 人，其中女生 44 人。1956 年，教育部颁发《劳动与卫国体育制度》后，岑巩中学和思昉中心小学积极开展体育活动。岑巩中学全校 280 人参加测验，获一项合格的 147 人，两项合格的 23 人，三项合格的 1 人。思旸中心小学 904 名学生，参加“劳卫制”的有 392 人。其中 286 人参加少年组测验，达一级标准的 240 人，合格率为 83.9%；有 106 人参加青年组测验，达一级标准的 83 人，合格率达 78.3%。

1958 年，学校体育课以参加炼钢铁、搞农业生产劳动等来代替。

1961 年，中小学校贯彻《中学五十条》《小学四十条》，体育课恢复。1967 年后，学校体育课以军事课代替，其活动多半搞队列和民兵训练，进行紧急集合、长途行军、野营拉练等。1974 年 9 月，县城关区业余武术队成立，参加学生 156 人，年龄最大的 14 岁，最小的 8 岁，开展活动比较活跃，取得了一定成绩，这支队伍的活动至 1978 年终止。1975 年“五四”青年节，在县城关召开中学生体育运动会，以区为单位派代表队参加。

1977 年 5 月，黔东南州少年武术运动会选拔赛在岑巩召开，岑巩县女生黄文琴的手棍、欧小兰的大刀、杨春红的宝剑，男生蒋金中的南拳、王大荣的套钩等表演特别优秀，受到好评。

## 五、档案

岑巩县人民政府重视档案收集整理保管工作，县政府办公室明确由秘书管理档案，随后建立档案管理机构，配备人员，加强全县档案工作管理。

1951 年，中共岑巩县委办公室、县人民政府办公室分别设置档案室，配备收发员，既负责收发文件，又负责收集整理和保管档案。先后发出关于加强档案管理的通知和规章制度，并在县直机关、企事业单位和区、乡（镇）建立档案室，配备专职或兼职人员具体办理。

1961 年，岑巩县档案馆建立，设馆长、副馆长各 1 人，配备工作人员 2—3

人。1964年，中共岑巩县委办公室批转县档案馆《关于建立和健全农村基层档案的意见》，并抽出人员深入各地督促，帮助建立健全有关制度，指导整理单位的档案。1966年开始，档案工作遭受冲击，被迫停止。1975年10月，县档案馆恢复工作，召开有关部门人员会，布置档案管理工作。1978年后，县委办公室统一安排，聘请6名人员，由县档案馆负责人带队，先后到思旸、天马、龙田等4个区及部分单位进行指导，先后组织90余人，对积存文件进行搜集、整理、鉴定等工作，解决了一些档案工作中的老大难问题。

## 第二节　改革开放时期

### 一、文化事业

这一时期，岑巩县文化事业日渐繁荣，其中群众文化蓬勃开展，文化市场日渐规范。在文化研究方面，思州文化逐步得到重视，成为社会研究的热点。

*（一）群众文化活动*

1983年3月，注溪文化站建立，工作人员3人。其中，一人由县文化馆聘用，两人由乡人民政府雇请，1984年后由乡开支。1983年下半年兴建的注溪简易电影院交付使用。建站后，经常开展各种活动，除放映电影和电视收放工作外，1983年组织举行国庆“歌唱祖国”歌咏比赛及篮球、乒乓球、羽毛球比赛活动。1984年，举办“五一”美术展览、篮球友谊赛、夏季民兵射击比赛等。1985年，举行元旦灯谜、游艺会、“五一”文艺调演大会等。平时开展图书发行、借阅、搜集文物和民间文艺资料等工作。到1990年，该站图书流动73640人册，报刊阅览16.5万人次。搜集有思州田氏衙院文物、田茂英墓志、土主戏、娃娃场来历、传统唢呐曲牌、龙灯吉语等资料。

1984年8月29日，县文化局、县民委主办的岑巩县民族文化工作队成立。设指导员、队长、副队长各1人，经过考试择优录取招聘队员19名。其中，男9人，女10人。队址置于县人民大会场内，有120平方米排练、演出舞台，设有文艺创作室、办公室、会议室，置有苗、侗、土家、汉等民族歌舞演出服装，二胡、笛子、三弦琴等民族乐器，电子琴、手风琴、大小提琴、小号、拉管、长管、黑管等西洋乐器以及立体音箱、扩音机、收录机等音响设备和聚光灯、打景灯、追光灯等舞台灯光设备。1985 年 4 月，专门聘请省歌舞团专家来辅导，进行戏剧表演、声乐、舞蹈、乐理知识等培训，创作表演《兄妹俩》《婚前》《乞讨》《将军山下游洞天》等 20 多个节目，在黔东南州“首届民族文化工作队调演大会”上，演出《白杨树下俩相会》《社员个个喜眉梢》《清水江船歌》等 22 个节目，被评为全州演出先进单位，受到奖励。自建队到 1986 年 12 月，先后到平庄、凯本、天马、水尾、羊桥等区乡巡回演出 54 场，共 125 个节目，观众达 2.7 万人次。1987 年元月，因县财政困难而裁并入县文化馆，招聘人员辞退。

80 年代，县内群众文艺活动逐步向提高质量方面发展，采取请进来指导和举办培训班形式提高质量。县城区连年举办岑巩地区春节迎春晚会等节日晚会，开展不同形式的群众文化活动，活跃城区文化生活。1980 年，县文化馆组织文艺宣传小分队，开展巡回演出，辅导群众文化工作，演出 25 个节目，观众 2 万多人次。1981 年，县文艺宣传小分队与岑巩县联合举办《双联剧团》，排演《百万马克》《悲欢曲》《觉醒》三出话剧，先后到黔东南州所属各县演出，开展文化有偿服务。排演话剧《救救她》8 场，收入 200 余元。1982 年，在县城关举办春节花灯调演，注溪、天马、思旸、龙田等公社民间花灯队参加调演大会，受到群众的好评。1982 至 1983 年，县业余文艺演出队参加黔东南州民族民间业余调演大会，连续被评为全州先进单位。1985 年，摄制《二龙抢宝》歌剧录像，参加全国农村农民创作戏剧调演获丰收奖。当年，黔东南州首届《家乡之声》音乐会在岑巩举行。1988 年，岑巩县文化服务中心站成立，举办“迪斯科”等音乐舞蹈活动。1990 年，在县城举办首届老中青健身“迪斯科”骨干培训班，30 多个单位参加，学员 100 多人。在“迎春业余歌手大奖赛”及“五一”“五四”“迪斯科”等舞蹈比赛活动中，参赛数百人次。

20 世纪 90 年代前，岑巩的群众文化活动由各乡镇人民群众自发组织，表演形式多种多样，传统文化活动有唱山歌、玩龙灯等。文化部门组织群众举办各种文化娱乐活动，如举办书画展览、黑板报、文艺晚会、游艺活动，放映电影等。20 世纪 90 年代后，大量青年外出打工，家庭电视逐步普及，春节玩龙灯等娱乐活动逐渐淡化，逢年过节期间，文化相关部门组织举办群众娱乐活动。

1993年至1997年，县文化部门共组织举办迎春游艺灯谜会15次，组织篮球赛25次，龙灯会12次，橱窗美术书法展览35期。放映电影、录像1540多场、观众约39.15万人。举办少儿歌舞、美术培训班8期，学员356人。组织业余文艺演出343场，组织民间业余演出队6支。岑巩县组织“思州傩技艺术团”分别到北京、上海、兰州、深圳、广州、贵阳等地演出。1997年，为迎接香港回归祖国，在县城关举办“迎香港回归书画展”，参展作品400余件。2002年举办迎春灯谜游艺会活动，参加活动群众500人；举办岑巩县迎新春龙灯大赛，参赛队8支，观众达2万余人；举办第五届岑巩县书画作品邀请展，共展出书画作品200余件。2005年举办迎新春灯谜游艺会、九九重阳文艺晚会、多彩贵州岑巩赛区选拔赛等活动，扶持组建业余文艺团队12个，培育文化典型6个，培养文艺骨干300余人。2007年，组织文艺演出36场，送图书下乡7000余册，组织放映影片180场，派52名文艺辅导员下乡进村辅导，培训农村文艺骨干515人。2009年，先后举办迎春游艺活动、迎春灯谜活动、千人长跑赛、迎春书画展、送文化下乡、庆祝中华人民共和国成立60周年文艺晚会等各类群体性活动；开展多彩贵州黔东南岑巩县赛区歌唱大赛选拔赛的工作，参与选手达200余人；电影公司坚持实施“2131”工程，全年放映科教片80场、故事片1607场，深受广大群众欢迎。

广场活动是近年兴起的新兴群众文化活动，主要有唱歌跳舞或打金钱棍，跳广场舞已成为岑巩群众文化的一部分。县内有20余支业余歌舞团和乐队，在各种喜庆场合进行表演。

（二）出版物发行阅览

1. 出版发行

20世纪八九十年代，岑巩县新华书店负责全县大部分的图书发行工作，在11个乡镇设有分店，图书发行品种有中小学课本、政治理论书籍、科技书刊等。图书发行主要分为有偿发行和无偿发行。无偿发行即免费赠阅，不收取费用，属于宣传推广。

1995年图书发行33.4万册，金额100万元；2001年图书发行84万册，金额250万元；2006年图书发行88.7万册，金额330万元；2008年，发行各类图书110万册，金额480万元，实现利润19万元。教育出版的比重超过90%，文学、儿童、人文社科等大众读物占6%左右，科技、财经、法律、医学等专业图书出版物占出版物总数的4%左右。

1991年，县文联办有文艺刊物《思州文艺》，每年1期，刊印数在1000左右。1998年7月，改为《思州文学》。1991年至2010年年底，共出版18期，作为无偿发行刊物，每期发行量500至1000册。发行后，无偿向县级领导、县属各单位、各乡镇及周边县市同行赠送。

2. 图书阅览

1991年至2002年期间，县图书馆馆址位于思旸镇老城大操场旁边。2002年，搬迁到新兴城区县文广大楼二楼，馆区面积620平方米。为方便读者借阅图书，搞好图书开放，开展了图书采编、借阅、辅导工作，通过读者借阅杂志、报纸等资料，宣传科学文化知识。

1992年，县图书馆征订报纸28种，杂志65种，购新书215册，发放借书证62个，阅览证231个，读者借阅12582人次，图书流通27475册。2000年，县图书馆馆藏图书28105册，征订报刊杂志13种，共发放借书证43个，阅览证61个，接待读者8319人次，图书流通16325册次。2005年，协助岑巩中学建起个分类目录齐全规范的学校图书室，书架单层总长14米，藏书2477册，阅览座位52个，订阅报刊杂志34种。

2010年，县图书馆设外借室、阅览室、地方文献库、电子阅览室和采编室，总面积620平方米，其中书库面积300平方米，阅览室面积160平方米，其他160平方米，阅览室座位40个。图书馆总藏量达38739册件，其中馆藏书刊达28739册，报刊1万件，古籍308册，较为珍贵的有《四库全书备要》。全年订购报纸50份，杂志130种。全年接待读者3000人次，借阅图书4500册次。举办摄影、电脑、美术讲座培训13次，培训人员389人次。在图书馆服务周期间，举办各类宣传活动3次，现场办证54个，提供咨询1132人次。

（三）文化市场管理

1992年6月，成立县文化稽查队，以“扫黄打非”为重点，对电子游戏机室、销售书刊出版物和音像影视制品等摊点及场所进行严格管理。1997年9月，更名为岑巩县文化广播电视稽查队，主要承担管理全县文化、影视市场，对违法经营和盗接广播电视的行为进行查处。2001年3月，县文化广播电视稽查队与文物管理所合署办公，稽查工作仍以文化和广播电视市场的管理为重点，坚持管而不死，活而不乱，打击破坏广播电视设施、信号行为，加大“扫黄打非”力度，到新老县城和各乡镇检查53次，出动154人次，车辆9次，收缴非法出版物172册，查处电子游戏机室2家。2010年，建立文化娱乐市场违规举报监督机制，严厉查处和打击学校、家长和社会反映强烈的未成年人上网等违法违规行为，聘请机关、学校、社会知名人士共15人为互联网服务营业场所义务监督员，全面监督管理文化娱乐市场。依法组织文化市场经营业主进行文化市场管理方面的学习和培训，发布文化市场管理通知，与文化市场经营业主签订责任状，加强文化市场管理，严防违法违规现象发生。开展专项文化检查行动，依法对超时经营和未按规定进行登记的业主进行处罚，责令其限期整改。对全县书刊零售业主进行登记管理，收缴违法和封建迷信书刊72册。开展专项整治文化娱乐市场工作，全年共出动120人次，检查娱乐场所46间，收缴非法音像制品25张（盒）、非法书刊960本；完成25家音像制品店、5家书刊零售企业的审核工作，对6家互联网服务营业场所（网吧）进行登记造册；加大新闻出版（版权）工作的监管。

（四）电影发行放映

20世纪90年代，岑巩县采取国有、集体、个体一起上，发展电影放映事业，电影放映设备逐年增加，放映网点伸向边沿山寨，放映质量不断提高。各类放映单位利用简易礼堂、旧房遮光放映，或利用院坝搭银幕夜间放映，丰富了群众业余文化生活。

1998年，随着电视普及，录像厅增加等原因，电影市场萎缩疲软。县电影公司探索电影体制改革，实行承包责任制，多渠道解决电影放映活动经费，并开展电影促销活动。全年放映电影104场，观众达8200人次。

2001年，县电影公司与企业及相关部门联系，组织观众喜欢的片源，组织放映队下到乡镇，放映爱国主义教育片、政法片、故事片65场，观众19500多人次，受到农村群众欢迎。

2005年，按照上级文化部门要求，配合县直各有关部门开展“科技三下乡”“红盾护农进村寨”等活动，县电影公司组织对口宣传教育影片或科教片，深入边远贫困乡村宣传法律法规、计划生育政策、农业科技知识等。全年共放映

102 场，观众达 2 万多人。

2010 年，唐光辉等人成立新影影业公司，主要承接全县电影放映工作。县文化部门采取影企联营等方式，开展不同主题的流动电影下乡活动，推进农村电影放映工作，免费为农民放映科技电影，被农民喻为“政策宣传队”“科技传播队”“致富服务队”，助推了社会主义新农村文化建设。全年共放映电影 1548 场，观众达 2 万多人次，取得了良好的社会效益。随着全县经济社会发展，农民群众生活水平不断提高，人们对精神文化产品的需求更为强烈，而农村电影仍是基层组织和广大农民十分喜爱的文化娱乐方式，农村电影发展空间广阔。

（五）文物管理

1978 年后，拨乱反正，县内文物管理工作走向正轨，纳入规划。1979 年，文物管理具体工作明确由县文化馆办理，并推荐晏晓明作为贵州省文物员。1984 年 6 月，县文物管理所配专职干部 1 人，1985 年增至 3 人，设副所长 1 人。1984 年兴建文物展览室和保管室，经常开展小型文物宣传展览活动。在全县开展文物普查、复查工作，初步摸清和掌握县内文物状况，县人民政府公布 27 处县级文物保护单位，1985 年 11 月，贵州省人民政府将“中木召古庄园遗址”公布为省级文物重点保护单位。先后搜集文物藏品 34 件，对文物保护单位设置有标志，分别做到了“三有”或“四有”（标志说明、记录档案、保护范围、保管机构）的要求，在 10 余家报刊杂志发表了关于文物考究的文献 100 余篇，数十万字，编写了《思州风物志》《岑巩县名胜文物志》《岑巩县旅游资源资料》《思州史考》等书籍和资料，对加强重视文物管理发挥了作用。

（六）文化研究

岑巩县的文化研究主要集中在四个方面，分别是思州文化研究、马家寨研究、民间文化和民间记忆研究、红色文化研究。研究单位主要集中在岑巩县委宣传部、岑巩县政协文史委、文体广电旅游局、地方史志办、档案局、民宗局等，参与人员多为各单位专家学者和民间文化研究爱好者，文化研究逐渐由冷门学科走向温热。

1. 思州文化研究

黄透松发表的《思州田氏世系初考》《唐代峨山县治所考》《唐代鳌山寺》《天庵寺之谜》《思州舞溪寺》《思州“抻锣”风情》《思州宫廷傩探讨》《思州民

族文化大观》《思州地名文化大观》《思州击鼓唱歌风俗专集》《古思州之谜》等文稿，均在国内外有较大的反响。其后，景福令著有《思州土司考》一书，洪德木、张维军、姚治彪等也先后发表关于思州文化研究的论文。

2. 马家寨文化研究

马家寨位于岑巩县水尾镇，因为明末清初的吴三桂陈圆圆的遗族隐居于此而著名，当地现保存有陈圆圆墓、吴启华（吴三桂之子）墓、马宝墓（衣冠冢）等数百座清代墓葬。20 世纪 80 年代，黄透松、晏晓明等人陆续发表文章，揭开马家寨之谜。晏晓明于 1983 年发表论文《陈圆圆墓考》。进入 21 世纪，马家寨研究成为热点，岑巩县学者柳文坤的《陈圆圆》、景福令的《陈圆圆》（与上不是同一本书）两部著作先后问世。著名学者纪连海在中央电视台《百家讲坛》提到陈圆圆归隐马家寨。2010 年，清史专家李治亭、徐凯、滕绍箴、李世瑜、王政尧到马家寨考察、调研，连续发表文章，特别是滕绍箴、李治亭合著的《陈圆圆后传》在业内引起很大反响。本县龙文海、张维军、代国才、杨政权、姚元华、吴实君、姜远林等纷纷发表文章，创作歌曲，有《陈圆圆香魂隐居马家寨》《红颜秘案》等著作和《红颜不是错》等歌曲。

3. 民间文化和民间记忆研究

岑巩县民间文化和民间记忆丰富，内容广泛。在民间文化和民间记忆研究方面，晏晓明有关于岑巩民间傩文化研究的《平庄傩愿脚》，黄透松有关于思州石砚文化的《思州石砚》。进入 21 世纪，熊天木通过多年的收集整理，著有《思州礼俗》。杨胜松、杨涛、薛兰等人有思州石砚、金钱棍、土家族夜宴的相关论文发表。随着大量的民间文书浮现，思州文书的研究逐步开展。在民间记忆方面，马家寨吴能江、吴永鹏等有关于马家寨的民间记忆材料和姚治彪、张维军、石远定等人有关抗战老兵的口述史论文发表，另有部分民间学者对家史、村史的记忆研究。

4. 红色文化研究

土地革命时期，红军两次进入岑巩。之后，在中国共产党的领导下，在解放岑巩、剿匪斗争、抗美援朝以及改革开放、西部大开发等方面，岑巩县均有大量红色文化遗存。在 20 世纪 80 年代，岑巩县党史研究室开展红色文化研究，挖掘红色文化或红色资源所蕴含的优良革命传统和伟大革命精神的具体内涵，余南荣、陈守金等人收集整理有红军过岑巩的系列材料，著有《岑巩解放纪实》等书。进入21世纪，岑巩县史志办连续编纂出版《红军过岑巩》《中国共产党岑巩县历史大事记》《中国共产党岑巩县历史》《中国共产党岑巩县历次代表大会资料选编》等书籍，景福令、石艳等人发表有《沙子坳战斗》《岑巩县抗美援朝运动》《龙云师长被俘纪实》等文章。

## 二、新闻事业

岑巩县的传媒业主要是电视和广播，随着社会经济繁荣，电视普及率大幅提高，广播和电视合并。进入20世纪90年代，电视传媒在体制上进一步变革，趋于灵活化和市场化，竞争力大幅提升，电视节目日益丰富，从单一的新闻播报扩展到各种娱乐和社会综合节目。

### （一）报刊

20世纪80年代，全县注重加强新闻通讯工作的管理和领导，新闻通讯报道出现新局面，成立黔东南报社岑巩记者站，设在县委宣传部，由宣传部一名副部长兼管新闻通讯工作。1985年，全县有业余通讯员135人。为提高新闻通讯报道质量，专门举办新闻写作培训班，参加培训人员60人。在全县通讯员工作会上，评选出先进业余通讯员6人，给予奖励。1985年，全县共交稿1300篇，被采用540篇。其中，中央级报刊采用7篇，省级报刊及人民广播电台采用68篇，地州级报刊采用157篇，县广播站采用324篇。

### （二）电视新闻

80年代，县广播局设置采编组，配备采编人员2人。1985年配合贵州电视台新闻录像组采编岑巩新闻16条，全部在贵州电视台进行了播发，中央电视台播发了两条新闻。

1993年，岑巩县文广局新闻中心除转播中央一、二、三套和贵州省电视台一套节目外，全年共摄制播出电视新闻节目250余条，真实地反映全县各行各业在经济建设和改革开放中的新人新事；同时开设广告、点歌台等服务性栏目，缓解电视宣传费用不足问题。组织摄制长达27分钟的龙鳌河风光专题片，在电视台播放后受到广大电视观众好评，并得到省、州有关部门认可。1996年，黄美忠采写的电视新闻《悬崖上的奠基礼》获“贵州省好新闻奖”并获“贵州社教好新闻”一等奖、广电好新闻一等奖。

2001年，为提高电视新闻节目播出、传输质量，县文化广播电视局投入资金24万元购置摄像机、非线性编辑机和其他播出设备，安装自动控制管理系统和硬盘自动播出系统，做到新闻工作人员人手一部摄像机。《岑巩新闻》从2000年的每周一次增加到两次，《思州方圆》从2000年的每周三改到周四播出。新增《幽默大排档》《少儿戏苑》《农村卫生》《农村科技》《电视剧场》《歌曲欣赏》等7个栏目。节目时间从早上8点半开始到晚上12点半结束，每天平均播出时间为16小时。全年共播出《岑巩新闻》74期、1005条；播出《思州方圆》55期，其他专题24期，禁毒教育片2部，党风廉政教育片6部，其他教育片10部，故事片860部。县文化广播电视局新闻中心全力投入岑巩县城搬迁庆典活动的拍摄制作，跟踪报道各种筹备工作，做到当天采访内容当天播出，共制作新闻11期，播出稿件89条，实况转播3期。对2001年召开的县人代会、政协会进行全程现场直播5次，制作两会专题9期，《岑巩新闻》12期，播出稿件56条。宣传报道“三个代表”重要思想学习教育活动和建党80周年庆祝活动，播出稿件128条，制作播出专题8期，同时与县委组织部联合制作播出党建专题2期。以全县经济社会发展为宣传重点，为兴岑富民营造良好的舆论氛围。全年向黔东南州投送新闻稿件60条，采用46条，向省投送稿件9条，采用6条。宣传“严打”整治工作情况，县文化广播电视局新闻人员共采写播出“严打”新闻3条。配合中央电视台到岑巩拍摄旅游专题片——“龙田朱木林”、中华礼俗“羊桥薅草锣鼓”、县城搬迁“走出大山”等节目，在中央二、四套播出，提高了岑巩知名度。

2002年，黄美忠采写的电视新闻《崇山峻岭通霄汉》获黔东南州广电好新闻二等奖、获贵州省广电好新闻二等奖。

2005年，县文化广播电视局新闻中心对新闻节目进行改版增容，新闻节目由原来的每周两期播出改为三期，对制作播出系统进行剥离，实现硬盘播出，减少播出故障。开设共产党员先进性教育、创建省级卫生县城、“两基”教育复查及“普实”（普及中小学实验室管理）、党风廉政、农村卫生健康等专栏，配合县政府开展禁毒、普法及文化、卫生、科技三下乡等宣传活动。报道岑巩“两会”现场直播和“多彩贵州”歌唱大赛岑巩赛区选拔赛等重大活动。县文化广播电视局新闻中心全年共制作播出《岑巩新闻》120期620条，《思州方圆》专题节目47期。送黔东南电视台播出新闻稿件50条，贵州电视台播出新闻稿件5条。杨纯采写的电视专题片《姐妹》获得贵州省好新闻三等奖。

2008年12月，组建成立岑巩县广播电视台，为文体广电旅游局下设二级局，由中共岑巩县委宣传部领导、岑巩县文体广电旅游局实行行政管理，按照岑巩县委、县政府要求，做好新闻采编和播出管理工作，同时逐步改变自制自播模式，建立面向多主体、多渠道的节目订购采购、择优播出机制。黄美忠采写的电视新闻《悲惨哭声催生他》获黔东南州广电好新闻二等奖、贵州省广电好新闻三等奖。

2010年，岑巩县广播电视台共有编制15名，实际工作人员12名，聘用人员3名，其中记者5名，每周制作并上传5期新闻节目，每期时间在10—15分钟。新闻节目按照“三贴近”原则，重点以反映全县经济社会发展的时政新闻、社会新闻、报道和简讯为主，精简会议新闻和领导活动新闻。全年共制作播出《岑巩新闻》156期700条，传送黔东南州电视台200条。创办专题栏目《岑巩视点》，制作专题片《岑巩视点》24期，其他相关专题节目21期。其中为招商引资制作的10分钟宣传片《青春岑巩》，全方位地展示岑巩的全新变化，播出引起较大反响，成为岑巩县对外宣传的一张名片。制作专题片《十年之城》《文旦柚飘香》《龙江河——母亲河》《我等爸爸回家过年》《抗战老兵刘荣光》等。结合各个时期的宣传重点，开设《科学发展观》《党组织书记谈科学发展》《多彩贵州文明行动》《整脏治乱树新风》《整脏治乱曝光台》等栏目。

## 三、广播电视村村通

1977年10月，县财政拨款2000元，购买两台黑白电视机测试信号，为建电视差转台选点。1978年，向黔东南州广播局申请，经中共黔东南州委宣传部同意，借10瓦差转机一台，县财政拨款1000元，在县城东望城坡建成24.5米高木塔，8月20日正式接收湖南省雪峰山2频道，向县城区转播；到1986年底，全县约30%人收看到电视。1988年购置卫星电视地面接收站全套设备，于1989年8月建成并接通转播，使县城关区都能收看到中央电视台一台、二台和贵州电视台节目。据1990年底的不完全统计，全县有彩色、黑白电视机2912台，40%

的人可以收看到电视节目。

1998年，县文化广播电视局经与县电信局协商达成协议，租用电信光缆将广播电视节目传输到新兴，与县城关有线电视合融为一体。采取集资办法投资15.6万元，开通新兴加密电视，有线电视系统节目由上年的16套增至20套。1月，开通羊桥土家族乡有线电视，播出节目6套；12月，开通凯本乡有线电视，播出节目7套。至此，全县11个乡镇政府所在地全部开通有线电视。有线电视维护管理实行工作责任制，加强对新老城区有线电视网络的日常维护管理。

根据《贵州省1999—2000年村村通广播电视工程项目投资计划表》和“村村通广播电视”工程要求，岑巩县建设数量为30个，总投资21.9万元，县配套资金2.1万元。农村广播人口覆盖率90%，电视人口覆盖率达95%以上。

1999年，全县共11个乡镇、129个行政村、499余户，有电视差转台、电视单收站、有线电视站及有线电视小片网联网333座，总用户约1.1万户，不到全县总户数的四分之一。电视人口覆盖率为12.83%，通广播的村仅占2%，全县共有58个村未通广播电视。2000年8月30日，“村村通广播电视”工程完成37座建站任务，全县村寨电视覆盖率从79%提高到90.2%，广播覆盖率从12.93%提高到18.25%。

为提高电视技术接收和传输技术，从2002年起，“村村通广播电视”工程在岑巩进行“模改数”，即把原来的模拟机改为数字接收机，以保障人民群众能更好收看电视节目。2002年，岑巩县“村村通”工程进行“模改数”的站有22个，2003年“模改数”35个，2004年模改数34个，2005年“模改数”10个。

按照“巩固成果，扩大范围，提高质量，改善服务”要求，为巩固农村广播电视建设成果，完善农村广播电视基础设施建设，扩大有效覆盖，提升农村广播电视整体水平，增加收听收看广播电视节目套数，丰富“三农”广播电视节目内容，县里建立健全了广播电视村村通工作的长效机制。

2010年，根据《岑巩县广播电视村村通工程建设计划和实施方案》，成立岑巩县广播电视村村通工程领导小组，全面推进广播电视“村村通”。8月底，全县完成村村通21273套建设任务，覆盖农村户数46.3%，使“盲村”群众收听收看到48套电视节目和43套广播节目。完成安装村村通10223座，并由岑巩县网络分公司建立起长效运维机制。

## 四、档案管理

（一）档案收集

岑巩县档案馆负责对本地区各行政机关、人民团体、企事业单位具有永久和长期保存价值的档案接收进馆，进行统一管理，分期分批地接收县委、县政府和县直机关、人民团体、企事业单位档案及中华人民共和国成立前的档案。至2010年，共计39575卷。

（二）档案管理

档案保管是对已收集、整理、立卷后移交进馆的档案进行保管和保护，维护档案安全，长期发挥作用。县档案馆建立档案馆岗位责任制，制定档案库房保管制度、档案借阅制度、档案移交进馆制度、值班制度、防火安全制度等24项制度，将制度落实到具体责任人，与责任人签订责任书。做好对档案的“十防七无”管理，尽可能延长档案“寿命”。长期用温湿计每日定时观测、记载档案库房的温湿度，对不适宜的温湿度采取通风、放置木炭、生石灰等措施防高温、防潮。定期对档案库房进行清扫，确保档案库房清洁，同时定期放置萘丸，每隔三年对库内档案进行消毒、杀菌、杀虫处理。

（三）档案利用

岑巩县档案馆根据客观需要，通过开设阅览室、档案查阅、汇编档案资料等方式服务社会，为单位和个人提供档案服务，推动档案事业发展。截至2010年，共计利用档案10629卷次，利用档案908册次，利用档案、资料3635人次，复印档案资料6285页。

## 五、文物保护管理及非遗申报

（一）文物保护单位

2010年年末，岑巩县人民政府公布文物保护单位21处，其中位于大有乡木召村中木召自然寨的中木召古庄园遗址为省级文物保护单位；观音阁、禹王宫、文笔塔、白鹤鸣皋、思州城址、白岩悬棺葬、刘贵墓、岑巩烈士公墓、陈圆圆墓、龙鳌隘门、山寺唐代古建筑遗址、贺龙军长长征驻地胡家铺新屋、木召古人墓、神虎岭古花园遗址、天庵寺遗址、杨泗庙、万寿宫、寨庆红军标语、凯阳红军标语、苏元春帅府遗址等20处为县级文物保护单位。

（二）抢修文物，建立文物保护标志

1991—1992年，州文化局拨款对观音阁屋面进行维修，并刻立说明碑一座和对联一副。1993年8月，县政府下文划定文物保护单位的保护范围和建设控制地带共17处。1994年3月，建立陈圆圆墓县级文物保护单位保护标志碑。1996年1月，龙田镇群众集资14600元维修杨泗庙。1998年，从省文化厅争取2万元的文物维修经费，完成对禹王宫古建筑的维修。1999年8月，为凯本乡凯阳红军标语设立标志碑。2002年，建立中木召古庄园遗址保护标志。2004年，从省文化厅争取2万元维修经费，对观音阁、禹王宫、杨泗庙等古建筑进行维修，建立陈圆圆等7处文物保护标志，建立刘贵墓县级文物保护单位标志碑。

（三）开展文物复查、普查工作

县文化局通过开展文物普查活动，征集收藏的文物主要有汉砖砚、思州石砚、铜鼓、铜锣和恐龙化石等。1997年，开展全县文物第二次复查工作，拍摄文物照片950余张，收集出土古铜钱2904枚，在思旸镇桐木村发掘17种侏罗纪古动物群化石。2007年8月，编写全国第三次文物普查《岑巩县文物普查工作方案》报县人民政府。2008年4月，正式启动文物田野调查工作，共对130多处不可移动文物点进行实地调查，其中新发现文物点93处、复查文物点35处（由于各种原因，有8处文物点已消失）。

（四）整理文物资料

县文化局整理观音阁、禹王宫、鳌山寺、杨泗庙等4处文物保护单位资料，并向省文化厅申报省级文物保护单位。完成陈圆圆墓申报省级文物保护单位文字资料，上报省文化厅和文物局。1999年，完成省级文物保护单位大有乡中木召古庄园遗址保护范围与建设控制地带图绘制，完成全国文物图集表格与文字材料填报工作。10月，完成《中国文物地图集·贵州分册》岑巩县部分的资料整理。2000年，完成大有乡中木召古庄园遗址档案资料的整理，共分主卷、副卷和备录卷3本。整理全县文物保护单位资料40份。为禹王宫、观音阁、文笔塔划定保护范围及建设控制地带图的绘制，文物部门分别到凯本乡凯阳村和注溪乡注溪村开展文物调查。2001年，文物部门整理文物资料，建立文物档案28份。2002年，完善中木召古庄园遗址档案的主卷、副卷、备考卷资料，整理资料200

多份。完成《中国文物地图集·贵州分册》岑巩县部分简介整理工作，为《贵州省文物志》拍摄照片资料50多份，完成2001年至2002年度文物大事记18件。2003年，对全县文物现状进行复查登记，整理文物档案35册。2005年，完成中木召庄园遗址维修管理情况的核实调查和陈圆圆墓申报省级文物保护单位所需的图片资料以及全县各文物点所属级别、历史沿革、名称、现有状况等情况的查缺补漏与整理工作。

（五）开展文物的清理发掘工作

1998年8月，在岑巩县新兴村万家坪出土战国时期甬钟一面，为研究岑巩县历史提供了宝贵的实物资料。2002年9月，配合贵州省考古研究所，对岑巩县新兴村苗冲大坡的两座古墓进行清理发掘。2004年2月在大有中木召古庄园遗址附近发现古窑，并以《岑巩中木召发现一古奇窑》为题在《黔东南日报》进行宣传报道。

（六）查处非法占有文物，完善文物管理制度

2001年，查处龙田镇吴某私自砸开县级文物保护单位万寿宫并存放木料及徐某侵占万寿宫地基建造私房事件。7月，对大有乡桐木寨村民在县级文物保护单位天庵寺遗址附近挖出6个陶瓷罐一事及时进行调查处理。2003年，完善文物管理制度，对文物消防安全工作开展大检查，强化杨泗庙等文物保护单位的维护管理。2004年，对天庵寺遗址等文物保护单位进行勘查。2004年，对全县文物保护单位，尤其是古建筑文物保护单位，进行安全防火检查和防范处理。

## 六、非物质文化遗产申报

2005年8月，思州石砚雕刻技艺、思州抻锣风情、思州傩技傩戏、注溪娃娃场等4个项目被列为省级非物质文化遗产代表作名录。2007年5月，思州喜傩神、赶社、龙鳌祭祀、民间火纸制作技艺、土家婚庆夜筵等5个项目被列为省级非物质文化遗产代表作名录。

2010年，岑巩县共有5个省级非物质文化遗产代表作名录，5个州级民族文化村寨，1个省级文物保护单位，1个省级民族文化艺术之乡。全县有观音阁、禹王宫、白鹤鸣皋、中木召古庄园遗址、陈圆圆墓、岑巩烈士公墓、凯阳红军标语、寨庆红军标语、刘贵墓等9处文物保护单位树立保护标志，并符合文物“四

有”（即保护机构、保护范围、保护标志、文物档案）工作规范。

## 七、体育

岑巩县传统体育活动较多，民间主要有武术、扳手劲、扛抱腰、跳绳、滚铁环、踩高跷等，体育竞技活动有打三棋、格子棋、跳板、象棋等。随着改革开放的深入，社会变化节奏加快，许多传统体育项目消失或者参与者日渐稀少。一些现代体育项目，如篮球、足球、乒乓球、网球，成为人们喜爱的体育活动。岑巩县委、县政府重视开展各种体育运动，各乡镇、各部门根据自己的条件和特点，利用节假日或农闲时间，开展各类体育活动，体育赛事较多。部分传统体育项目被发扬光大，如板鞋竞走、高跷等，成为岑巩县学校体育热门项目。思旸、注溪、凯本等乡镇及化工厂、油脂厂、电力公司等单位都先后举办篮球、乒乓球、象棋、拔河等项目的体育竞赛活动，丰富了干部群众的精神文化生活。

### （一）群众体育

岑巩县群众体育活动比较活跃，县委、县政府因势利导，大力开展各种群众体育活动，各乡镇、各村纷纷利用各种节假日，组织各种体育活动，人民群众参与度高，增强了人民体质，促进了社会和谐。1984 年 10 月 8 日，岑巩县老年人体育协会成立。1987 年 8 月，周道胜任县体委专职主任，副主任 1 人。在编工作人员 4 人。中华人民共和国成立后，县人民政府对县城公共体育场不断进行改造，现设有灯光篮球场 1 个、排球及门球场 1 个。县城各机关、厂矿，根据财力情况先后建有篮球、排球场。1982 年，县财政投资新建乒乓球及办公室房舍 1 幢。同时，县教育局拨出一定经费，从上海、贵阳等地购买一批铁制篮球架、单双杠、排球架、垫子、跳厢、铁饼、乒乓球拍、排球网、篮球网、乒乓球网等体育器材发给中小学，各学校还发动师生参加义务劳动修整体育场地、修建水泥篮球场地等，改善了体育活动设施和丰富了体育活动内容。不少乡镇村的自然寨也开辟了一些体育运动场地，因陋就简地开展各种体育活动。据 1989 年统计，全县中学 12 所、小学 86 所均有体育运动场，并辟有篮球场等活动场地。1990 年，在县城大操场设门球场 2 个。2009 年，根据国家体育总局《关于在第十一届全国运动会期间表彰全国群众体育先进单位、先进个人的决定》文件，岑巩县思旸镇被国家体育总局授予“全国群众体育先进单位”称号。

（二）学校体育

岑巩县学校体育运用体育运动、卫生保健等手段，促进学生身心健康发展。1980 年 8 月，中央发布《国家体育锻炼标准》，有的学校即开始进行达标活动。1981 年，全县各学校开展“两课（体育课、劳动课）、两操（课间操、眼保健操）、一活动（课外活动）”和群众性的课外体育活动。规定：凡体育不达标的学生，一律不能评为“三好生”，班级达标率达不到 50% 以上的，不能评为先进班级。岑巩中学 1981 年 4 月统计，全校通过达标测验，有 16 人的成绩达到国家体育锻炼标准。1983 至 1986 年，由于片面追求升学率，对体育活动开展有所忽视和放松。1987 年，纠正片面追求升学率倾向，加强对体育活动的领导，各学校体育活动又活跃起来。1980 至 1990 年，全县各学校先后被录取到省内外大专院校体育专业学生 6 人、中专 4 人。2001 年，岑巩县民族中学被评为全民健身全国先进单位，受到国家体育总局的表彰。2008 年，岑巩中学在学校积极开展民族体育进课堂和课外训练工作，大力发展民族体育，加强民族团结。羊桥土家族初级中学、新兴初级中学，根据土家族传统摆手舞，推出摆手舞课间操，打造校园民族文化品牌。县教育局把学校健康教育列入学校工作评价方案之中，对此项工作抓得好、成绩突出的单位与个人进行表彰与奖励。

（三）体育竞赛

20 世纪 90 年代至 2010 年，岑巩县积极组织体育运动员参加国家、省、州举办的体育赛事，在游泳、田径、门球、篮球、象棋、举重等体育项目取得较好成绩，受到上级部门表彰，涌现出一批优秀运动员。

（四）老年体育

岑巩县委、县政府关心和重视老年体育，广泛开展适合老年人身心健康的体育竞赛活动，项目有门球、乒乓球、台球、象棋、田径、太极拳、跑步等，特别是门球项目参加人数较多，开展体育健身技能指导、体育健身知识咨询等活动；全县 11 个乡镇、12 个县直部门相继成立老年体育协会，为单位开展体育活动提供组织保障，推进群众体育社会化发展。

（五）体育场地设施

2010 年，投资 50.8 万元修建村农民体育健身工程 21 个，器材总数达 63 件，场地面积 12768 平方米。投资 820 万元修建健身广场 2 个，场地面积 1.1 万平方米。全县建成29套村级农民健身工程，8套全民健身路径，2个门球场。2010年，全县有体育俱乐部2个，社会体育指导员40人，体育健身站点3个，行业和单项体育协会11个。每年举行的春节环城长跑、“五一”健身周、“迎国庆”健身大赛已成为全县健身活动的一部分。

## 第三节 跨越发展时期

岑巩县文体广电旅游局（简称县文广局），为主管全县文化艺术、广播影视、文物博物、非物质文化遗产、旅游工作的县政府直属正科级事业单位，下辖旅游产业发展服务中心、文物管理局、文化市场综合行政执法大队、非物质文化遗产保护中心、体育事业管理中心5个副科级事业单位，文化馆、图书馆、博物馆、电视差转台、影视技术服务中心、旅游服务指导站6个股级事业单位。截至2019年底，人员编制49个，其中行政编5个，参公事业编5个，一般事业编39个。实有人员41人，其中行政人员5人，事业人员36人；男性26人，女性15人；硕士研究生1人，本科23人，大专及以下学历17人。

县文广局始终坚持以马列主义、毛泽东思想、邓小平理论和“三个代表”重要思想、科学发展观、习近平新时代中国特色社会主义思想为指导，认真学习传达贯彻落实习近平总书记系列重要讲话精神和上级文件精神，认真落实“两个责任”，维护意识形态领域安全，以开展党的群众路线教育实践活动为契机，内强素质、外树形象，围绕文化大发展大繁荣的总目标、脱贫攻坚及县委、县政府工作安排部署，以提高公共文化旅游服务水平为重点，以服务群众精神文化需求为落脚点，大力实施文体惠民工程，加快公共文体广电旅游基础设施建设，狠抓“不忘初心、牢记使命”主题教育，积极推进全县文体广电旅游事业发展。

### 一、开展文化大扶贫

2018年，向水尾镇下坝村提供文化帮扶资金7万元，其中用于图书室建设4万元，用于寨寨响广播建设2万元，用于发展村级文化事业或文化产业1万元。

向水尾镇腊岩村提供文化帮扶资金1万元，用于发展村级文化事业或文化产业。调配2017年公共文化服务体系建设资金6万元，资助水尾镇文化脱贫产业发展。为驻村干部配置办公电脑，用于帮扶联系村脱贫攻坚办公。组织演员为11个乡镇5个深度贫困村、岑巩经济开发区及新兴城区送去脱贫攻坚巡演16场，配合完成“不忘初心跟党走·凝心聚力助脱贫”岑巩县助力脱贫攻坚慈善晚会，表彰脱贫攻坚先进个人188人、先进集体18个，开展脱贫攻坚文艺巡演16场。为全县11个乡镇文化站、129个村农家书屋配送图书，县图书馆免费开放率达97%以上，免费为全县129个行政村放映公益性电影1548场。

2019年，成功申报农体工程村级30个、镇级1个，对贫困村发放建设器材1套，采购农体工程器材20套、拉杆音响58个；完成各安置点的文化活动室、图书室等文化基础设施建设，为大坪、亚坝等4个置点配送带显示屏的音响各1个、农体工程各1套，配送2万元的图书；积极收集整理大坪小区“乡愁馆”展品，成功将大坪小区打造为州级示范点；加强59个村“七个一”建设，为59个贫困村发放文化设施各1套，为62个农家书屋配送13.6万元的图书；为帮扶联系村困难群众发放15万元的爱心棉衣、9.5万元旅游停车场建设资金和三个篮球场建设资金11万元，调整文化资金6万元补齐水尾镇腊岩村、下坝村贫困户短板；抽派干部33人到基层开展脱贫攻坚工作。

## 二、公共文化服务建设

### （一）举办文化业务培训

2015年，完成图书馆图书期刊编目和新书上架、图书借阅电子自动化系统调试和操作人员培训。2017年，举办舞蹈、美术、书法免费培训班6期，培训学员20人；开展文化知识培训学习2次，培训文化工作者100人。2018年，举办思州花灯培训2期，培训人次300余人次；组织文化馆、图书馆、非遗中心、各乡镇文化站负责人、民间艺人及传承人共200余人，进行业务培训，邀请两位国家话剧院一级演员进行现场指导。

### （二）开展群众读书活动

2015年，共计办理读者卡369个，读者到馆25300人（次），图书借阅10655册次。2016年，共办理读者卡1452张，比上年增长10%；读者到馆

28530人次，比上年增长12%；图书借阅31000册次，比上年增长6%。2017年，共办理读者卡41张，读者到馆8000人次，开展流动图书车“四进”（进基层、进军营、进学校、进企业）活动3次，接待群众7000余人次，配送流动图书1.2万册，为129个村配送党的十九大读本560册，为农家书屋配备图书9000余册。2018年，在第23个“4·23世界读书日”，开展流动图书进企业活动，接待员工读者300余人次，现场办理读者证；开展“2018年第一期读书活动”，参与人数1000余人；开展“6·12岑巩县2018年文化和自然遗产日活动”，发放宣传手册3000余份。2018年，全年图书流通3200人次，文献外借624人次，文献外借1880册次，办理借书证268人次。2019年，为4个生态移民安装点配送价值2万元的图书。

（三）开展系列文艺活动

2015年，举办“岑巩县迎新春文艺活动”和“岑巩县首届歌文化生活舞大赛”。2016年，举办“岑巩县迎建州60周年民族文艺汇演选拔赛”，组队参与“中国民歌合唱节”，举办岑巩县第一届以“魅力思州、激情七月”为主题的音乐会和2016春节联欢晚会及系列迎新春文艺活动。2017年，成功举办迎新春系列文娱活动、第二届花灯比赛、重阳节系列活动等大型群众文化活动13项，配合开展“科技、文化、卫生、法律、廉洁五下乡”活动，举办全县青少年书画大赛1次。2018年，开展“岑巩县春节联欢晚会”“岑巩县第二届思州花灯大赛”“岑巩县迎春游艺活动”等系列活动，开展“春节文化走基层”等活动16场次，开展“首届农民丰收节·暨马家寨民俗文化周”“思州金钱棍大赛”、国庆节文艺演出等文艺活动。2019年，开展春节联欢晚会和新春走基层文艺活动15场次，文化下乡73次，文化进社区20次，脱贫攻坚文艺巡演28场次，指导基层开展春节联欢晚会30余场次，篮球赛10余次，成功举办“三八”国际妇女节、“书香思州·润泽万家全民阅读暨绿书签行动集中宣传周”、千人书画大赛、感恩教育等活动，进一步丰富群众精神文化生活。

（四）加强文化队伍建设

2018年，以“三区人才”和高校应届生见习等为契机，成功引进播音员1人，补充到县电视台播音主持岗位；招聘向社会购买服务人员5人，通过县人社局见习岗位工作要求，录用见习人员4人。通过正规程序，招聘“三区”人才6

人，充实了文物管理局、体育事业管理中心、广电等部门专业岗位力量。加强业务培训，利用全局干部职工会议、专题培训会、外出学习等机会，提升业务知识和能力。组织干部职工业务培训 5 次，外出培训学习 45 次，举办乡镇级以下文化培训 4 次，培训人才 2060 人次，为县内文化繁荣提供人才保障。

（五）规范文化市场秩序

2015 年，严查和收缴政治性非法出版物，治理整顿校园周边文化环境，出动人员 150 多人次、车辆 52 辆次，共计检查互联网营业场所 34 家次，书刊、音像出租店 18 家次，查处违规经营网吧 2 家。开展文化市场消防安全大检查，确保特种文化行业场所安全。

2017 年，岑巩县内共有 32 家文化市场经营单位进入系统管理，行政审批共办结行政许可事项 4 件；共出动文化执法人员 639 人次，出动车辆 28 辆次，开展网吧、歌舞娱乐场所执法检查 1 次，联合执法 2 次，检查网吧 113 家次、歌舞娱乐场所 76 家次，责令无证经营歌舞娱乐场所停业 6 家；完成“扫黄打非”进基层工作，建成工作站 106 个。

2018 年，共出动文化执法人员 563 人次，开展网吧、歌舞娱乐场所执法检查 11 次，联合执法 2 次，检查网吧 86 家次、歌舞娱乐场所 66 家次，处罚网吧违规案件 1 起，责令整改 8 家，责令无证经营歌舞娱乐场所停业 8 家。

2019 年，共派出检查组 50 组次，派出检查人员 429 人次，检查企业 264 家次，发现隐患 16 条，已整改 16 条，立案 4 起，行政处罚 4 家，罚款 0.9 万元，停业整顿 3 家，关闭 1 家；围绕中小学校园周边文化环境开展了 6 次检查暨开展“护校行动”，重点检查校园周边的书刊摊点、文化用品店、网吧及其他娱乐场所，查获疑似盗版书籍 340 余册。

## 三、文物保护与非遗传承

（一）文物保护

2015 年，推进第一次全国可移动文物普查工作和省级文物保护单位中木召维修工程，开展第二阶段普查和老厂房登记工作，开展黔东南苗族侗族自治州民族文化资源普查工作；完成思州石砚博物馆文物征集和陈列布展设计方案，进入陈列布展阶段。

2016年，完成文化旅游资源普查，完成万寿宫、观音阁等文物保护单位的保护范围和建设控制地带划分编制，完成全国第一次可移动文物普查、录入国家数据库、验收报告、总结等；启动中木召古庄园遗址修复工程，解决了遗址范围内急需迁出居民集中安置点征地费用200万元；思州石砚博物馆建成开馆并免费开放，总投资400余万元，面积1400平方米，内含展示、培训、办公、储藏等功能。

2017年，思州石砚博馆免费开放，接待参观者4000余人次；开展思州石砚物品精品展示活动4次；投入资金14万元，采购思州石砚20余块作为馆藏品；申报省级红色文物保护单位4个，其中黔东南州岑巩县贺龙元帅临时指挥部遗址被列入省级重点文物保护单位；申报15个红色文物保护单位及维修经费共35520.8万元，申报国家传统村落保护经费2476万元。

2018年，申报水尾镇胡家铺红二军团临时指挥部旧址、凯阳苏公馆红二军团临时指挥部旧址为贵州省省级文物保护单位，至此县内省级文物保护单位共4处；完成修缮县级文物保护单位思州文笔塔；普查革命遗址、文物保护单位，根据排查结果，建立台账和抢救实施方案；对文物采取抢救、保护和修缮；配合州文物局等相关部门对省级文物保护单位开展消防安全检查2次。

2019年，获批文物保护省级专项资金40万元，并投入5万元资金购买与思州文化相关的珍稀老物件；完成省级文保单位禹王宫、红二军团指挥部旧址设计规划；完成龙田万寿宫、天星刘氏民宅两处县级文保单位修缮预算。

（二）非物质文化遗产数字化建设

2015年，开展全国第九个“文化遗产日”等系列宣传活动，完成省级第三届、州级第四届传承人的申报，印制《中华人民共和国文物保护法》、文化遗产知识、元上都遗址介绍等宣传品。

2016年，举办以“思州记忆全民共享”为主题的千人金钱棍演出；《赛龙舟》《土家族摆手舞》等申报省级非物质文化遗产保护名录；完成了思旸镇新兴村、大有镇腊恰贩村、水尾镇大树林村、羊桥土家族乡杨柳村、平庄镇凯空村为岑巩县非物质文化遗产保护传承发展示范村和岑巩县南艺思砚石雕厂、思州金星石砚厂、岑巩县古法造纸技艺专业合作社为岑巩非物质文化遗产生产性保护示范基地的挂牌明示；推荐思州石砚传承人杨刚、杨长林参加第二届贵州省工艺美术大师作品评审并入围。

2017年，挖掘申报了赛龙舟、注溪衙院田氏土司、中木召口头传承秘史等11项县级非遗保护项目，并逐级申报为州级、省级非物质文化遗产保护名录；统计县内有省级非遗传承人5人、州级11人、县级93人；开展非遗传承人培训300余人次；开展“文化和自然遗产日”系列活动，发放宣传册200册（张）。

2018年，收集、整理民间田野调查资料，全部建立电子文档；积极整理非遗申报材料，报送上级有关部门；申报思州石砚制作工艺、思州傩戏傩技、金钱棍、思州花灯“三个一”工程等项目；成功申报周氏龙派和岑巩县第一小学传统民族文化2个项目，获经费共计12万元；成功申报名工匠23人，其中思州石砚名工匠18人，思州傩技傩戏名工匠2人，思州金钱棍名工匠2人，思州花灯名工匠1人；开展非物质文化遗产思州石砚培训，培训人员达60人；参加彝族文化产业博览会。2018年，开展多彩贵州文化艺术节非遗周末聚岑巩县专场活动，展示思州石砚、思州傩技傩戏、思州花灯、思州金钱棍等思州非物质文化遗产，让外界了解思州文化。

2019年，利用东西部协作资源，完成思州石砚申报国家级文本初审和视频录制工作，成功申报花灯戏为省级非物质文化遗产名录；申请到非物质文化遗产数字化建设经费2万元、黔东南民族文化生态保护实验区中央补助经费35万元（其中思州石砚非遗扶贫工坊10万元、思州傩技傩戏传习所20万元、平庄镇凯空传统村落5万元）。

（三）长征国家文化公园项目建设

2019年7月，中央全面深化改革委员会审议通过《长城、大运河、长征国家文化公园建设方案》，贵州被列为长征国家文化公园重点建设省份。12月，岑巩获批文旅融合、环境配套和数字在线三个方面4个项目，总投资5.6亿元（其中文旅融合工程2个：一是岑巩红二军团红色旅游项目，投资3.6亿元，2021年建成；二是岑巩红六军团沙子坳战斗遗址红色旅游项目，投资1.2亿元，2023年建成；环境配套工程1个：龙田至安坪红色旅游公路，投资0.6亿元，2021年建成；数字再现工程1个：建设长征国家文化公园数字化管理项目，投资0.2亿元，2023年建成）。

## 四、广播电视工作

### （一）新闻宣传

党的十八大以来，以习近平同志为核心的党中央励精图治、革故鼎新，带领全党全国各族人民攻坚克难、砥砺奋进，开创了中国特色社会主义新时代。2013年，习近平总书记在全国宣传思想工作会议上提出："宣传思想工作就是要巩固马克思主义在意识形态领域的指导地位，巩固全党全国人民团结奋斗的共同思想基础。"全县思想文化宣传工作按照高举旗帜、围绕中心、服务大局、改革创新的要求，深入贯彻党的十八大和习近平总书记系列重要讲话精神，大力实施宣传思想文化工作"五大工程"，不断与时俱进、开拓创新、真抓实干，弘扬主旋律、凝聚正能量、传播"岑巩"好声音，为推动全县科学发展、后发赶超、全面小康做出新的贡献。

1. 弘扬主旋律，传播岑巩"好声音"

以改革发展、依法治县、作风建设、扶贫攻坚、文化旅游、生态文明建设为主题，坚持请进来宣传和走出去推介相结合，积极向中央和省、州级媒体推送宣传选题，加强与中央、省、州各级媒体的联系与合作，借梯登高，扩大对外宣传影响力。围绕十二五以来特别是党的十八大和县委十一次党代会以来全县经济文化、社会、生态文明建设和党的建设等方面做好宣传报道。顺利完成县"两会"、岑巩县第十五届人民代表大会第五次会议报道，"七一"建党94周年"永远跟党走，共筑中国梦"现场直播报道，宣传"羊桥土家族乡30年庆"活动、新春系列活动、全县国庆篮球赛，春晚现场直播、花灯大赛、中国农民丰收节、书画大赛等录播及系列报道。近年来岑巩新闻由中央电视台综合频道、中文国际频道、三农频道、新闻频道及其他国家级媒体累计播出19条（次）；省级广播、电视台采用信息873条；州电视台、广播电台采用信息1073条，其中反映岑巩"大农业、大交通、大招商"等新闻，在黔东南新闻播出23条次，在省级媒体播出5条次，在国家级媒体播出2条次。

先后推出《乡村行，看发展，话小康》《话说思州》《思州民生》《飞跃岑巩》《多彩贵州文明行动曝光台》《安全生产百日行动》《四个全面》《学习贯彻十八届五中全会精神》《聚焦脱贫攻坚，全面同步小康》《党员好家风》《岑巩工业“百千万”工程》《岑人之美》《喜迎党的十九大胜利召开和学习贯彻党的十九大精神》《聚焦脱贫攻坚，同步全面小康》《聚焦项目建设攻坚年》等专栏，深入报道科学发展、后发赶超、同步小康的新进展。

2. 依托得天独厚的思州文化资源，扩大文化外宣的影响力

坚持高起点谋划、高平台运作，对全县的历史文化研究进行全方位策划、品牌化打造，使文化宣传成为外宣工作中的一张名片。先后组织拍摄制作岑巩县非遗传承人专题片 16 个，拍摄制作《“双拥”模范县城》《减贫摘帽》《羊桥土家族乡 30 年庆》等专题宣传片 13 个，制作理论宣讲和大型文艺活动等录播专辑 12 个。制作 2017 年省、州级检查验收汇报宣传片 7 个、非遗宣传片 10 个、公益广告 73 个；完成《攻营拔寨砥砺前行——岑巩县全力推进脱贫攻坚工作纪实》《大交通构建大扶贫》《岑巩县 2018 年脱贫攻坚春风行动》等专题汇报宣传片 5 个。

以“五一二”护士节、“六一”儿童节、“七一”建党节、“纪念抗日战争暨世界反法西斯战争胜利 70 周年活动”等为选题，开展先进典型事迹系列宣传报道和以“两学一做”“岑人之美”“最美岑巩组工人”等典型人物开展专题采访，加大先进典型选树力度，深入挖掘宣传各行各业先进典型人物，做好“道德模范”先进事迹的推荐，大力宣传最美人物、身边好人好事，并积极推荐参加全国、省、州先进典型评选活动。

3. 加强新媒体的开发利用

建设“岑巩之窗”微信平台，壮大网络宣传员队伍，着力打造网站、微博、微信、手机报“四位一体”的立体网络阵地，充分利用新兴媒体传播快、覆盖广、效果好、成本低的特点，整合资源、加强策划，使新兴媒体成为外宣工作重要载体和平台。安排专人编发《岑巩新闻》《岑巩视界》微信视频，每天每期点击量超 800 人次。安排专人负责传送《岑巩新闻》栏目内容给《掌上黔东南》发布，时时关注和更新。传送《岑巩新闻》栏目内容到县人民政府网站发布，充分发挥舆论引领作用。

4. 着力强化网络宣传管理

规范网络管理，加强阵地建设。一是加强县互联网信息宣传管理队伍建设，建立健全网络应急管控，进一步提高网上正面宣传水平，统筹好内宣外宣、网上网下各方力量，做好重大突发事件报道和舆论引导，让网络成为激发正能量的坚

强阵地。二是进一步提高舆论引导能力和水平。积极稳妥地做好社会关注的热点难点问题的正确、有效引导。加强舆情分析研判，充分利用现有平台和借助新华网平台发布权威信息。进一步完善重大突发事件、网络舆情事件的引导机制，提高快速反应处置能力。

(二)广播电视网络建设

抓好电视差转台日常维护，定期或不定期开展安全检查，确保节目安全播出。2014年，完成“十二五”时期第三期4759套的“村村通”建设任务，涉及全县10个乡镇129个行政村，受益4759户35000人，并进行跟踪管理、维修服务。完成岑巩县广播电视高山无线发射台站基础设施建设工程可行性研究报告编制，通过专家评审。2015年，完成高山无线发射台站的勘察与图纸设计，项目进入施工阶段。2016年，高山无线发射台基础设施建设工程项目完成公路路基、新建围墙、机房主体、饮水池、光缆主线、机房避雷设施、50千伏安变压器及电线更换等建设任务，完成形象进度90%；完成县内多彩贵州“广电云”村村通工程，铺设11个乡镇129个村光缆543.15千米。2017年，完成129个行政村的入户调查、路由规划设计，完成村寨光缆建设6000余公里，录入BOSS系统18000余户，入户安装12601户。2018年，岑巩县多彩贵州“广电云”户户工程计划开通15376户，建成户数13802户，开通用户数12679户；新建成大有、羊桥、天马3个乡镇广电云综合服务站，新建成光缆支线1144公里，立电杆1580棵；网络有线电视21190户，覆盖率达99%。2018年，“中央预算投资制播能力项目”竣工验收。2019年来，多彩贵州广电云“户户用”发展11519户，稳步推进“雪亮工程”881个点的工程进度，开通雪亮工程720个点，在全县选取12个村作为“应急广播工程”(“寨寨响”)试点。

## 五、大力推进全民健身

(一)加大体育基础设施建设

2015年6月，总投资6000余万元，占地7000平方米，集田径、球类、健身休闲为一体的岑巩县体育公园对外开放。2017年，向贫困村和示范村配送运动健身器材配套设施15套，建成村级农民健身工程6个、扶贫村级健身工程3个、健身路径3套、示范村农体工程3个；实施村级农体工程99个、乡镇级农体工程9个，采购全民健身器材18套；实施雪炭工程1个，乡镇、行政村覆盖率达82%。2018年，建成岑巩县水尾镇全民健身步道项目；建成大有乡杨家院子、羊桥土家族乡两河村、羊桥土家族乡蓑衣村、注溪镇面溪村4个村级农体工程项目。

（二）开展群众体育竞赛活动

2015年，先后举办迎新春第三届万人长跑、岑巩县“一康杯”第四届足球运动会、“信合杯”建国66周年暨世界反法西斯胜利70周年篮球赛、纪念中国人民抗日战争暨世界反法西斯战争胜利70周年“胜利杯”黔湘渝门球邀请赛；组队赴榕江参加黔东南州文体广电系统第三届“体育彩票杯”职工文体大赛，组队参加2015年全州青少年锦标赛，总成绩名列全州第6名。2016年，首次举办“最美中国行·健康中国人”大美岑巩国际徒步旅游嘉年华活动；举办贵州省乡镇（社区）老年门球赛和迎新春万人环城跑活动；组队参加黔东南州第九届运动会暨第三届少数民族传统体育运动会，岑巩县代表队获8金4银7铜，在25支队伍中名列第10名；组队参加黔东南州第九届运动会青少年组足球赛暨校园足球三级联赛，岑巩县青少年丙组队在全州20个队伍中获第7名。2017年，成功举办万人环城跑大赛、青少年足球联赛、“最美中国行健康中国人”徒步旅游嘉年华活动、多彩贵州水墨龙田龙舟赛、全州中老年门球赛和“东旭健康杯”湘黔两省三地州足球周末联赛、“篮友之家”周末篮球联赛、全县职工足球周末联赛等活动；在“贵州省第二届茅台王子杯广场健身操舞大赛”海选赛中，岑巩县中老年艺术团获中老年组组织奖；培训社会体育指导员10人、裁判员40人。2018年，举办全县2018年万人环城跑活动、湘黔临县足球周末联赛、全县中小学足球联赛及2018年篮友之家周末篮球联赛；组织举办“多彩贵州·龙田龙舟赛”；组队参加天柱县“重晶石杯”篮球邀请赛；举办建国69周年“篮协杯”篮球运动会，全县各机关、企事业单位及乡镇共40支代表队700余名运动员展开精彩角逐；举办2018年黔东南州老年乒乓球赛。

## 六、旅游开发

（一）旅游资源大开发

2015年，启动马家寨游客服务中心，隘门游客服务中心，龙鳌河上、下游码头，陈圆圆故居和两艘豪华游船的建造等重点项目，其中建成龙鳌河上、下游码头，两艘豪华游船正式营运。2016 年，岑巩县旅游总收入为 4.02 亿元，增速 66.80%；旅游总人数 61.64 万人次，增速 51.80%。两项增速全州排名均第一。2017 年，黔东南大峡谷景区成功创建 3A 级旅游景区，并完成挂网公告，直接解决贫困人口就业 40 余人。马家寨村成功创建成为贵州省甲级乡村旅游村寨。2019 年，打造岑巩县客楼红豆杉景区、岑巩县木召生态休闲度假区为国家 3A 级旅游景区，将中盛·溪谷创建成为四星级农家乐，完成思州温泉项目建设规划并通过县级及州级评审。

（二）扩大旅游宣传推介，提升旅游品牌美誉度

2015 年，重新编制岑巩县旅游宣传片、岑巩县旅游宣传画册及旅游招商折页等宣传资料，积极开展旅游宣传活动。县委、县政府成功举办岑巩县第三届桃花文化旅游节，相关图片、视频被中央电视台及《人民日报》《光明日报》《贵州日报》《当代贵州》等多家媒体刊播。邀请《黔东南日报》及黔东南新闻网等州级媒体走进马家寨，品读陈圆圆归隐地马家寨隐秘文化，畅游黔东南大峡谷，召开新闻发布会开展“多彩贵州满意旅游行”活动，在县内旅游景区、星级饭店等公共场所共张贴海报、二维码 40 处，悬挂条幅 5 幅，发放宣传单 500 余份。2016 年，利用文化推介活动时机，赴长沙、深圳、广州、西安、佛山等地开展旅游营销及推介活动。成功举办“岑巩县首届旅游桃花节”，在中央电视台 4 频道、13 频道、《贵州日报》等媒体刊播，提高了旅游产业的知名度。2017 年，先后组织人员赴北京、武汉、长沙、合肥、石家庄等一线城市参加旅游宣传营销及招商推介活动，邀请新闻媒体 150 余家，发稿量 200 篇，全面提升了岑巩县旅游品牌美誉度。2019 年，成功举办了“共建共享携手小康·贵州省岑巩县产业大招商暨旅游宣传推介会”，进一步提高了岑巩文化旅游的知名度。

（三）积极招商引资

2017 年 4 月，与锦屏华旅隆里文化旅游发展有限公司签订了《岑巩县黔东南大峡谷景区〈复活的夜郎王〉浸入式主题乐园演艺创制项目进场协议书》，按协议约定推进，2017 年 9 月进行了第一次测试，效果良好。2019 年，成功引进贵州华胜旅游开发有限公司到岑巩投资旅游开发项目，并签订总投资约 8.5 亿元的贵州黔东南思州龙雀洞休闲度假生态公园项目投资合同。2019 年，争取到贵

州电子科技大学3万元培训帮扶资金及4万元非遗调研帮扶资金。

（四）协助企业举办活动，提高旅游影响力

2017年3月，邀请两家国外设计公司和一家国内设计公司对岑巩县黔东南大峡谷景区的瀑布酒店设计方案开展竞赛，并评出了一、二、三等奖，提高了岑巩县旅游影响力。2019年，配合客楼镇下寨村举办了“岑巩客楼首届避暑文化周”活动。

（五）组织景区旅游从业人员培训，提升旅游服务质量

2015年4月，以马家寨村和周坪村景区为主，对景区120名村民开展为期三天的旅游从业知识培训，提高景区群众旅游服务意识。2017年，先后选派马家寨、白水、白家坝、苗落等重点旅游乡村200人次参加乡村旅游从业人员培训，派70余人参加会同县中等职业学校举办的酒店管理人员培训，54人参加2017年“人人争当好导游”国导考试培训，组织人员参加黔东南州第三届特色美食节大赛、十佳诚信旅游商品购物店、十佳服务员、十佳旅游景区、十佳导游等评选活动。2019年，完成旅游从业人员培训项目2次100余人。

## 七、档案管理

（一）档案法制建设

学习、宣传、贯彻《中华人民共和国档案法》《贵州省档案管理条例》，监督档案法律法规实施情况，增强社会档案意识，规范档案管理行为，提高各级各部门档案工作管理水平，促进“依法治档”事业发展。以项目为抓手，加强档案馆库建设、档案资源建设、档案信息化建设的远景目标，初步实现以信息化为核心的档案管理现代化，推动岑巩县档案事业科学发展。

（二）档案开放与利用

为了加强档案管理，确保档案的保密性和适应经济社会发展。县档案馆严格划分开放和控制的界线，做到标记明显。在开放档案前，经过整理编目，编制检索工具。对开放的档案进行公告，主要有档案开放的内容、档案形成时期、利用档案所需手续等。切实转变工作重心，围绕改革、高质量发展工作大局，进一步深化“心系兰台·热情服务”党建品牌，强化“为党管档、为国守史、为民服务”的宗旨，加强业务知识学习，不断提升干部职工业务素质和服务意识，强化

档案安全管理、服务功能和资源建设，不断推进档案三大体系建设，切实发挥档案服务社会的功能和作用。2019 年，县档案馆结合档案数字化工作，着力构建以民生档案为主体的档案信息系统查询平台，涉及人事、山林、土地、婚姻、破产企业职工等民生档案均能通过信息系统迅速查询，极大提高了查阅利用效率。

（三）开展重点民生领域档案执法检查

加强对重大工程和重点建设项目档案的监管，主要是城市建设、水利、农林、社会发展、经贸流通、异地移民搬迁项目档案的监管。抓好全县各部门、乡镇及社区年度归档的业务指导和参与全县重大活动档案指导。主动融入服务“大扶贫”，以示范建设为引领，按照“一户一档”要求，推动全县精准扶贫档案工作。按照“一户一档、一证一档”要求，全面推进全县土地确权登记颁证档案工作。加强同国土部门的沟通对接，2017 年，完成平庄凯空中国传统村落生态档案馆建设。2018 年 6 月，岑巩县土地确权州级阶段验收（含档案验收）被评为全州先进。

（四）重点档案抢救保护

2015 年，重点抢救民国档案和锦屏文书，采取抢救与争取经费同步进行，通过与上级对接，获得抢救经费 10 万元。2012 年至 2015 年，共计征集清水江文书 1691 件，裱糊 2318 张页，复制返持有人 5000 余页，完成装盒、编目、制作检索目录等。

2017 年，抢救保护征集清水江文书，制定征集方案措施，组织人员进村入户征集。共计征集清水江文书 1187 件，完成馆藏清水江文书编目 2395 件，裱糊馆藏清水江文书 1901 件。馆藏国家重点民国档案 12628 卷，内容包括总务、民政财政、建设、教育、警察等 16 个。

2018 年，抢救保护与征集清水江文书，新征集进馆清水江文书 1500 件。主要是对新征集进馆及馆藏清水江文书进行整理、裱糊、数字化，同时完成装盒、编目、制作检索目录等。

2019 年，岑巩县档案馆继续把清水江文书抢救保护与征集工作作为重要工作任务，全馆干部职工利用到村开展帮扶工作时做好宣传解释和征集工作，共征集清水江文书 1130 件。

# 第五章　大力发展教育　提升民族素质

岑巩县教育历史比较悠久，唐天宝年间便兴办寺庙教育。宋至元代，田氏土司兴办“武纬文经”教育。明洪武二十八年（1395），设思州宣慰司儒学。永乐十一年（1413），改建思州府学。弘治年间在府境办平溪卫学。嘉靖四十年（1561），建清浪卫学。清代除续办官学外，还有思旸、屏山、瑞山书院及思郡、养正、蔚文、春才、维清、宏文义学，在乡村办有门馆、家塾、族塾、村塾等。光绪二十九年（1903），始办幼儿蒙养院。同时，改思旸书院为官立中学堂。三十一年（1905），改为初等小学堂。宣统二年（1910），创办女子学校。

民国元年（1912），学校取消读经课，逐步发展新学教育。五年（1916），境内建立初等小学校70余所。之后，由于军阀混战割据，学校时办时停。二十年（1931），学校恢复正常上课，全县恢复和发展小学47所，在校学生1382人。三十年（1941），创立岑巩中学，并开设师范班，学生104人，教职工15人。截至三十四年（1945），全县有中学1所，中心小学10所，保国民学校78所，在校生5419人，有校舍房屋175万平方米，在边远山寨还办有极少数私塾，成为民国时期教育发展的高峰年代。

1949年11月岑巩解放后，县人民政府接管小学19所43个班，学生1555人，教师480人。1951年，实行向工农开门，为政治服务的方针，实施民主教育，不准打骂学生，教育事业得到恢复和发展。全县先后开办民办学校9所45个班，学生1642人。1953年后，学习苏联经验，从教育理论、体制、管理方法等方面作了新的改变。1956年，全县有中学1所，公办小学60所，民办学校36所，在校学生10071人。

1958年，推行“两条腿走路”办学方针，大办教育，创办高中1个班，学生36人，并在3个区中心学校附设初中班，小学发展到106所。由于发展过快，教师、设备等跟不上，教学质量下降。

1960—1962年，调整学校布局，并下放中小学超龄学生回家参加农业生产。1965年，全县有高中1所，初中3所，小学406所，在校学生15791人。1966年后，再次对小学进行调整，学校数量减少。“文化大革命”期间，教育事业受到冲击，教学质量下降。

1978年后，拨乱反正，调整学校布局，制定中小学生守则，对受处理的教师案件进行复查。1978年，全县有高中6所，初中50所，师范1所，小学297所，在校学生32504人。1982年，落实知识分子政策，126名教师的问题得到纠正和平反昭雪。1984年，召开全县教育系统表彰大会，表彰优秀班主任33人、积极分子20人，先进工作者103人。1985年，颁发25年以上教龄的“园丁纪念章”126枚。1986年，全县适龄儿童入学率达90.2%，巩固率及毕业率均为97.8%，普及率89.5%。经黔东南州人民政府验收，全县基本扫除少、青、壮年文盲。与此同时，全县还举办各类专业、业余学校，发展中等函授教育等，初步形成从小学、中学到中专的成人教育体系。

1990年，全县有高中1所，学生680人；职中1所，学生88人；初中11所，学生4519人；小学122所，学生24189人；幼儿园6所，入园幼儿383人。总计在校学生29859人，比1949年增加17.8倍；教职工1455人，比1949年增加23.7倍。

截至2019年底，全县有幼儿园66所（其中民办幼儿园18所），在园幼儿6685人；小学46所（其中教学点23个），在校生18593人；初级中学12所，在校学生8963人；普通高中2所，在校学生5440人；中等职业技术学校1所，在校学生1532人。

## 第一节　探索时期

### 一、幼儿教育

中华人民共和国成立后，岑巩县贯彻教育部1952年颁发的《幼儿园暂行规定》（草案），首先在思旸完全小学内附设幼儿班，入园幼儿 39 人，1953 年停办。1958 年，为了方便妇女参加集体生产劳动，借民房作园地，由社队安排教养员，大办幼儿班或托儿所，不久即终止。

## 二、小学教育

岑巩县小学教育主要有公办小学和民办小学两种办学形式，其中公办小学又分为初级（初等）和完全（高等）小学两种办学形式，民办小学由私塾演变而来。截至 1978 年，全县共有小学 295 所，在校学生 23711 人，教师 762 人。之后，经过几次调整和初步改革，小学教育逐步回到正常和健康发展的轨道。

（一）初级小学

1949 年冬，县人民政府把接管的 9 所保国民学校改为村小（即初级小学）。1952 年，随着社会稳定，国民经济恢复和发展，逐年增办初小。1956 年，全县初级小学发展到 85 所，学生 6534 人。1958 年，公办初小全部转入民办，国家给予部分经费补助。1961 年，进行调整后，全县有初小 66 所 123 班，学生 2230 人。1965 年，学校增至 97 所。

（二）完全小学

1949 年冬，县人民政府接管中心小学 10 所，随即把学校更名为完全小学。1951 年以后，随着政权建设巩固和土地改革的胜利完成，各族人民迫切要求送子女入学，到 1953 年，全县完全小学发展到 11 所 20 班，学生 477 人，教职工 30 人。1958 年，提出以“跃进”的步伐加快普及小学教育，全县完小发展到 30 所 56 班，学生 2530 人，教师 61 人。1959 年后，贯彻“调整、巩固、充实、提高”的方针，调整学校布局，压缩学生。1960 年，调整为 25 所 35 班，学生 1230 人。1961 年，调整为 16 所 37 班，学生 1014 人，教师 45 人。1972 年，提出“读小学不出队……”的口号，要求以“先上马，后配鞍”的办法加速普及小学教育，全县完小发展到 54 所 61 班，学生 1192 人。之后，逐步发展完小。

（三）民办小学

中华人民共和国成立后，私立小学演变成民办小学，1950 年全县有民办学校 26 所 29 班，在校学生 1184 人。1951 年，土地改革后，农民迫切要求文化翻身，自筹经费聘请教师，举办学校，教学内容和课程安排按国家的统一规定执行。1952年，全县民办小学发展到39所，学生1642人。1958年8月，公办初级小学全部转为民办，全县民办小学增至94所158班，在校学生7140人，教师171人。1959至1961年，不少学校停办。1961年，全县民办小学只剩12所13班，学生339人。1963年，黔东南州教育局拨民办教师补助款1100元、拨长备补助费1.23万元，全县民办小学恢复到78所92班，入校学生2445人。1964年，学校发展到91所114班，学生3514人，同时，贯彻“两种教育制度”及“两条腿走路”的办学方针后，为了使居住不集中的偏僻山区便于让学生帮助家庭做力所能及的农活、家务劳动等，大办耕读学校，实际是由生产大队或生产队集体办，属半日制小学，教师由生产大队安排或聘请，采取评工分的办法解决教师报酬。每个教学点配备1名教师，采取复式教学方法进行教学，课程设置以语文（包括应用文）、算术（包括珠算、簿记等）为主，并酌情开设农业常识、音乐、体育等科。1964年全县兴办耕读小学150所，在校学生1916人。1965年，全县耕读小学发展到283所（处），招收学生2336人，在校学生3711人，教师297人。1969年，县里提出把学校办到家门口，由生产队组织办学，民办小学不断增加。1972年，全县民办小学增至187所258班，在校学生7449人。8月，为减轻公社的经济负担，将新兴等20所民办小学转为公办学校。1976年，全县民办小学发展到301所451班，在校生14883人，教师483人。

## 三、中学教育

### （一）初级中学

1949年冬，县人民政府接管岑巩中学，学生36人，分编2班。其中，初一班单式教学，初二、初三班复式教学，教职员工11人。1950年3月，将镇远青溪中学并入，改名为贵州省立岑巩县初级中学。1952年，增至3个班，学生94人，教职工13人。1957年，发展到7个班，学生434人，教职员工22人。1958年8月，岑巩县委、县人民委员会决定在驾鳌、天马、龙田3个区所在地的完全小学内附设初中班。1959年，单独设校，招收初中一年级新生4个班，学生200名。之后，年年坚持招收新生。1960年，发展到18个班，学生635人，教职员工61人。1961年调整为11个班，保留在校学生433人，教师49

人。1962 年，保留了 4 所中学。1965 年，全县经济好转，初中稳定在 15 个班左右，在校学生 565 人，教职员工 55 人。学校数比 1949 年增 2.5 倍，学生数增 14.7 倍，教师数增 4 倍。1967—1968 年停止招生。1977 年，民办中学发展到 54 所 84 个班，学生 2626 人；附设初中班 71 班，学生 3362 人。加上县办 6 所中学初中生，共计在校学生 7096 人。

（二）完全中学

1958 年秋，岑巩中学首次招收高中班新生 36 人，配教师 3 人，更名为岑巩县完全中学。全校 7 个班，学生 438 人，教职员工 32 人。1959 年，高中部并入镇远中学。1960 年，恢复招高中班新生 35 人。至 1966 年，除当年招收新生退回原学校“闹革命”外，逐年招生增至 5 个班，学生 327 人，教职员工 39 人。“文化大革命”期间停止招生 3 年。1969 年恢复招生。1972 年秋，水尾、天马、龙田 3 所初中增设高中部。全县有完中 4 所 22 班，学生 1022 人，教职员工 72 人。其中，高中 7 个班，学生 347 人，专任教师 20 人，学制为 2 年。1975 年，高中降为 6 个班，学生 339 人。1976 年后，4 所完中高中班增至 11 班，学生 632 人。1977 年，在思旸新兴大队建立岑巩县第二中学，招收高中班；羊桥附中招高中新生 1 个班。1978 年，全县有完中 6 所 48 班，学生 2236 人，教职员工 167 人。其中，高中 17 班，学生 848 人，教职工 60 人。

## 四、职业教育

（一）师范教育

境内的师范教育，实际上多属于教师培训班。民国时期办讲习所、训练班，附设简师部。解放后，办附设速成师范班。

1950 年 7 月，岑巩县人民政府接管学校后，为发展教育，在思旸城关小学内举办小学教师短训班，报考 84 人，录取 25 人，学习 3 个月，其中 1 个月时间参加征粮工作。10 月，学员分配到各学校任副校长或教师。1952 年 6 月，又举办 1 期，时间两个半月，招收 53 人，结业进行分配，49 人分到公办学校任教，4 人不合格退回农村自谋职业。1972 年 12 月，举办 1 期，学习时间半个月，招收应届高中毕业生和“上山下乡”知识青年 26 人，学习教育方针政策、教学理论及如何备课、上课等，结业后全部分配到各小学任教。

1956年3月，在岑巩中学附设师范速成班，报考84人，录取42人，学习半年。课程设政治、教育学、语文、数学、语法知识、图画、音乐等科。结业考试后全部分配到公办小学任教。1958年8月，在思旸城关小学内开办师范速成班，招收50人，原定学制2年，由于形势变化，参加劳动多，学习知识少，1959年并入镇远师范学校，学生流动较多。1965年，在岑巩中学内附设师范班，招收41人，学制1年。1966年，毕业时分配16人到公办小学任教，11人赴凯里师范学习，14人“社来社去”。1967年8月，该校学生全部重新分配到公办小学任教。

（二）农业技术教育

岑巩的农业技术教育，清末有传习所，民国时停办。中华人民共和国成立后，随着社会经济发展变化而开办学校，时办时停，没有坚持到底。

1958年，全县掀起办学热潮，在老鹰岩农场及注溪、大有、凯本、平庄完小内设农业中学，招生275人，6个班。学生一边读书，一边参加农业生产劳动。参加积肥、大炼钢铁、深耕、除“四害”讲卫生等政治活动时间多，进行学习农业基础知识的时间少。1960年，根据上级“大力支援农业”的指示，中共黔东南州委决定，民办小学、农业中学放假半年至1年，办学自然终止。1965年，恢复老鹰岩农中，新建思旸区大有公社五龙山农中及天马区后所公社高视农中。共招生145人，8个班，教职员工27人，学制3年。1969年，因将农中下放给生产大队办而终止。1975年秋，在羊桥公社搞试点，开办“五七”中学，招收学生59人。1年后，年龄大的学生转入民办初中，年小者转入小学，该中学停办。

（三）其他专业教育

1958年，开办3所工业中学。城关工业中学，校址设在思旸城关小学内，招生50人。1959年3所学校全部停办，其学生分别处理回队生产或转入附近中学、小学学习。

1958年，建立岑巩县卫生学校。招生180人，2个班，教师2人。校址原设老鹰岩农场，后迁入思旸城关区。1959年，并入镇远县卫校。1961年8月，恢复办岑巩县卫校，设于岑巩县人民医院住院部，作为培训卫生技术人员的基地。

## 五、业余教育

岑巩的业余教育，有民众教育、职工教育及农民教育3个方面。通过举办学校，开办早晚班，组织季节性或常年性的识字班、扫盲班、业余学校等多种形式进行教育、教学活动。其中民众教育通过民众教育馆、民众学校及乡镇联保国民学校民教部开展教育活动。中华人民共和国成立后，县委、县人民政府根据岑巩县各行各业职工文化知识水平较低的情况，先后开办不同类型的职工业余教育学校、学习班及组织自学考试等。据1950—1958年的统计，全县组织职工528人次进行文化学习，普遍扫除了文盲；经过组织自学考试，不断地提高职工的文化知识水平；通过开办冬学、民校、识字班后，改为农民业余学校、农民夜校、政治夜校、俱乐部、扫盲班、初中班、小学班、科技班等开展农民业余教育。1950年1月，贵州省人民政府指定岑巩县为冬学试办点。是月9日，岑巩县农民冬学委员会成立，专门负责指导全县冬学工作。1952年3月，改为岑巩县扫除文盲委员会。1956年1月，改为岑巩县扫除文盲协会委员会。1963年，改为岑巩县业余教育委员会。

## 六、教师

### （一）教师队伍

1949年冬，县人民政府除择优留用民国时的教师外，之后通过开办教师短训班和师范学校以及从大中专学校分配毕业生，教师队伍逐年扩大。1950年，全县有教师81人。其中，小学教师66人、中学教师15人。1952年，全县有教师170人。1956年，有教师263人。1964年，有教师563人。1978年，有教师783人。

### （二）教师培训

1950年，全县举办两期小学教师短训班，从社会上招收知识青年50人。是年暑假期间举办讲习班1个月，吸收在职教师41人参加学习。之后，年年举办讲习班，加上从省、专署速师、师范学校陆续分配毕业生，逐步提高了教师队伍的知识水平。1951—1960年，县内先后输送至各级各类学校进修的小学教师67人。1958年，在寒暑假期间举办讲习班，全县中小学教师全部参加。1961—1970年，县教育局举办教师学习会、寒暑假培训班。时间1星期至10天，开设政治、语文、数学等科，先后共培训教师500人次。1974年，抽调教师杨胜光、邵正贵筹建岑巩县师范学校，每个公社送1—2人到学校培训1个月。并在思旸城关小学举办“三结合”与“汉语基本功拼音教学法”学习班，参加学习的教师50人。

（三）教师待遇

中华人民共和国成立后，党和人民政府重视教育，教师待遇逐步得到提高，主要体现在工资待遇、福利待遇和政治待遇三方面。

在工资待遇上，1949—1950年，实行发大米，中学教师每年发150公斤、小学教师125公斤、工人80公斤。1952年，中小学校长增至每年225—250公斤、教师200—250公斤、村小教师发142.5公斤、工人125公斤。1953年，改为工资制（发现金），中学教职工人均每月人民币30—50元、小学教职工人均20.70元，教师每月最高35.20元、最低17.43元；工人每月最高27.20元、最低15元。民办村小由国家每月补助15元。1955年，分别提高中学教师工资平均为每月39.25元、小学教师25.96元。1956年，进行工资改革，中学教师工资平均提高到每月42—50元、小学教师30—45元。1968年秋，增加中学教师工资平均为每月43—76元、小学教师31—95元。1964—1976年，教师月均工资有所下降。1976年，40%的教师升了工资。

在教师福利待遇上，1952年起，全县中小学教师全部享受公费医疗，并实行离休、退休、退职制度。

在教师政治待遇方面，50年代主要是加强对教师进行政治思想工作，使教师了解社会主义建设，提高思想觉悟。1955年，从成绩显著的教师中评选出16名优秀教师，县人民政府给予表彰，有的被选为先进教师出席省、地区会议。1977年，对建国以来受处理的教师案件进行复查，126人得到了改正和平反昭雪。是年，还召开全县教育先进工作者代表会，表彰先进集体30个、先进个人80人。

## 七、教学管理

岑巩解放后，县人民政府接管教育科，1951年3月，改为文教科。1952年，各区设文教助理员1人，负责管4个区的教育工作。1956年2月，分设教育科。1957年9月改为文教局，1959年并入镇远县文教局，1961年恢复岑巩县文教局，在编人员9人。1962年，与卫生科合并为文卫科。10月，恢复文教局。1970年4月，改称教育组。1972年11月，恢复教育局，设局长1人，副局长1—2人，股室及人员多次变化，并在各区社设学区，由中心完小校长兼管学区工作。

在教学研究上，县教育行政强调把爱国主义与国际主义思想教育落实到各科教学中，改“注入式”教学为“启发式”教学。1952—1953 年，全县试行“五级记分法”，学习苏联《凯洛夫教育学》，各级各类学校每堂课都按组织教学、复习旧课、讲授新课、巩固新课、布置作业等 5 个环节进行教学。1954 年，全县学习《普希金教学法十六讲》，同时，将“红领巾”教学法推广到各区乡学校。1956 年 8 月，岑巩县教研室成立，负责全县教育的研究工作。当时主要抓小学教育，重点抓小学语文、算术教学方法研究及推广，帮助和指导各学校改进教学。并组织教师学习毛泽东的“十大教授法”。1957 年 3 月，还编写《教育简讯》月刊（1979 年后改为不定期），总结推广教学经验。1962 年，全县推广“双基教学”（即基础知识、基本技能）经验，以城关小学为试点，具体指导和帮助教师开展“双基”教学，改进教学方法，总结推广经验，先后数次召开全县“双基教学经验交流会”，推广字、词、句、篇一道净，即从字、词、句、篇到分析文章的思想内容，又从分析主题思想到谋篇布局，经过两个反复，推广“串讲加分析分类总结”的方法，开展“精讲多练”“文道结合”“识字教学”“作文教学”等研究。同时，在全县提出“作文下水，大字练习，提高教学质量”的要求，即语文教师布置作文时，自己先写一篇示范作文，另教师每天写一篇大字，练习写黑板字的基本功，使教师的言行在学生中起到潜移默化的作用。

在教学经费管理方面，中华人民共和国成立后，中小学教育经费正式纳入国家财政预算，以国家拨款为主，同时发动师生勤工俭学、组织群众自愿集资。其中国家拨款情况：1950—1952 年，全县拨发大米 53 万公斤，年均 26.5 万公斤；1953—1955 年，拨款 14.8 万元，年均 4.9 万元，占县级财政总支出的 13—26%；1956—1965 年，拨款 131 万元，年均 13.1 万元，占县级财政总支出的 13.36%；1966—1976 年，拨款 411.5 万元，年均 37.4 万元，占县级财政总支出的 17.63%。1958 年，贯彻“教育必须与生产劳动相结合”的方针，全县各级各类学校开展名目繁多的勤工俭学活动。1964 年，全县勤工俭学收入 1.26 万元。1977 年，全县学校有农场土地 470 亩、林场 198.7 亩，粮食收入为 2.64 万公斤，农业纯收入 0.71 万元，其他勤工俭学收入 1.98 万元。对于教育经费的管理，1950—1953 年，由县教育局按预算掌握，各学校按时到县教育局直接领取。1954—1959 年，实行

“条块”结合，以“块”为主。由省统拨款至县，县教育局按照预算逐月审批学校报销。

在校舍建设上，1949年冬，县人民政府接收中小学校房舍7000余平方米，进行了维修使用。1950—1960年投资5.1万余元，群众资集11.3万元，维修及新建校舍7611平方米；1961—1970年，投资82.85万元，其中国家投资57.1万元、群众集资25.75万元，维修和新建校舍面积17752平方米。

在教学设备购置方面，20世纪50年代，主要是发动各级各类学校自制简易教具，县教育部门举办自制教具展览，参展的有三球仪、地球仪、小提琴、计数器、二胡、几何模型、演示算盘、动植物标本、图片等500多件。六七十年代，省、州教育部门配发给中小学部分显微镜、烧杯、试管及地球仪等。

## 第二节　改革开放时期

### 一、基础教育

（一）学前教育

学前教育亦称幼儿教育，是对3—6周岁的幼儿进行保育、护养和教育，属于学校教育的预备阶段。1979年，岑巩县妇女联合会与教育部门贯彻中共中央1979年7月批转的《全国托幼工作会议纪要》，进行筹备办园工作。1980年，在县城区举办幼儿园1所，设2班，吸收幼儿79人入园，教员2人。1981年，县人民政府拨款3万元，在都哨街修建幼儿园舍，面积288平方米。1987年，全县幼儿园发展到6所14班，在园幼儿396人，教职工29人。1990年，全县有幼儿园6所15班，入园幼儿383人，教职员工25人。

1991年，岑巩县贯彻实施《关于做好贵州省幼儿教育工作的意见》《关于进一步改进和加强贵州省学前班管理的意见》，对发展全县幼儿教育作出决定，农村各小学积极创造条件多渠道、多形式举办幼儿园，发展幼儿教育事业。1992年12月，县政府制订《一九九二至二〇〇〇年幼儿教育发展规划》，同时对全县幼儿园进行登记注册。1993年，组建县实验幼儿园。1994年，县机关幼儿园与思旸镇幼儿园合并为县城关实验幼儿园。1995 年秋，县实验幼儿园搬迁到思旸镇小河坝新修教学楼，有教师 31 人，全园有大、中、小各 2 个班，共有在园幼儿 280 多人。1995—1997 年，县城相继由私人办起“科教幼儿园”“巧巧幼儿园”。1998 年年底，全县有幼儿园 5 所。2003—2004 年，新县城私人办园逐年增加。截至 2010 年，全县幼儿园 18 所 49 个班，在园幼儿 1387 人，教师 70 人。

幼儿园学制为 3 年，幼儿教育根据幼儿的年龄大小分设小、中、大三个班，4 岁以下为小班，4—5 岁为中班，5—6 岁为大班。小班以保育为主。根据教育部制订的《幼儿园工作条例》（试行草案）规定，中班和大班教育内容包括思想品德、常识、识字、计算、语言（包括讲故事、说话、谜语）、体育（包括体操、游戏）、音乐（包括唱歌、舞蹈、音乐）、美术（包括绘画、自制玩具）等。幼儿园的课时设置，一般大班每周上课 12 节，每节 30 分钟；中班每周上课 10 节，每节 25 分钟；小班每周上课 6 节，每节 15 分钟。采取“保教结合”“寓教于娱”“因材施教”的形式，运用启发式传授幼儿粗浅知识，增强幼儿身体健康，开发幼儿智力，培养幼儿学习兴趣、优秀品德和文明行为习惯。一般只进行教学，不举行考试。

2010 年，县城幼儿园一般都配有棉絮、被子、褥子、垫单、蚊帐、小床、枕头、毛巾、围兜、太阳帽等用品，有洗衣机、缝纫机、电熨斗、电话机等用具，有课桌、文柜、幻灯机、幻灯片、电子琴、手风琴、录音机、录音磁带、磁性教具、羽毛球拍、腰鼓等教具，有电动汽车、电动钓鱼、积木等玩具，有的幼儿园配有空调、彩电等家用电器。乡镇幼儿园及各小学附设的学前班，幼儿教育设施较少。

（二）小学教育

1978 年后，经过几次调整和初步改革，小学教育逐步回到正常和健康发展的轨道。1982 年，为解决部分家庭学生需要帮助照看弟妹、家务劳动或弟妹轮流学习等实情，在自然寨比较集中的农村，由生产队集体举办简易小学，学制、考试制度与民办小学相同，设思想品德、语文、算术、常识、体育、音乐、美术等科课程，教学时间灵活。1983 年，贯彻贵州省教育厅制发《贵州省农村五年制简易小学教学计划》（试行草案），秋季在县境试行。1984 年，全县办简易小学 74 所 137 班，在校学生 3796 人，教师 137 人。1989 年，全县办 34 所（处）45 班，在校学生1164人，教师45人。1990年，改名称教学点，全县有教学点44处，在校学生1000余人。1990年，全县有公办初小1所4班，学生55人，教师4人；有完全小学99所239班（高小班），学生6776人。1991年，全县共有小学122所878班，在校学生24189人，教职员工1069人（其中公办小学60所453班，在校学生15531人，教职工771人；民办小学62所425班，在校学生8658人，教职工298人）。1994年3月，经州政府同意，羊桥土家族乡小学改为羊桥土家族乡民族小学。5月，按照《中国教育改革和发展纲要》及省、州要求，对《岑巩县教育发展“八五”计划和十年规划》中关于基本普及九年义务教育规划进行调整，将全县小学划分为三类：一类，城关小学；二类，各乡镇的中心完小；三类，各村寨小学及教学点。2000年，思旸镇、水尾镇、天马镇、龙田镇、客楼乡基本普及九年义务教育。2000年底，全县小学校点合计150多所（个），其中绝大部分为农村小学校点，共有876个班，其中班名额在10人以下的20个。2002年，岑巩县被列为实现基本普及九年义务教育和基本扫除青壮年文盲县，县政府与州政府签订2002年通过基本普及九年义务教育评估验收和基本扫除青壮年文盲复查目标管理责任书。2002年年底，全县适龄儿童总数24736人（其中三残儿童240人），正常儿童入学24376人，适龄儿童入学率达98.54%。为加快义务教育进程，新建和改扩建小学校舍，推进小学布局结构调整，提高教育投资效益和教育质量，2002年，县政府批转县教育局《关于岑巩县十五期间中小学布局结构调整意见的通知》，调整后，全县共有115所小学。2008年，按照小学就近入学，初中相对集中，优化教育资源配置，积极发展高中阶段教育的原则，撤并9所生源少、办学效益低的小学校点。截至2010年，全县小学95所，班级605个，入学人数21965人，教职工1140人。

（三）初中教育

1978年后，教育领域拨乱反正，按照“调整、改革、整顿、提高”的方针，将岑巩中学、天马中学列为全县重点中学。1983年，全县有初中5所、附中8所、民办中学2所，共65班，学生3090人，教职员工203人。学生数比1976年减少68.6%，班数减少44.8%。1986年，对全县8所附中，除平庄、杨柳两所外，将大有、注溪、天星、凯本、羊桥、客楼6处改为初级中学，单独设校。1990年，全县有公办初中11所，附中1所，共77班，在校学生4369人，教师

292人。1991年，全县共有公办中学11所，80个班，在校学生4364人，教职工341人。1994年3月，经州政府同意，羊桥土家族乡初级中学改为羊桥土家族乡民族中学。1995年4月，县政府批准平庄乡初级中学独立设校，1997年，贵阳私立春风学校与羊桥土家族乡联合开办私立春风学校岑巩县羊桥分校，校址位于杨柳。2004年7月，春风学校岑巩县羊桥分校停办，学生全部转入羊桥土家族乡初级中学就读。2000年11月16日，经州政府批准，同意新建岑巩县民族中学。2001年11月4日，经县政府批准，岑巩中学初中部合并到思旸镇初级中学，地址设在岑巩中学；岑巩中学高中部与岑巩民中合并，地址设在岑巩民中。2003年8月，岑巩中学搬迁至新兴，与岑巩职中合并，岑巩中学校址划归思旸镇初级中学，岑巩中学初中班转至思旸镇初级中学。2003年，岑巩中学初中班转至新建的新兴初级中学，岑巩中学成了单纯高中。2003年9月，新建的新兴初级中学正式开班上课。2010年全县共有初中12所，班级213个，在校学生11268人，专任教师609人。

（四）高中教育

1978年，全县有完中6所48班，学生2236人，教职员工167人。其中，高中17班，学生848人，教职工60人。1979年、1981年两次进行调整，确定岑巩中学为重点中学，取消羊桥附设高中班，停止招新生；岑巩二中高中班并入岑巩中学；水尾、天马、龙田3所中学停止招高中新生。1982年，全县有完中1所14班，学生706人，教职工72人。其中，高中8班，学生406人，并由2年制改为3年制。1985年，恢复岑巩二中招收高中生。1986年，并入岑巩职业中学。1990年，县境有完中1所，高中14班，学生680人，教职员工44人。

1991年，岑巩中学有高中部15个班，在校学生673人，高中专任教师42人。是年招生244人，毕业192人。2002年，高一新生全部录入岑巩民中，先遣18名教师授课。2003年7月，县委、县政府以岑巩民中设置为依托，组建岑巩中学（原岑巩中学思旸校区撤销）。8月，岑巩中学、岑巩民中、岑巩职中合并，一所学校三块牌子，合并后只招收高中学生，初中招生则分散到新建的新兴初级中学，不再担负初中基础教育。是年全校有高中班级34个，在校学生1768人，教职工人数128人。2010年年底，岑巩中学占地75500平方米，建有1栋教学楼3050平方米，1栋教学实验楼3295平方米，1栋学生食堂餐厅1722平方米，3栋学生公寓 8926 平方米，推土填方建成运动场 38000 平方米，教职工集资建房 3 栋 8150 平方米。除利用好原有电教设备外，改扩建了多媒体语音室、微机室、生化室、物理室、电工实验室，初步实现电化教学、实验设备现代化。是年全校有高中班级 34 班，在校学生 1788 人，教职工 128 人，其中专任教师 107 人。

2001 年 1 月 16 日，经州政府批准，同意新建岑巩民中。2001—2003 年 7 月，岑巩民中征地和规划落实后，建设校园、校舍，增添教育教学设备等。学校争取各种资金 1260 万元，挖坡填沟平整场地，挖运土方近 7 万立方米；修筑堡坎近 500 立方米，修建体育运动场等各种竞赛训练场地，安装必用体育设备。新建校舍面积 17261 平方米，其中教学大楼 1 栋，科技实验大楼 1 栋，师生食堂加礼堂及总务处办公楼 1 栋，学生公寓楼 3 栋。完成 50 余万元的配套设施建设和近 100 万的教学设备添置和安装工程。2002 年，高一新生全部录入岑巩民中。2003 年春，建成岑巩民中校园，可供 2000 余学生学习和生活，初具封闭管理条件，教室宽敞明亮，教学设备较为完整。

2004 年 9 月，江西九江人丁立希租借原思旸镇初级中学创建民办思瑞中学。第一期招收高一新生 533 人，生源基本是公办高中落榜生。设 8 个班，有教师 21 人。学校根据县政府规划，在新县城征地 40370 平方米，新校区建设规划分三期进行，按 2004 年价格预算，总投资为 2175.5 万元。2004 年 10 月，动工建设思瑞中学。2005 年 7 月 4 日，经县政府批准，划拨教育用地 56 亩（岑巩民中西校区）用于兴建思瑞中学（使用年限为 50 年）。县政府斥资 470 万为思瑞中学在新校址上兴建 1 栋综合教学楼（6600 平方米），租给思瑞中学使用。根据双方协议，建成的教学楼产权属于岑巩县，思瑞中学只是租用，租用期间的修缮费用由学校承担。2006 年 8 月，完成第一期建设，建成教学楼 6670 平方米，学生宿舍 6940 平方米，学生食堂 1230 平方米，其他附属设施约 3500 平方米。2006 年 8 月，学校正式迁入新校区，并进行第二期建设。2007 年 8 月，完成 320 米道路硬化，36 米 ×35 米的篮球场硬化及教工宿舍 D 栋、C 栋修建。完成校园绿化第一期工程，实施绿化第二期工程。2009 年 12 月，思瑞中学新校区建设完成建筑面积 2.07 万平方米，总投资约 1450 万元。投资 4 万元建成图书室，藏书量 3000 多册。投资 10 万元建成阶梯教室和投影室，投资 5 万元建成物理化学生物实验室，初步配备体、美、音教学设施，实现办公、考勤和学籍管理自动化。

2010年起，学校实施第三期建设。2005年，招收高一新生570人，共有17个班，教师48人。2006年招收高一新生649人，共有28个班，教师78人。2006年8月，思瑞中学迁入新校址。2007年招收高一新生502人，是年在高二年级开设1个日语试验班，让英语基础薄弱的同学改学日语，受到学生欢迎。2008年，招收高一新生204人。2009年，招收高一新生301人，有36位学生以日语作为外语参加高考，是全省唯一的日语考场。2007年6月，思瑞中学首届学生毕业，毕业人数423人。是年考入一本高校6人，考入二本22人，考入专科学校78人。2010年，学校有在校高中生696人，设有14个常规教学班，体育、美术、音乐各1个特长班。14个常规教学班中，高一年级5个班，高二年级4个班，高三年级5个班。有专职教师40人，行政后勤管理人员13人，工人（炊事员等）11人。教师待遇根据学校制定的工资方案执行。

## 二、职业技术教育与成人教育

### （一）职业技术教育

1986年4月11日，创建岑巩职中，学校位于原岑巩师范学校内（新兴村屋背冲村民组），学校占地总面积1万平方米，校舍占地总面积708平方米，校舍和各项设备价值约10万元。经县政府批准，岑巩县师范学校把校舍、校产和各种设备整体转让给岑巩职中使用和管理。学校面向全县招生，主要对象是初中毕业生，坚持自愿报名，经县招生办公室统一考试，择优录取，学习年限为3年。学校始建时没有委派校长，由教导主任主持学校工作。学校与有关部门配合，根据需要举办不同类型的短期专业培训班，培养县内技术人才。

1990年，招收畜牧专业新生40人，在校学生88人，有教职工16人。1991年，岑巩职中与岑巩二中合并，实行一套人马两块牌子。是年招生64人，在校学生99人，教师26人。1991—1993年，学校招生由县教育行政部门下达招生计划，把指标分配到全县各初级中学进行招生。1994年，由学校自行自主招生，连续两年出现招生困难现象。1996年，岑巩职中根据经济结构调整和劳动力市场变化，调整专业设置，增强专业适应性，开办工艺美术、旅游服务、体育师资等6个专业班。是年招新生198人。1997年，开办机械加工、应用电子、农电管理、法律4个专业5个班，招生175人。1998年，岑巩职中开办家电维修、电脑文秘、经济管理、法律、汉语师资 5 个专业 6 个班，招生 202 人。1999 年，开办电工技术、电器维修、计算机应用、文秘电脑、经济林、畜牧兽医、茶叶等 7 个专业，从是年起，电工技术、电器维修、计算机应用、文秘电脑 4 个专业的学生毕业后，可直接报考对口大学。招生时报考以上 4 个专业的学生，必须参加初中毕业考试暨普通高中招生统一考试，由县教育局统一划线录取，是年共招新生 213 人。2000 年，岑巩职中有学生（电工电子、综合班、畜牧班、经济林两个班）213 人。2002 年起，招收普通高中班。2003 年，岑巩职中合并到岑巩中学。

2007 年，县委、县政府决定，重新筹建岑巩职中。5 月，从县中小学选调 5 名具有丰富管理经验和实践能力的中学校长和 1 名教辅站站长，组成岑巩职中筹备领导小组，由原思旸镇初级中学校长姚茂堂任组长。7 月上旬，在全县进行招生宣传，2007 年招生 370 余人。8 月，在全县教育系统考核任命 9 名中层干部，公开招聘 7 名教师，暂时利用新兴初级中学部分校区开班教学。岑巩职中复建之初，提出“就业导向办职校，改革创新谋发展”发展思路，以培养学生“人人懂礼貌有知识，个个守法纪有技能”高素质技能型人才为目标，以培养学生如何做人为首要任务，开展“真情、真心、真诚”实践教育。

2007 年上半年，县委、县政府在新兴大园路重新征地兴建岑巩职中，聘请浙江省宁波市亚瑞建筑设计有限公司专业人员对新校区进行总体规划设计，规划面积 57400 平方米，总建筑面积 23529 平方米，总投入 3000 万元。新校区建成后，可满足 2500 人的办学规模。是年有 30 名学生参加高职考试（对口考大学），录取 28 名。

2008—2010 年，岑巩职中借用新兴初级中学场地办学，开设全日制专业 4 个，即电工电子技术、计算机运用、文秘、电子电器运用与维修，3 个年级，每个年级每个专业 1 个班。2010 年年底，岑巩职中开设有电工电子技术、计算机运用、文秘、电子电器运用与维修专业，共 12 个班，在校学生 649 人（含联合办校、在外实习学生），有正式教职工 25 人，其中本科学历 19 人，专科学历 6 人；专任教师 16 人，专业技术教师 4 人；中学高级教师 7 人，中级教师 10 人，初级教师 8 人。有电脑 86 台，电工电子设备 42 套，实验设备 42 台。

（二）成人教育

在中师函授教育方面，1985 年 2 月，中师函授广播学校岑巩工作站成立。9 月，正式招生 127 人。其中，公办小学教师 20 人，民办小学教师 97 人，代课教师 10 人。分设思旸、水尾、天马、龙田 4 个教学点。开设教育学、心理学、语文（包括文选与写作、语文基础知识、语文教材教法）、数学（包括代数、函数、算术基础理论、几何、数学教材教法）、历史、地理和自然（包括物理、化学）等课程。1988 年，参加结业考试 83 人，及格 61 人。未及格者列入 1988 年重新学习，第二期择优录取 68 人。1991 年，县教育局发文，要求对 1991 年 9 月 1 日年龄在 35 岁以下的公办小学教师和 40 岁以下的民办小学教师，凡是不具备合格学历的，必须参加中师函授学习。1994 年，根据国家教委《中小学教师考核合格证书试行办法》规定，对在职的小学公办、民办教师（含职员）和教育行政干部，凡 1986 年年底以前参加工作，教龄不足 20 年，年龄在 35 岁以下的公办、民办小学在职教师，未达到中师毕业学历的，均要求报考中师函授学校，通过培训达到中师毕业学历。本次培训共计 90 人（最后一批招生），年底，有 179 名小学教师获得中师毕业文凭，46 名教师获得专业合格证。根据国家《走向 21 世纪教育振兴行动计划》和《中国教育改革和发展纲要》，2010 年底，小学和初中专任教师的学历分别提升到专科和本科层次。1994 年，成立贵州省卫电师专岑巩辅导站，施行“三沟通”学习形式，即自学考试与电视广播教育、函授教育相沟通，对中小学教师进行大专学历培训，至 2000 年，共计培训教师 12 人。2000 年，贵州省卫电师专岑巩辅导站停办。2003 年 10 月 8 日，为规范教师培训机构，正式成立岑巩县教师培训中心，承担中小学教师学历提升培训任务。

在会计函授教育方面，1988 年 4 月，成立中华会计函授学校岑巩函授站，设在县财政局。学制为 3 年，毕业后享受中专待遇。招收对象主要是各行政事业单位和企业的在职职工，实行函授、电教、面授“三位一体”教学方式。学习课程设置 16 课，必修课 13 课，共计 2560 学时，其中自学 1700 小时。1990 年，招收学员 63 人，是年毕业 27 人。1991—1998 年，累计招生 316 人。1998 年，根据上级财政部门要求，每年均对会计人员分期分批开展继续教育业务培训，内容有《会计基础工作规范》《中华人民共和国会计法》《行政事业单位会计相关知识》《会计职业道德培训教材》《会计电算化》以及相适应的微机知识等，提高知识和专业水平。培训方式为集中培训学习，一般在5—20天，培训结束后进行结业考试，考试合格后发给结业证书，截至2005年，共培训1898人次。2005—2010年，会计人员培训均采取自学和网上学习考试方式，对于考试合格者，年检会计从业人员资格证。

在电大教育方面，考虑各类成人高校和成人中专每年招生的名额有限，许多干部由于工作关系不能离开工作岗位，还有部分干部因为家庭实际困难不能长时间外出，许多中青年干部渴望接受提高学历教育，县人事部门经过省、州有关部门批准，1993年开设“行政管理”电视中专班，是年招收学员167名，接受电视教育形式学习。1994年，开设“行政管理”电视大专班，50名干部不脱产学习。至2004年年底，470名干部获得毕业证，其中电视大专班306名，电视中专班164名。

在卫电师专函授方面，1994年3月1日，成立贵州省卫电师专岑巩辅导站。是年3月12日，贵州省卫电师专岑巩辅导站中文辅导班在县教育局正式开班。招收学员按省教委有关要求招收至1994年年底教龄不满20年、年龄在35岁以下、学历达不到《中华人民共和国教师法》规定标准的在职公办教师，按照教什么、学什么、专业对口、工学一致原则，进行函授学习，让初中不合格学历教师学历达标和部分小学教师提高学历层次。

1994年，贵州省卫电师专岑巩教学班报名学习77人，本届毕业35人。至2000年年底，参加卫电师专学习的中小学教师共123人。2000年以后，由岑巩县教师培训中心承担中小学教师的学历提高培训，贵州省卫电师专岑巩辅导站停办。

1994年，在岑巩县教师进修学校基础上建立贵州广播电视大学岑巩县工作站。1994—1996年，开设历史、政教、中文3个专业的大专班，学生主要来自教育系统的教职工，共计毕业120人。1996年年初，贵州广播电视大学岑巩县工作站停办。

1996年，县政府批复同意岑巩职中设置贵州广播电视大学岑巩县工作站。1997年春，招收成人大专班汉语言文学专业72人，法律专业65人，经济学专业56人，共计193人。1998—2006年，贵州广播电视大学岑巩县工作站实行开放教育办学，先后开设汉语言文学、英语、财会电算化等多个专业班，共计毕业480余人。2007年，贵州广播电视大学岑巩县工作站招收本科班，开设教育管理、经济学、法学专业，有学员近80人；专科班开设小学教育、法学、行政管理、水利水电工程、幼儿教育等专业，有学员近200人。2010年年底，本科班学员尚在读，专科班学员全部毕业。

## 三、教师

（一）教师队伍建设

1978年，全县有教师783人。1984年，全县教师有1268人。其中，普通中学教师为298人、职中教师15人、师范教师12人、小学教师935人、幼儿园教师8人。1990年，全县有教师1717人。其中，普通中学教师336人、职中16人、私立中学10人、小学教师1085人、幼儿园教师25人、代课教师245人。按全县总人口数，1990年，每千人有教师9.34人，教师总人数比1950年增长20.2倍。在教师队伍中，有中学高级教师14人、一级教师73人、二级教师57人、三级教师76人；小学特级教师2人、高级教师16人、一级教师195人、二级教师201人、三级教师166人。1991年，对教师队伍进行清理整顿，清退部分代课教师和临时工，年底共有教师1221人。1993—1998年，全县教职工逐年增加。2000年，实施九年义务教育，小学毕业生不再进行升学考试，全部进入初中学习，同时对17周岁以下的初中未毕业而离校的学生实行补偿教育，初中学生猛增，初中教师出现不足，是年招考40名教师，补充到小学和初中。从小学抽调一批能胜任初中教学工作的教师，充实中学教师队伍。从2001年起，县内对中师毕业生不再实行分配，根据教师缺编情况，实行招考录用制度。经招考择优录用教师，原则上安排到缺编的村级小学任教。2002年起，对专科毕业生不再实行分配，补充教师实行统一招考制度，面向社会招考。招考小学教师要求大专学历及以上，招考初中和高中教师要求本科学历及以上。2006年，通过教师招聘和招考，共补充中小学教师57人，其中通过招聘考核补充中学教师27人，通过招考补充乡镇小学教师30人。2008年，全县有教职工1951人，专任教师1835人，其中幼儿园专任教师15人，学历达标15人，占100%；小学专任教师1052人，学历达标1046人，占99.43%；初中专任教师578人，学历达标572人，占98.96%；高中专任教师171人，学历达标149人，占87.13%；岑巩职中专任教师19人，学历达标19人，占100%。全县有代课教师68人，其中中学7人，小学61人。2008年，招考录用教师40人。2009年，招考录用教师78人。2010年，招考录用教师95人。截至2010年，全县各级学校共有教职工（包括专任教师和代课教师）2061人，其中普通中学827人，职业中学24人，小学1140人，幼儿园70人。

（二）教师管理

1990年前通过考试，有76位民办教师转为公办教师。1990后，根据国家政策，采取各种措施，对长期担任民办教师的人员进行考核，择优逐步转为公办教师。1991—2000年，全县共286名民办教师转为公办教师，民转公工作结束。

1991—1998年，中学校长、教导主任由教育局提名，报请县政府批准任命。小学校长、教导主任由学校所在地的乡镇政府任免，抄送教育局备案。中学教师的调动由教育局办理，小学教师在乡镇范围的调动、调整由乡镇办理，抄送教育局备案。教师跨县、跨地区的调动，由县教育局办理。1999年，教师的人事管理权，由县教育局统一管理。

对代课教师分长期和短期两种情况进行管理，在教师缺额的学校，为了不误教学，请长期代课教师。在职公办教师请事假、产假、病假，暂不能回校工作，请临时代课教师。长期代课教师和临时代课教师，都必须由学校报请当地党委、政府批准，抄送教育局备案。1997年，对代课教师和临时工予以清退。

2000年，根据全县小学教师编制及教师情况，对缺编小学实行空岗补员，采取从中专以上毕业生中公开招考形式，择优录用到缺编学校工作，中师生不再全额分配。按照招考录用计划，是年录用小学教师80人。2003年起，凡新增教师不再实行分配制度，一律实行招考。2001—2005年，全县通过招考，新增小学教师190人，初中教师221人，高中教师11人。从2006年起，岑巩中学、新兴初级中学、思旸镇初级中学、新兴第一小学、新兴第二小学、思旸小学、思旸第二小学教师缺编进人，除根据缺编职数从本年的招考录用中补充或根据工作需要提调任学校中层干部职务外，凡从县内乡镇学校调入的教师一律按规定条件进行考核、考试择优录用。2006年，招考录用26人。2009年，招考录用41人。2009年秋，县内首次招聘特岗教师32人，其中国家级15人，县级17人。2010年秋，招聘特岗教师58人，其中国家级29人，县级29人。

2010年秋，岑巩县推行“四制一目标”管理，学校校长的选拔任期和任免，根据国家教委颁发的《全国中小学校长任职条件要求》规定，在全县部分中小学教师及教育行政管理干部中选拔。中学校长由县委组织部、县人事劳动和社会保障局、县教育局、县政府教育督导室选拔任用，其他学校校长由县教育局采取组织考察、考核与公开选举、竞争上岗等方式产生，被任命的校长一任 3 年。教职工的聘任由校长在核定的编制总量内，按需设岗，以岗定员聘用。落聘人员，初中教师自己联系到县内其他缺编学校工作，小学教师自己联系到县内其他缺编小学工作。联系单位同意接收后，开出接收证，落聘人员持接收证向教育局申请调动，教育局批准后，按有关规定调动。

（三）教师培训

岑巩重视教师培训，在各个不同时期，举办各类短训班、函授、进修等，对全县教师进行培训，同时组织在职教师自学，提高教师素质和教师队伍知识水平及教育教学质量。根据培训时间和性质，分短期培训、在（离）职进修、常年性在职学习、外出观摩学习等几种形式。

1979 年，在县城区专门举办教师训练班，时间 3 个星期。参加学习的中小学教师 190 余人。1983 年，岑巩县小学教师进修学校成立后，举办培训班 2 期，参加学习的教师 80 余人。同时，组织教师 138 人参加函授学习；还选送 55 人分别到省有关院校深造，其中，学习半年时间的 4 人、一年的 17 人、2 年的 34 人，毕业或结业后均回原学校任教。1986 年统计，中小学教师参加“教材教法过关”考试，考核成绩合格的 746 人。其中，小学教师 599 人、初中教师 117 人、高中教师 30 人。另外，还组织学历未达标的小学教师参加“专业合格证书”文化专业考试，有 26 人成绩合格。

在短期培训上，1991 年，岑巩县按照州《关于举办小学校长师资培训班的通知》要求，组织两批选派 4 人参加州级培训。是年成立岑巩县小学校长培训工作领导小组，下发《关于开展岑巩县小学校长培训工作意见》，采取分乡镇推进的办法进行培训，即由乡镇组织本乡镇中心小学、村级完小的正副校长、教导主任，由县教育局派培训教师到乡镇进行培训。是年 3 月 26—30 日，举办全县中小学领导干部社会主义理论班，各乡镇教育办公室副主任、中学校长、县教育局各股室以上负责人参加学习。

1991—1992 年，先后对全县 11 个乡镇所有的中心小学和完小正副校长及教导主任共216人，分别进行为期3天的培训和考试，对学习成绩优良的进行表彰和奖励。1992年12月2—5日，组织全县中心小学每校1名数学教师和开设有“三算”（珠算、笔算、口算）实验班学校的教师进行“珠脑速算”培训，讲授“三算”教材知识体系、结构、特点、教学内容和方法、“珠脑速算”技术知识。

1996年，根据省委组织部、省教委《关于进一步加强贵州省中小学校校长培训工作的通知》要求，调整岑巩县小学校长培训工作领导小组，采取分级培训办法，即县培训中心负责培训完小和村级完小的正副校长，乡镇负责培训其余村小、教学点的正副校长或负责人。县级培训经费由县财政补贴一部分，被培训人员所在单位负责一部分；乡镇级培训经费由各乡镇自行解决。并对小学校长培训内容进行分解，落实到每个授课教师，要求授课教师写出讲稿、备有教案。是年先后选派初中校长8人、高中校长2人到省、州参加初中高中校长岗位培训。

1997年底，完成所有小学正副校长培训并持证上岗。

1998年起，凡实施“义教工程项目”学校的校长选派到州参加培训，各校各科选派1名教师到州参加新教材培训。

1999年12月，组织全县实验教师和实验技术人员在城关小学进行岗位培训，全县有21所学校的21名教师参加学习。

2002年12月，各乡镇初级中学、中心小学、县直各中小学各选派1名教师，参加全县新教材培训，内容包括基础教材课程、学科教程及部分学科教材。

2004年3月18日—4月10日，从各中学抽派22名教师，分两期参加州远程教育骨干教师培训。

2004年4月10日—20日，对全县各校的115名教师，分两期进行远程教育管理培训。2004年6月，聘请国家基础教育课程改革西南专家组成员、中国青年教师学会常务理事杨东教授到思旸镇初级中学给来自各学校的25名教师讲课。9月28日—10月8日，对新招考的100名教师进行岗前培训，学习教师职业道德、信息技术、通识性课改。

2005年3月，根据省教委《关于对贵州省中小学实验教师和实验技术人员进行岗位培训的通知》精神和全县普及中小学实验室建设工作的需要，对全县中小学实验教师和实验技术人员分三批分别进行为期10天的岗位培训，并对参训者进行考核，为全县中学26名教师、小学9名教师颁发上岗证。培训“两基”

资料员和实验员6期720余人次，确保全员持证上岗。2005年8月20日—24日，对全县中小学的26名骨干教师进行农村中小学现代远程教育“三种模式”（教学光盘播放点、卫星教学收视点、计算机教室）教学应用培训。

2008年，加强对实验教师的业务培训，鼓励教师撰写教学论文和自制教具，开展普及实验教学，提高学生动手操作能力。

2010年，对全县中小学主要负责人、幼儿园主要负责人、分管安全工作的负责人和安保人员进行安全工作、内部保卫工作业务培训。选派全县实验室、图书室和网络管理人员参加州、县举办的专职人员岗位培训。2010年6月，组织教育局各业务股室工作人员、全县各中小学校长、幼儿园园长以及分管安全的副校长或政教主任，参加全国中小学校长校园安全管理国家级远程培训。组织本年聘用的58名特岗教师，参加由州教育局组织的岗前培训。组织开展新任教师岗前培训，完成培训任务116人。选派义务教育阶段学校教务主任12人参加在凯里举办的为期20余天的业务培训，选派10名中小学分管德育工作的副校长、辅导员参加省委宣传部与省教育厅等部门组织实施的“千师万校”未成年人思想道德骨干教师业务培训。免费引进“英特尔·未来教育核心课程”项目，免费培训中小学教师208人。实施“国培计划”中西部项目，积极做好参训学员的遴选与网络远程培训的组织管理，培训教师共计229人。选派义务教育阶段中小学教师44人，参加凯里举办的新教材师资培训等。2010年底，全县小学教师大专以上学历占专任教师总数的61.58%，初中教师本科以上学历占专任教师总数43.97%，高中学历达标率98.6%。全县共有中小学省级特级教师2人，省级骨干教师6人，州级骨干教师47人，县级骨干教师120人，校级学科带头人362人。

在职进修方面，1992—1995年，岑巩县选派350名教师到大中专院校进修。1996年，针对全县体育教师十分短缺的情况，在岑巩职中开办体育教师师资培训班，各乡镇选送2—4名有体育爱好并适合担任体育教师、年龄在30岁以内的在职教师参加培训，培训时间从1996年9月—1997年2月，时间为1个学期，教师在学习期间，各种待遇与学校在职教师相同，学习期满由教辅站统一安排到小学或中学任教。2001年，为了适应“普九”工作的需要和根据省教育厅“关于2003年在乡镇中心小学以上学校开设英语课”要求，在小学在职教师中选拔一批具有一定英语基础的教师在贵州广播电视大学岑巩县工作站进行大专英语培训，进修人员必须参加成人高考取得学籍资格。学习时间2年，学习形式第一年为集中强化训练，第二年利用两个假期进行培训学习。期满经考试合格，发给专科毕业证。2000—2010年，各乡镇根据上级要求和学科教学的需要，每年选派1名中学教师和1名小学教师到大专院校进行培训。

在职培训方面，1992年，采取中师函授与卫星电视教育考试相沟通的办学形式，对学历不合格的教师进行学历补偿教育。1993年，为配合九年义务教育新教材教学，逐步开展“三新”（新课程计划、新教学大纲和新教材）培训。1995年，省教委下发《贵州省小学老师继续教育第一阶段实施方案》。1996年6月，成立岑巩县小学教师继续教育领导小组，制定和颁发《岑巩县小学教师继续教育规划》《岑巩县小学教师继续教育实施意见》。按照“在职为主、业余为主、自学为主，分步实施；坚持标准、保证质量、整体达标”原则，正式启动以师德教育为核心，以九年义务教育“三新”培训为主体，以教师职业技能五项基本功〔“三笔字”（钢笔字、毛笔字、粉笔字）和简笔画、普通话〕为突破口的小学教师继续教育。1998年底，全县小学教师继续教育第一阶段中的“五项基本功”培训告一段落，转入九年义务教育“三新”培训和教师职业道德培训。2000年，岑巩县小学教师继续教育通过州教育局验收，全县小学教师基本职能提高。2001年6月，制定《岑巩县中小学教师继续教育工程实施意见（2001—2005）》。培训分全员培训和专项培训，全员培训内容为职业道德、基本职业技能、学科教学业务；专项培训内容为新任教师培训、骨干教师培训、教学仪器管理员培训、提高学历培训、农村适用技术培训、外语教师培训。2008年9月—12月，中小学教师继续教育进行班主任专题全员远程培训。

（四）教师待遇

改革开放后，连续调整了教师工资，进行工资改革。1978年，升2%的人的工资。1979年，升40%人的工资。1981年，进行工资调整升级的教师720人。1983年，调补教师工资25人。1985年，进行工资改革，教师普遍提高工资。1986年，调升少数人的工资。1989年，普遍增教师工资1级。1990年初，全县中学教职工人均月工资（含职务工资和工龄工资）为87.85元、小学教职工人均月工资87.45元。1991年，执行中小学教师工资标准提高10%的规定，并对具有大中专毕业学历的教师和中教五级、小教三级以上的教师给予生活补贴，全县中小学教师工资总体水平略高于县内其他行业。中小学教师实行国家统一的职务序列和职务工资标准，在此次套改工资后，职务等级标准提高10%。中小学行政人员执行国家统一规定的事业单位职员职务等级工资制度和标准，其中校长等行政人员根据学校的具体情况分别执行三至六级职员职务等级工资标准；中小学技术工人执行技术等级工资标准；普通工人执行普通工人等级工资标准；幼儿园保育员原则上执行技术等级工资标准。国家规定的中小学教师教龄津贴、特级教师津贴、班主任津贴、特殊教育津贴和中小学教师工资提高10%继续实行。中小学教师兼任学校党政领导工作的可以按教师职务确定职务工资，也可以按两种职务中较高的一种职务工资执行。对中小学教师教龄满30年，在教学岗位上退休，获省政府颁发30年教龄荣誉证书者，在工资套改时按在职同职务人员平均增资额10%增加退休费。以后凡符合以上条件的，在教师岗位上工作20年以上，经组织调整在教育系统内做其他工作的，原享受的教龄津贴和提高10%的工资部分予以保留。民办教师按平均不低于30元增资额列入地方财政预算。1993年建立教龄津贴、班主任津贴、特级教师津贴和中小学教师工资提高10%等体现教师职业性质和劳动特点的津贴制度。1994年起，按照国家有关规定，对全县中小学教职工进行年度考核。1997—2003年进行了4次工资调整，各类教师工资不断提高。2009年，对义务教育学校实行绩效工资制，制定《岑巩县关于义务教育学校实施绩效工资实施办法》。2010年，核算审批在职人员1750人，实施绩效工资后，在职人员月均增资802元，退休人员月均增资400元。

教师的社会政治地位得到县委、县政府高度重视。1984年，县委、县人民政府决定，对全县中教五级和小教三级以上教师列为中级知识分子，享受知识分子待遇，对住房用具和家在农村的家属及子女的农转非等问题，给予优先解决。对中小学教师工作教龄在20年以上和大专毕业生连续工作5年以上、中专毕业生连续工龄10年以上的，给予在农村的家属及子女进行了农转非。1986年止，全县办理上述教师的家属及子女农转非共99户329人，并安排子女工作16人。在县各界人民代表会议中，一届会议安排教育界代表4人、二届5人，人民代表大会一、二届安排教育界代表6人，三、九届安排5人，七届安排2人，八届安排7人。县政协一届委员会安排教育界委员17人，二届18人，三届17人。截至1990年，在教师队伍中，全县已发展中共党员211人，发展共青团员394人，教师的政治待遇不断提高。1991年起全县每届的党代会、人代会和政协会，都有一定数量的教师代表名额。有的教师还当选为省州人大代表、党代表、政协委员，出席省州党代会、人代会、政协会。1991—2008年，教师当选人大、政协委员57人，其中女性11人。

在社会待遇上，1980年，教师王祚昌、顾先义被评为贵州省教育先进工作者。1982年，顾亚娟被评为贵州省优秀辅导员，黄贵春、杨昌煜、陈光中、陈园菊被评为贵州省农民教育先进工作者。1984年，县委、县人民政府在县城召开全县教育系统表彰大会，表彰优秀班主任33人、积极分子20人、先进工作者103人。1985年，县转发省人民政府授予30年教龄以上教师的“荣誉证书”62份。1977—1987年，全县有62名教职工被评为省、州级模范和先进工作者。1991—2010年，在每年教师节前后，县委、县政府到教育系统进行慰问，召开表彰大会，对涌现出来的先进教师、优秀教育工作者、优秀班主任、优秀少先队导员、先进集体进行表彰奖励，发给荣誉证书和纪念章或授给模范教师、先进工作者称号，成绩显著的集体和个人积极推荐到州、省、全国进行表彰。1990—2010年，全县教育系统共有60名教师获省、州各种荣誉称号，有1名教师被评为全国优秀教师，有3名教师获国家“希望工程园丁奖”，有1名教师获国家“体育优秀工作者”。

同时招生考试对教师子女给予照顾，凡报考中师的公办、民办教师子女，除少数民族照顾10分外，另照顾10分，是汉族干部的教师子女照顾15分。报考中专的教师是少数民族的照顾10分，其他单位的汉族干部子女报考中专、中师照顾5分，少数民族照顾10分。

在职称评聘上，1993年，根据省人事厅文件关于《贵州省中小学评聘高、中级教师职称推荐条件（试行）》的通知，开展教师职称评聘工作。2005年以前，初级职称（中学二级以下职称、小学一级以下职称），符合评聘条件的100%实行评聘。中学高级职务评聘：岑巩中学按专业技术人员的28%，新兴初级中学按专业技术人员的20%，乡镇初级中学按专业技术人员的15%的比例进行。中小学中级职务评聘（中学一级、小学高级）：岑巩中学按45%，新兴初级中学按40%，乡镇初级中学按30%，县城小学（新兴第一小学、新兴第二小学，思旸第一小学、思旸第二小学）按 6%，乡镇以下小学按 35%，幼儿园按 30% 的比例进行。中级以上职称原则上按比例、空岗数给予推荐指标，经上级专业机构评定资格后，原则上都予以聘任。

## 四、教育管理

### （一）教育教学改革

岑巩县对教育实行“地方负责、分级管理”体制，由县教育局直接管理岑巩中学、岑巩二中和岑巩职中。幼儿园的行政领导和业务领导统一划归教育局管理，明确 1 名副局长分管，普教股指定专人具体负责。全县 11 个乡镇设立教育办公室，一般配有办公人员 4—5 人，负责本地区的教育管理工作和乡镇学校的人事调动及教职工的工资发放。县教育局对全县教育进行业务指导，推行目标管理责任制，对其所属股室、乡镇教育办公室、岑巩中学、岑巩二中和岑巩职中制定目标管理分级责任制度。岑巩县教育科学研究室（简称教研室），是县内专门从事教学研究工作的业务机构，1993 年工资改革，县教研室属事业编制，实行专业技术职务工资制度，仍享受教师待遇。2005 年，全室共有教研员 6 人，其中中教一级 1 人，小教高级 5 人。各中学分科成立教研组，中心小学分别成立语文、数学两科和其他各科（一般以相近学科成立）教研组织，中心小学则成立综合教研组。

1995 年秋，贯彻实施《中国教育改革和发展纲要》《面向 21 世纪教育振兴行动计划》和上级文件精神，加快教育改革步伐，深化学校内部管理体制，经县政府批准，在思旸镇初级中学、凯本中心小学实行校长负责制试点。规范校长职责，明确校长权利和义务，推进学校管理。1996 年，天马镇初级中学推行校长负责制。1998 年，在城关小学、天马中心小学推行校长负责制。1997 年 7 月，县政府批准县教育局推行《岑巩县中小学校长负责制实施方案》和《岑巩县中小学校长负责制实施细则》，对实行校长负责制学校的办学目标和校长的选拔、任期、任免、职责、职权、校长与学校党群组织的关系及校长工作的检查与评估等都作了明确规定和具体要求。制定实施路线图，分三步走：第一步，从 1999 年 9 月起，县中等职业技术思旸镇初级中学、天马镇初级中学、龙田镇初级中学、城关小学实行校长负责制；第二步，从 2000 年 9 月起，其余中学、中心完小实行校长负责制：第三步，从2001年9月起，县中小学全面实行校长负责制。同时出台《岑巩县中小学常规管理基本要求（试行）》，加强教育行政管理，推动学校发展。

2003年5月，根据中共岑巩县委、岑巩县人民政府关于基础教育的指示，县政府批准执行县教育局、县人事劳动和社会保障局、县财政局联合下发的《岑巩县中小学推行“四制一目标”管理方案（试行）》。“四制一目标”（即实行校长负责制、教职工聘任制、岗位责任制、结构工资制和教育目标管理）管理的主要内容实行校长负责制和教职工聘任制，在组织保证的前提下，教职工实行双向选择、竞聘上岗竞争上岗；校长通过民主选举、竞争或招聘等，经过组织部门考察，按干部管理权限予以任命；赋予校长相应权利，明确校长相应职责；校长在有效监督机制下，对学校实行民主管理，学校的中层干部和教职工由校长聘任，教职工的工作绩效由校长进行考核和奖惩。实行岗位责任制和结构工资制，实行因岗定人，明确职责，工作绩效与工资挂钩，拉开工资收入档次，打破平均分配制度，将教师工资、津贴或学校其他经费单列，作为教师岗位责任目标经费，由学校统筹安排，用于兑现岗位责任目标绩效。实行教育目标管理，县教育局根据每年教育事业发展的需要制定总目标，并将总目标分解到各教辅站、中学，各教辅站将目标分解明确到村级小学，各校将目标分解明确到中层干部和教师，总目标指导分目标，用分目标保证总目标，建立起一套全员参加、全程管理、全面落实、动作科学有序的教育管理体系。2003年秋季学期，在全县条件较好的岑巩民中、思旸镇初级中学、水尾镇初级中学、新兴第一小学、思旸镇新光小学等24所中小学进行“四制一目标”管理。2004—2010年，在全县各中学、各小学普遍推行“四制一目标”管理体制，完善各项管理规章制度，深化学校内部管理体制改革，优化教育结构，提高教育质量和办学效益。2004年9月—2010年，全县所有中小学实行“四制一目标”管理体制。

（二）教育督导

1992年4月，成立岑巩县教育督导室，设在县教育局，原县教育局督导室自行撤销。县教育督导室配备主任1名，副主任1名，二人均为县政府兼职督学。1993年，县教育督导室改为县政府教育督导室，为同级政府的办事机构，代表县政府行使教育督导职权。1993年12月，县政府下发《岑巩县教育督导制度》，明确县教育督导工作的目的、任务、机构人员、职责权利、经费奖惩及管理等，通过听、查、看、访、议的方式开展评估。1996 年制订《岑巩县初中、小学教育教学质量督导评估方案（试行）》。1997 年 2 月，制定《岑巩县中小学校园环境管理督导评估方案》。1997 年 9 月，制定《岑巩县学校评估方案》。2004 年，制定《岑巩县中小学评价方案》《岑巩县中小学校长评价方案》《岑巩县教学常规管理方案》《岑巩县中小学教师评价方案》《岑巩县教育辅导站评价方案》《岑巩县乡（镇）人民政府教育工作评价方案》。2008 年，县政府教育督导室、县教育局制订《岑巩县中学学生宿舍管理和中学学生食堂管理评估方案（试行）》。2009 年，制定《岑巩县普通高中教育教学质量奖励办法》和《岑巩县义务教育学校教育教学质量奖励办法》，调动教师工作积极性。

1991 年 6 月下旬，全县组成 6 个德育督导评估小组，共 24 人，按《贵州省中小学德育工作评估方案》，通过听、查、看、访及问卷等，对全县中小学进行评估，13 所中学获优秀的 3 所，11 所中心小学获优秀的 5 所。评出岑巩中学、龙田镇初级中学、城关小学、水尾中心小学、天马中心小学、龙田中心小学、注溪中心小学为先进单位，大有中心小学获少先队工作先进组织奖。

1992 年 5 月，对全县各中学、中心小学和乡镇教育办公室的德育（重点学习法律法规文件等）、升降国旗制度、“两史一情”（中国近代史、中国现代史及国情）教育、各乡镇政府关于多渠道筹措教育经费的征收、管理和使用情况等工作情况进行督导评估。1993 年 2 月，全州坚持升降国旗制度评估表彰会上，龙田镇初级中学获一等奖，龙田中心小学获二等奖。

1992 年 6 月 2 日—12 日，对全县各乡镇除龙田镇初级中学外的其余初级中学的办学水平进行督导评估，评为优的 2 所，评为良的 6 所，评为中的 2 所，思旸镇初级中学、龙田镇初级中学、羊桥土家族乡初级中学被评为先进学校。1995 年 12 月—1996 年 5 月，开展对基础教育五项内容督导评估检查的自查自评工作，自评结果为良。在 1997 年至 1998 年度“双线”教育目标管理中，岑巩职中、思旸镇初级中学、注溪乡初级中学、客楼乡初级中学和新兴第一小学、天马中心小学、注溪中心小学分别被县教育局评为先进学校，同时注溪乡初级中学被评为校园环境管理先进学校。

2000 年 12 月，对全县“义教工程”项目学校开展专项督导评估。督导评估的主要内容为校产管理和办学效益，仪器、图书等设备设施使用情况，教育教学常规管理质量等。采取听汇报、实地查看、查阅档案资料、个别访问与座谈、问卷调查、听课及教案作业检查等方式，按自查完善阶段、督导评估阶段、学校整改阶段和督导评估复查阶段进行。2001 年 9 月结束。2001 年 10 月 19 日—26 日，成立县督导评估组，对全县 30 所“义教工程”项目小学，按《“义教工程”项目学校建设管理评估方案》进行评估。

2005 年 2 月 18 日—22 日，成立 18 人的督导评估组，通过听、查、看、访对各乡镇办学条件及目标进行评价，形成督导评估意见。2005 年 12 月，思旸镇初级中学、羊桥土家族乡初级中学、水尾中心小学羊桥土家族乡民族小学被州政府教育督导室授予第四批州级“环境育人先进学校”。县政府教育督导室被州政府教育督导室评为 2004—2005 年度先进集体，李培明、笼安平评为先进个人。

2010 年 5 月中旬，对全县 12 所初级中学、14 所中心小学和 3 所高中（含职中）德育工作进行专项督导评估，评出先进学校 7 所。2010 年 7 月，对天星乡初级中学、羊桥土家族乡龙坪小学校园环境进行评估，2 所学校被评为“校园环境育人先进学校”，并申报为州级环境育人先进学校。组织对新兴初级中学、新兴第二小学进行复查评估，通过复查评估，2 所学校确定为全州义务教育阶段学校常规管理“优秀学校”，受到州教育局、州政府教育督导室表彰。

2010 年 5 月，岑巩中学向省教育厅、省政府教育督导室申报为省级示范性普通高中。

2010 年 12 月，省教育厅组成专家评估组，对岑巩中学申报工作进行评估，肯定了取得的成绩。截至 2010 年年底，全县共有校园环境育人先进学校 18 所，其中中学 9 所，中心小学 5 所，村级小学 4 所。

（三）招生考试

1990 年，经县编委办公室批准，成立县招生委员会办公室，受县政府和上级招生委会员的双重领导，负责统一招生和统一考试，在教育局下设办公室，编制 2 人，内设主任 1 人，专职办事员 1 人。

县内小学招生严格执行义务教育法的有关规定，依法保护适龄儿童入学。凡年满 6 岁的儿童，不分性别、民族、种族，都要入学接受小学义务教育，条件不具备的农村，尤其是村小及教学点，可以推迟到 7 周岁入学。全县残疾儿童入学，必须达到上级规定有关指标。在小学招生上，不需进行考试，凡达到规定年龄的直接入学，其中部分新入学的儿童接受过学前教育，主要集中在县城及乡镇所在地。从1991—2010年，共招适龄儿童人学87459人。

1990年8月，县政府决定从秋季学期起，县城关地区的岑巩中学、岑巩二中、思旸镇初级中学初中招生采取统一划线、分片录取。1992年，全县将思想品德科目列入语文考卷范围，分值20分。1994年前，初中招生由州教育局统一命题制卷，考小学语文、数学两科，由县教育局统一组织考试、评卷。从1994年起，初中招生由县教育局统一命题、制卷、考试和评卷，有的年份根据上级招生安排，考试科目除语文、数学外，加试思想品德科或自然科，并将其成绩按一定比例计入录取总分。随着全县普及初等义务教育，小学毕业生逐年增加，各中学除录取上级下达的计划数外，另增加插班生即代培生。2000年，普及九年制义务教育，小学毕业全部免试进入初中学习。2002年，全县共有初中12所，在校学生11814人，其中当年招生4511人。2003—2004年，巩固和提高“普九”成效。2004年，全县共有初中13所，在校学生12632人，其中当年招生4013人。2005年，全县共有初中13所，在校学生12632人，其中是年招生4013人。

1991年，县内中专、中师、高中及职业高中招生由黔东南州统一命题、制卷，岑巩县统一考试。考试科目为语文、数学、政治、物理、化学、英语。中专、中师进行预选考试，达到预考线的考生方可参加中专、中师正规考试，中专、中师预考按3∶1的比例确定决考人数。1991年，全县共有高中1所，在校学生673人，其中当年招生64人。全县各初中由于补习班增多，每年历届生录取比例较大。1992年起，根据州教委规定，中考语文、数学两科增至120分，升中专、中师按应、历届6∶4的比例进行录取。中考报考中等专业学校由黔东南州统一命题并且由各县考试和评卷，分类录取，不再进行预选考试，并将部分指标划到边远乡村进行招生，定向录取，定点分配。1994年，中专、中师及高中招生按应、历届7∶3的比例进行录取，同时加试体育科目，根据州教委要求的有关项目进行统一测试，其成绩按规定比例纳入录取总分。当年中师招生4年制师范生，以州教委公布的贫困村为准，按州下达的计划数，对符合规定的乡镇村中的学生，从德、智、体全面考核，按照择优录用原则，招收4年制师范生。当年中等专业学校招收自费生和定向分配生。县农业、林业、卫生、畜牧等系统按照上级有关规定，根据当地人才需求实行单独招生。1994年中考，录取中专38人，中师46人。全县高中1所，在校生6人，其中当年招生240人。全县职校1所，在校生185人，其中当年招生40人。1999年，中考实行统一招生，不再分中专、中师、高中报考，根据学生填报自愿进行录取，先录师范、后录中专。2002年，中考招生改革，语文、数学、英语三科均为120分，加试历史、地理和生物学科，考试成绩按一定比例计入录取总分，从初中毕业生中招收5年制专科生。2003—2010年，县内几乎没有报考中专和中师的学生。

县内没有高等学校，县招生办公室履行考试事务，向高等院校输送新生。1980—1986年，实行高考预考制度，预考上线的考生才能参加正规考试。1987年底，取消预选考试制度。1990年，高中学生实行会考制度，高中毕业成绩评定实行会考制和会考不合格补考制，会考成绩合格取得高中毕业证，获得参加全国高考资格。1996年，普通高校招生制度改革，实行“并轨”（不同院校、相同专业统一划线招生）和“双轨”并列招生。2002年，高考进行考试制度改革，推行“3+X”（即语文、数学、英语＋文科综合或理科综合）考试，语文、数学、英语各150分，文、理综分别为300分，至2010年没有变化。

## 五、教学经费与设施

### （一）教育经费

按照省政府实行“分级办学、分级管理”原则，岑巩县逐步建立起国家财政为主、多渠道筹措教育经费的新体制。教育经费的来源主要有三条渠道：一是国家拨款，包括中央、省、州所拨专款；二是县财政拨款；三是乡镇自筹，包括群众集资、社会捐资、勤工俭学收入和收缴学杂费等。2003年，进入巩固提高阶段，“两基”攻坚继续进行，社会各界继续支持，为教育办实事，改善办学条件，救助贫困学生。

1991年2月，按照《贵州省实施〈中华人民共和国义务教育法〉暂行条例》，制定《岑巩人民政府关于中小学人事、经费管理的意见》，全县对教育事业经费进行预算，经县人代会批准后，县级教育经费每年由乡镇财政所统一拨给乡镇教育办公室管理使用。县级教育经费，每年由县财政局拨给教育局管理使用。各乡镇财政所每年对本乡镇教育事业经费的预算情况报县财政局和县教育局，乡镇教育办公室定期将每月教育事业经费收支情况上报县教育局。

全县各级各类学校经费管理情况：岑巩中学、岑巩二中、岑巩职中、岑巩县教师进修学校、贵州省卫电师专岑巩辅导站属县教育局管理，各乡镇辖区内的中小学校属各乡镇管理。1997年秋，全县教育经费由县教育局统一管理。2000年2月，经县长常务会专题研究，全县教职工工资每月先经县人事劳动部门核定后，由县财政部门统一拨到县教育行政部门，再由县教育局发到各学校单位，凡学校教职工超编的，由县教育局统一调整，原请的代课教师实行进一退一，核拨全县各校经费。

1991年，财政拨款325.6万元。2005年，财政拨款4747万元。从1991—2005年，累计财政拨款25017.4万元。

1991年5月，制定《岑巩县人民政府关于贯彻〈贵州省人民政府关于多渠道筹措教育经费暂行办法〉的实施意见》，是年6月，县政府批转《县财政局、县教育局关于明确多渠道筹措教育经费有关具体问题的请示》，按城乡“三税”（产品税、增值税和营业税）的2%计征教育费附加。征收农村教育费附加，根据上级文件精神，对农村按“富裕地区多征、贫困地区少征；丰年多征，灾年少征”的原则征收。1991年，在农村按田每亩1元，土每亩0.5元计征教育费附加，是年征收1.78万元。1993年，县、乡镇财政征收的城市维护建设税，按不低于10%的比例由县财政部门拨给教育部门用于中、小学改善办学条件。1994年，调整征收农村教育事业费附加，农村按上年人均纯收入的1%计征。1995年，按上年农村人均纯收入的1.5%计征。1995年1月，全县干部职工按新工资标准的有关项目之和的1%缴纳教育费附加。2001年，提高征收教育费附加标准，征收的城市维护建设税每年划出5%—10%的比例用于教育，主要用于“普九”。按城乡“三税”3%的比例足额征收教育费附加，按上年农民人均纯收入的1.5%征收农村教育费附加，确保全部用于教育。规定征收其他行业地方教育费附加，广告业按广告费的2%征收，娱乐业按营业额的2%征收，服务性单位如宾馆、旅店和招待所等按营业额的2%—2.5%征收，社会团体购买专控商品，按购买金额的5%征收。国家机关、事业单位在职职工，按工资固定收入的1.5%征收。2003—2005年，中央转移支付资金每年保证50%以上用于教育。2004年4月1日，停止对全县机关、事业单位按基本工资比例提取并上缴财政专户的职工教育费附加。

1991年，县政府号召和倡导群众筹资、社会捐资，多渠道筹措教育经费，改善办学条件。新建岑巩中学实验楼，社会各界捐资4万元。1994—1995年，注溪乡初级中学搬迁、和平庄乡初级中学新建教学楼，当地干部群众和师生捐资5万多元，本乡籍在外工作人员捐资4万多元。1998年，实施“义教工程”，干部群众捐款、投工投劳，天马镇天马村为修建天马中心小学教学楼集资4万多元，水尾镇马家寨、大树林村为马家寨小学解决568平方米土地，并从田坎中修通一条300余米长的公路。是年全县群众为“义教工程”义务投工1200个，开挖土石600多万立方米，捐资8.32万元。

在岑巩县“两基”验收期间，全县倡议社会各界捐款捐物，投入教育115.87万元，其中干部群众捐款28.6万元。县属单位和中央、省、州驻岑挂钩单位帮扶6971万元。县直单位定点帮扶学校，到2005年12月，全县95个部门、单位向各中小学捐款2.9万元和图书、物资等。

从2001年的“两基”攻坚起到2005年年底，共接受社会各界捐资50万元。

在学生收费方面，1991年，县幼儿园（属三类园）全日制开餐收费（教育费保育费、杂费）每生每月60元，全日制不开餐50元。学前班每人每月30元。其他经教育主管部门批准的幼儿园，全日制开餐每人每月50元，全日制不开餐40元，学前班25元。县幼儿园伙食费按每人每月60元计收，其他幼儿园伙食费计收，报县物价、教育部门审查备案。对收取学生课本费、保险费、校服费作出明确要求，规定中小学收费必须纳入学校财务统一收取，统一核算，实行收支两条线，学校到物价部门申请领取《收费许可证》，并使用财政部门统一印制的行政事业性收费专用票据。

从1999—2000学年度起，实行全县中小学生收费卡制度，收费卡由州物价部门监制。2000年8月，根据上级文件精神，县物价局、财政局、教育局联合行文，全县凡经省计算机教育工程办公室批准实施的计算机教育工程学校，在现行规定的杂费、学费标准基础上，相应提高收费标准，高中学费每生每期增加50元，初中杂费每生每期增加50元，小学四至六年级杂费每生每期增加50元，原经物价局批准收取的微机上机费不再另行收取。

（二）希望工程

1991 年，县政协、县团委等主动联结贵州省青少年发展基金会、贵州省工业学院、贵州省电信器材有限公司，北京、上海、宁波、广东等地爱心人士，争取爱心援助修建希望小学。

1996 年，引进社会捐款 14 万元，建成岑巩县第一所希望小学——注溪乡小堡希望小学。1997 年 10 月，争取宁波大谢开发区援助款 20 万元，在天马镇板山援建 1 幢教学大楼和 1 幢教师住宿楼，建成天马镇板山希望小学。引进社会捐款 24.5 万元，建成羊桥土家族乡马家德希望小学。

1998 年，引进社会捐款 5 万元，建成水尾镇驾鳌希望小学（扩建）。1999 年，引进社会捐款 16 万元，建成羊桥土家族乡龙坪希望小学。

2000 年，引进社会捐款 18 万元，建成天星乡民冲希望小学，投入资金 10 万元，建成注溪乡周坪希望小学，投入资金 8 万元。2001 年，县团委引进社会捐款 16.5 万元，建成客楼乡土黄希望小学，投入资金 10 万元，建成天马镇初级中学爱心楼，投入资金 6.5 万元。2002 年，引进社会捐款 52 万元，建成龙田镇胡家若清希望小学、龙田镇老鹰岩大智慧希望小学、注溪乡中寨兆基希望小学。

在岑巩县“两基”验收期间，“希望工程”救助 17.56 万元，争取“希望工程”项目建设资金 52 万元，宁波援助建校资金 30 万元。团县委通过希望工程，得到贵州省青少年基金会、爱心力量有限公司、宁波和山东等爱心人士援助，全县共接受希望工程捐款 322 万元。

2003 年，引进社会捐款 20 万元，建成羊桥土家族乡姚寨希望小学，客楼乡两江坤山希望小学。

2005 年，建成 6 所希望小学。1996—2005 年，修建“希望工程”项目学校 18 所，建筑面积 819.86 平方米，总投资 428.15 万元。2006 年，建成思旸镇铜古田小学和前进小学、大有乡塔山小学、天马镇细出小学 4 所希望小学。2007 年，建成平庄乡观音冲小学、水尾镇长坪小学、龙田镇乐业小学。至 2008 年 6 月，全县共引资援建希望小学 31 所，学生宿舍爱心楼 1 栋。

至 2008 年底，共争取和引进希望工程各类资金 800 多万元，其中学校建设项目款 400 多万元，贫困学生助学金 180 多万元，爱心物资折款 90 余万元。

2009 年，援建羊桥土家族乡郑福小学、客楼中心小学、水尾镇腊岩小学 3 所小学。修建龙田镇安坪小学学生洗澡池1个，注溪乡六部屯小学自来水工程1个。

2010年，投入资金8万元，建设天马镇黄土塘村“春晖卫生室”，投入资金564万元用于羊桥土家族乡卫生院购置设备，投入资金0.44万元，用于羊桥土家族乡龙坪希望小学维修等。

（三）教育基础设施

1991—1997年，全县累计投入615.21万元，用于教育基础设施建设，主要有新建、扩建、改造与维修。1997年年底，岑巩县编制“国家贫困地区义务教育工程”（义教工程）规划，1998年组织实施。1998—2000年，实施第一期“义教工程”项目，总投资1369万元，其中中央专款530万元，省配套163万元，州配套109.7万元，县乡配套263万元，工程项目覆盖全县11个乡镇和新兴开发区，3年共实施项目学校3所，其中中心小学12所，村级完小21所，新建、改建、扩建校舍面积32平方米。2001—2003年实施第二期“义教工程”项目，3年总投资1779万元，其中中央专款801万元，省、州配套321.5万元，县乡自筹656.5万元，覆盖全县11个乡镇和新兴开发区，3年实施项目中小学15所（中学12所、小学3所），新建和扩建校舍面积3.3万平方米，新建教学行政用房（教学楼、办公用房）、学生生活用房（食堂、宿舍）及其他配套设施（围墙、旗台、校门、植树绿化等）。6年通过实施第一期、第二期“义教工程”项目，全县共新建“义教工程”项目学校48所，共计投入资金3148万元，建成校舍面积7.5万平方米，配齐“普九”验收标准的教学设备。2006—2020年年底，先后实施“农村寄宿制学校建设工程”“薄改工程”“初中改造工程”，基本形成一个布局较为合理，教育教学设施较为齐全的基础教育格局。

## 第三节　跨越发展时期

教育是民族振兴和社会进步的基石。要坚持教育优先发展，全面贯彻党的教育方针，坚持教育为社会主义现代化建设服务、为人民服务，把立德树人作为教育的根本任务，培养德智体美全面发展的社会主义建设者和接班人。全面实施素质教育，深化教育领域综合改革，着力提高教育质量，培养学生创新精神。办好学前教育，均衡发展九年义务教育，基本普及高中阶段教育，加快发展现代职业教育，推动高等教育内涵式发展，积极发展继续教育，完善终身教育体系。大力促进教育公平，合理配置教育资源，重点向农村、边远、贫困、民族地区倾斜，支持特殊教育，提高家庭经济困难学生资助水平，积极推动农民工子女平等接受教育，让每个孩子都能成为有用之才。鼓励引导社会力量兴办教育。加强教师队伍建设。

### 一、教育教学质量

岑巩县通过全面实施“两基”攻坚（基本普及九年义务教育、基本扫除青壮年文盲），已经基本解决适龄儿童少年“有学上”的问题，2014 年，为适应贵州扶贫攻坚、后发赶超、同步小康的新形势，为满足人民群众不断增长的高质量教育需求，提出力争用三到五年时间在贵州基本普及十五年教育和基本实现县域内义务教育基本均衡的“新两基”。为推进“新两基”的发展及确保实施的质量，以县为单位对实施“新两基”进行督导评估验收，“新两基”工作纳入县级人民政府暨党政主要领导教育工作督导评估考核指标。2015 年，全县学前三年毛入园率为 89.52%。九年义务教育巩固率 90.74%。全县 16—18 周岁人口 11254 人，已入学 9859 人，高中阶段毛入学率为 87.60%。小学在校学生年辍学率为 0.05%，初中在校学生年辍学率为 1.27%，中职学校在校学生年流失率为 8.61%。进城务工人员随迁子女在流入地义务教育阶段公办学校就读比例为 100%，省级示范性普通高中招收配额生比例为 60%，高中阶段在校生普职比为 5.5：4.5。

2017年，岑巩县学前三年毛入园率达96.80%，九年义务教育巩固率达91.17%，高中阶段毛入学率达90.7%。2018年8月28日，全州基础教育质量分析会在岑巩召开，县内8项关键指标位列全州第一。

2015年，全县共有1807人（文史类考生915人，理工类考生892人）参加高考，其中文科第一批本科上线30人，第二批本科上线121人；理科第一批本科上线68人，第二批本科上线219人。全县二本及以上上线人数513人（含体育、艺术上线人数）。县文科状元631分，理科状元592分。2016年，全县共有1912人考生（理科考生1140人，文科考生772人）参加高考，其文科第一批本科上线39人，第二批本科上线180人；理工第一批本科上线227人，第二批本科上线448人。全县二本及以上上线人数1011人（含体育、艺术上线人数），县文科状元631分，理科状元673分，岑巩第二中学杨婷被清华大学录取。2017年，岑巩县参加高考1817人，一本录取275人，二本录取712人，体艺类录取124人，进入985高校有26人。岑巩县第一中学高考各科成绩均分超过全省平均水平，其中外语平均分比全省平均分高9.93分，理综平均分比全省平均分高23.21分。2017年，州下达岑巩县第一中学一本目标任务155人，实际上线260人，完成率167.60%，名列全州普通高中第3名。2018年全县高考学生1786人，600分以上51人（理科13人，文科38人），理科最高分643分，文科最高分674分。211大学录取167人。一本、二本上线1231人（含体艺），其中一本上线389人（文科80人、理科309人），二本上线842人（文科321人、理科505人，体艺生16人），上线率为68.92%。文化考生一、二本上线共1215人，上线率为68.03%，首次突破1000大关。2019年，高考人数为2078人，理科1238人，文科840人，全县二本及以上上线1292人（含体艺），上线率为62.16%（其中，日语理科班本科上线率达到91%）。

2017年，县内中考700分以上14人，600—699分310人，500—599分1033人。2018年全县中考考生2928人，人均分481.30分，名列全州县市第一，中考录取最低分数线由2017年的411分提高到2018年的452分，录取分数线排全州第三。2019年，中考人均总分高达520分，全县700分以上人数122人，最高分757分，4人进入全州前10，刷新中考历史纪录。

## 二、教师队伍

（一）完善教师准入制度

按“控编补缺、进一退一”的原则，2014 年新增教职工 185 人，其中招聘特岗教师 60 人，事业单位招考 116 人（其中专业技术岗位 112 人，管理岗位 4 人）。按照省定编制标准配置中小学教师，全县通过人才引进、特岗计划、事业单位公开招考和县外调入等方式，2015 年全县引进中学校长 1 人，补充教师 391 人，其中音体美教师 130 人。2016 年引进高中校长 1 人，补充教师 391 人，其中音体美教师 130 人。2017 年，引进高学历和紧缺教师 20 人，招考 32 人，特岗计划招聘 30 人。2018 年，引进急需紧缺人才 22 人，招聘特岗教师 29 人，公开招考教师 42 人，12 月开展两轮招聘，现场签约 11 人。

（二）加强教师继续教育，提升教师业务水平

积极组织教师参加各级各类培训，2014 年，完成县级及以上培训 591 人次（其中远程网络培训 304 人次，校长 27 人次，政教主任 37 人次，骨干教师等集中短期培训 223 人次）。利用假期开展县级新任教师岗前培训、暑假培训 63 人。组织开展 2014 年教师资格证申报，对取得合格学历的非师范类教育专业的社会人员以说课方式进行教学能力测试。完成教师资格证申报 114 人，其中申报高中教师资格 26 人，初中教师资格 14 人，小学教师资格 32 人，幼儿教师资格 42 人。2015 年投入教师培训经费 500 万，培训教师 12611 人（次），组织教师参加“国培计划”“省培计划”超过 72 学时，对新进教师进行岗前培训，持证上岗。2016 年，每年组织教师参加“国培计划”“省培计划”，培训超过 72 学时，投入教师培训经费 285 万元，培训教师 9140 人次。实行义务教育学校校长和教师定期交流制度及教师资格准入制度，每年对新进教师进行岗前培训，持证上岗。全县中小学已无代课教师。2017 年，组织教师参加“国培计划”“省培计划”等各级各类培训 5667 人次，投入培训经费 180 多万元。2018 年组织 1068 人次参加“国培计划（2018）”中西部项目，组织 99 人参加乡村名师研修，选派 606 人次参加新课标研修等州级项目培训，组织 3000 余人次的县级培训。先后派 9 名教科局干部和学校正副校长赴海盐县挂职培训，派遣 33 位学校中层干部赴建德市挂职培训，派遣 30 位心理健康教育教师、派遣 33 位县级名教师与骨干教师赴建

德市观摩学习。协助成立州级名校长工作室2个、名班主任工作室3个、名师工作室3个。协助省级乡村名师李声英工作室完成第二批学员选拔，协助成立省级乡村名师王光顺工作室。2018年12月，成立了县级名校长、名教师、名班主任工作室10个。2019年，全面完成国家、省、州培训任务，“国培计划（2019）”中西部青年教师项目培训、省州“三名”工作室研修活动以及新任教师培训等共计8000人次，人均高达3.4次培训，其中定点帮扶、东西部扶贫协作和《新课标》等县级培训共计4100人次。

（三）不断完善教育质量激励机制

2014年9月10日，“岑巩县教育发展暨第三十个教师节表彰大会”在人民会堂召开，向全县教师致以节日的祝福和问候。县委书记吴明出席会议并讲话，县长吴世胜主持会议，县人大常委会主任、县政协主席和县委、县人大、县政府、县政协分管联系领导参加会议。会上，先进集体代表、先进单位代表和5位优秀教师代表分别作经验交流发言，县领导为获得表彰的优秀教师、优秀班主任、先进教育工作者、教育系统先进集体和尊师重教先进单位代表颁奖。2014年9月28日，岑巩县举办“立德树人，争做四有好老师”师德师风演讲比赛，来自全县各乡镇中小学的30名教师参加比赛。按照比赛规则，从选手们演讲内容、语言表达、综合印象等评选出一等奖2名、二等奖3名、三等奖5名。2015年教师节期间，召开全县教育发展暨表彰大会，表彰涌现出的先进工作者、优秀班主任、优秀教师、优秀校长、教育工作先进集体、尊师重教先进单位和个人，激励争做新时期“四有”好教师。2018年，按照《岑巩县教育教学质量评价奖励办法》和中小学、幼儿园督导评估结果，兑现了2016—2017学年度全县中小学幼儿园督导评估和教学质量奖328万元。2018年，表彰学校（幼儿园）35所和教师125人。2018年评选县级名校长、名教师、名班主任计33人和县级骨干校长、骨干教师、骨干班主任、教学新秀96人。

## 三、教育管理

（一）控辍保学

2014年，先后印发《县人民政府教育督导室关于做好“控辍保学”宣传月活动暨中职招生宣传工作的紧急通知》和《关于进一步抓好“控辍保学”宣传月活动的通知》，重点采取“三个一”（制定一个方案、建立一个机制、开好一次会议）方式开展宣传。各中小学校利用黑板报、墙报、宣传栏和乡镇赶集日等，宣传义务教育法律法规，其中利用黑板报宣传250期次，利用集合集会宣传500余次，入户动员宣传5000余人次，张贴宣传标语300余幅，发放宣传单5000余份。义务教育阶段，学校“控辍保学”工作实行“包保责任制”和“校长负责制”，并层层签订责任书，同时将其作为重要内容纳入县直机关目标考核、乡镇党委政府目标考核及学校综合督导考核。全县辍学率大幅度降低，小学为0.1%，初中为1.2%。

2015年，建立“七长”责任制和“包保责任制”，层层签订“控辍保学”责任状，把“控辍保学”工作纳入对领导干部、校长工作的重要指标，列入乡镇、村干部的目标管理和年底考核，形成一级抓一级、层层抓落实的保学控辍格局。县、乡两级建立流浪未成年人救助保护工作联席会议制度，全面落实留守儿童、困境儿童帮扶工作。各乡镇建立留守儿童、困境儿童管理台账，建立留守儿童、困境儿童干部包保责任制，随时化解他们经济上和心理上的问题。学校对适龄“三残”少年儿童统一登记，采取随班就读或送教上门的形式保证全部入学。

2019年，控辍保学实现动态清零：一是开展精准摸排。全县各义务教育阶段学校通过对近5年来的学生入学情况进行逐一核对，对未在校就读和未毕业的学生进行清理，精准掌握在县内学校辍学的学生情况，同时通过帮扶干部、网格员进行全员走访，精准掌握在县外学校辍学和失学的学生情况。二是动员劝返。做好适龄儿童摸底登记工作，落实义务教育免费就近入学招生政策，保障每一个适龄儿童都有相应的学位，2019年春季学期531名学生在岑巩县中等职业技术学校或重庆工商学校完成义务教育，以普职衔接教育提升学生就学兴趣，防止辍学。三是送教上门。2019年春季学期以来，对能在普通中小学随班就读的残疾少年儿童纳入随班就读，对不能在校就读的重度残疾儿童少年采取送教上门等服务措施，确保残疾儿童少年受教育“全覆盖”，根据县残联提供的名单，共有274名学龄残疾儿童，全部进行了就学安置，其中通过各义务教育学校和州特校为重度残疾儿童少年开展送教上门，共66人423人次，其中本县送教51人408人次。四是开展依法控辍。由县人民政府统筹，建立义务教育控辍保学依法控辍领导小组，建立联席会议机制，并由县法院、县人民检察院、县公安局、县司法局、县教科局、县人社局联合印发《关于敦促义务教育阶段辍学学生返校就读的通告》，在各乡镇、村张贴400余份，向学生家长发放300余份。秋季学期，各县法院六部门联合指导各乡镇组成劝返工作组，分赴广东、浙江、福建、江苏等省份开展劝返，共劝返外出务工学生8人，排查出的82名辍学学生已全部劝返就读，实现了建档立卡贫困辍学学生动态清零。

（二）教育科研管理

2014年，申报省州级课题85个；组织参加学科教师技能大赛活动，获州级一等奖7人，二等奖5人，三等奖3人；组织参加论文评选活动，获省级一等奖15人，二等奖107人，三等奖125人；组织参加全州学科渗透法制教育优质课，获一等奖34人，二等奖25人，三等奖157人。2015年，立项教研课题76个，其中省级课题1个，州级课题23个，县级课题52个。全县教师论文在省级获奖339篇，在州级获奖444篇，做到“以科研促教研，以教研促教学”。开展“学科渗透法治教育示范校”“农村寄宿制管理示范校”“关爱留守儿童示范校”“三生四爱五心五好示范校”等评选活动，各类图书馆（农家书屋）、博物馆、文化馆、青少年活动中心等均免费向学生开放，开展有利于中小学生身心健康文体活动。2016年，立项教研课题84个，其中省级重点课题1个，州级重点课题4个，一般课题41个，县级课题38个。全县教师论文有在省级获奖432篇，做到“以科研促教研，以教研促教学”。2017年，继续推进课堂教学改革，全面提高课堂质量。通过开展片区教研、优质课竞赛、送教下乡（村）教学活动，完善校本研修制度，培育课改实验学校，鼓励教师参与教研教改。共立项课题99个，其中省级课题5个，州级课题43个，县级课题51个。开展全国“一师一优课，一课一名师”活动，县内参加“优课”活动教师共694名，在学校评选出92节县级“优课”推荐上报州、省、部评选，岑巩县内8名教师荣获国家“优课”，42名教师荣获省级“优课”。2018年，为提高教学效果，加强课堂教学改革，建立了教研联合体，建构四级教研网络，形成校本教研、校际联谊教研、片区教研、县级教研相互融合的教研联合格局，为教师专业发展提供更多的平台。岑巩县第一中学与岑巩县第二中学形成帮带性质的合作机制，以公开课、示范课、活动研讨等形式，开展教研活动，提升县内高中学校的整体实力。通过送教下乡活动，城乡教育联系更加紧密，引导各校形成校际联谊教研网络。义务教育通过县内片区教学竞赛等活动，形成县内联片教研的格局。岑巩县第一中学、岑巩县第二中学、岑巩中等职业技术学校以学科教研联合体的形式开展教研活动。2019年，组织各中小学片区“同课异构”、教学研讨、观摩交流等教研活动40余次，组织小学音乐、体育、科学，初中化学、英语，高中语文、物理、化学、生物、信息技术等学科的优质课（技能）竞赛，4月成立10个县级“三名”工作室，9月新成立了1个省级乡村名师工作室，10月成功召开义务教育课堂教学改革研讨会。

（三）平安校园建设

县教育和科技局多次邀请或协同县综治办、县公安局、县交警大队、县卫生局、县工商局、县文广局等单位或部门开展专项治理督导检查，对危及师生安全和权益的不法分子、接纳未成年人的网吧、在校园周边兜售不利于学生身心健康发展的书刊和影像制品等不良出版物的商贩进行严厉打击，整治校园周边存在的严重安全隐患和脏、乱、差现象。

坚持安全至上理念，坚持依法治教，按照《中华人民共和国义务教育法》的规定，落实县、乡镇政府和有关职能部门的履行义务教育职责，完善“以县为主”的农村义务教育管理体制。通过知识讲座、知识竞赛、安全演练、宣传教育专项督查等形式，开展法制宣传活动和执法检查，规范办学行为，强化各级各类学校安全教育。县内各中小学、幼儿园严格按照日查周报的要求，定期组织综治、公安、文广等部门开展校园周边环境学校食品安全专项治理，清理和整治影响未成年人身心健康的不良商业经营项目和行为。2014年，开展法制教育讲座或法制课59场次，受教育人数6万余人次，有效提高了学校师生的法律意识和法律知识水平。深入推进“平安校园”建设，全县中小学聘保安60人，建立门卫室29个，投入安保资金300余万元，下发各类安全管理文件130多个。组织中小学通过校刊、墙报、班会等方式，在校园开展实施“综治宣传月”“交通安全教育周”、森林防火及环境卫生整治行动。2016年，投入经费700余万元，为全县中小学、幼儿园配备保安105人，为42所中小学、幼儿园安装视频监控系统，配备伸缩警棍、防割手套、钢叉等防卫器械，筑牢校园安全防线。2017年，深入各学校开展校园安全检查9次，主要检查学校的消防、食品安全、校园保卫“三防”建设、应急演练、校园及周边社会治安综合治理等，共排查出各类安全隐患53处，已整改48处，正在整改5处。县内各级各类学校建有警务室46间，其中中心学校32间，村级小学2间，幼儿园12间。各学校共安装摄像头2128颗，正常使用的有1945颗，使用率达91.40%。各学校共配备安保人员88人，配备盾牌、钢叉、橡胶棒、防刺服等安保器械共701件，基本形成安防体系。2018年，全年共排查出各类安全隐患272条处，整改完成率达96.32%。强化安全工作重点，开展防溺水、防震减灾、食品卫生安全、禁毒宣传、传染病防治和校园欺凌、交通安全、防邪教渗透等安全防范教育。

（四）营养改善计划

2014年春季学期，实施营养改善计划学校90所（其中初中12所，小学78所），受益学生23536人（其中初中学生9104人，小学学生14432人），上级下达资金1301万元，实际支出资金603.84万元，结余资金697.16万元。秋季学期实施营养改善计划学校83所（其中初中12所，小学71所），受益学生22304人（其中初中学生8957人，小学学生13347人）。2015年，全县有中小学食堂（小食堂）128家，全部办理餐饮许可证。举办中小学食品安全培训12次，受训人员1050人（次）。开展食品卫生专项检查，出动执法车辆480次，执法人员1200余人（次），处罚金896万元，查封食品安全不合格民办幼儿园1家，对发现的问题下达整改通知书，责令及时落实整改。提高各中小学校长、食堂从业人员的食品安全意识，保障师生身体健康。2016年全县中小学有食堂（小食堂）122家，全部办理餐饮许可证。举办中小学食品安全培训70次，受训人员600人次。开展食品卫生专项检查，出动执法人员900余人次，出动执法车辆420次，处罚食品安全不合格企业5家，处罚金2.70万元。查封食品安全不合格民办幼儿园1家，对发现的问题下达整改通知书，责令及时落实整改。2017年，继续推进农村义务教育学生营养改善计划，义务教育营养餐下拨资金1697.68万元。2018年，开展教育扶贫“春风行”“夏秋攻势”和“冬季充电”，实现义务教育、学前教育营养改善全覆盖。按照义务教育每餐每人4元、学前教育每餐每人3元标准，补助52661人次共1876.70万元。全县按照国家资助政策，全部建立了学生资助体系，建档立卡贫困学生资助进入信息化、精准化管理，困难学生资助实现全覆盖。

（五）关爱留守儿童

2014年9月15日，岑巩县关爱留守儿童——“幸福守望乐园”在羊桥土家族乡龙坪小学挂牌，“幸福守望乐园”内配备有电视机、电话、各类书籍、文体器材等，龙坪小学374名留守儿童有了一个幸福快乐的家。2015年，县团委、县妇联、县残联等部门、社会各界爱心人士筹集资金6万元，在春节、“六一”儿童节、中秋节等节日，深入到各乡镇各学校，关爱留守儿童、孤残儿童，让他们感受到党和政府以及社会各界的温暖。全县29所农村寄宿制学校全部安装留守儿童亲情电话、亲情视频聊天室，加强学校与留守儿童家长的联系。全县配备健康心理咨询教师29人，建立心理咨询对象个人档案，及时解决学生的心理问题。2017年，县委、县政府督查室定期开展留守儿童、困境儿童帮扶救助专项督查，对工作不力的单位和学校进行督办。深入开展“双阳行动”，对全县留守、困境儿童实行精准施策、精准关爱。妥善安置6—15周岁残疾儿童入学，开展送教上门，实现一人一案。收集县内8个深度贫困村的脱盲再教育材料归档，迎接省教育厅的验收。各学校（园）对流失学生责令返校，确保留守、困境儿童没有一个因贫困而辍学。

## 四、教育经费与基础设施

全面建立义务教育经费保障机制，县政府在财政预算中将义务教育经费单列，按时足额征收各种教育附加费并按规定用于教育。实行“校财局管”管理模式，建立义务教育经费的监督、检查、审计和定期公告制度。岑巩县制定公办幼儿园生均公用经费补助办法，出台岑巩县扶持社会力量兴办学前教育奖补助办法，鼓励和扶持社会力量兴办学前教育。落实教师培训经费，义务教育学校按照年度公用经费预算总额的5%安排教师培训经费，做到专款专用。教育督导经费入财政预算单列，并能保障工作需要。

2014年，主要实施岑巩县职业中学、岑巩县第三中学和教师周转宿舍建设等项目工程，完成项目投资18548.42万元。县内所有乡镇幼儿园建设项目全部竣工验收，秋季全部投入使用。岑巩县在全省提前实现每个乡镇都有1所公办幼儿园的目标。2015年，全县各乡镇均建有1所公办幼儿园，公办民办幼儿园共计75所。全县中小学布局合理，规模适当，初中平均班额50.66人，小学平均班额 32.52 人。全县中小学均无 D 级危房，学生宿舍、学生食堂、运动场，体育卫生设施达到基本要求。农村寄宿制学校均建有标准化留守儿童之家，有开水房、浴室、医务室等设施。全县农村初中生、小学生寄宿率分别为 77.06% 和 30.29%，乡镇以上中小学实现“宽带网络校校通”“优质教育资源班班通”和“网络学习空间人人通”。2017 年，依托“小财政”办好“大教育”，确保教育经费“三个增长”，投入 8 亿元实施薄弱学校改造、教育建设资金“9+3”计划、“4+2”工程、学前教育突破等工程建设，新增校舍面积 26 万平方米。新建区域性中等职业学校 1 所，初级中学 1 所，小学 1 所，幼儿园 13 所，整体迁建羊桥土家族乡中心小学。扩建小学 2 所，高级中学 1 所。投资 3800 元，为义务教育学校配置“班班通”和计算机。投资 4800 元，新建义务教育学校塑胶运动场。2018 年，县内实施学前项目 8 个，新建和改扩建校舍面积 4821 平方米，总投资 490 万元；高中项目 7 个，新建校舍建筑面积 10150 平方米，堡坎 3900 立方米，跑操道 6790 平方米，场地平整 11000 平方米，设备设施采购 25755 件，总投资 2507 万元；全面改建项目 14 个，新建、改扩建和维修改造校舍面积 18745 平方米，设备设施采购 13716 件 / 套，总投资 1905 万元；完成“厕所革命”项目 6 个，投资 35 万元；完成各类工程项目，新建和改扩建校舍面积 20060.52 平方米，堡坎 3900 立方米，跑操道 6790 米，场地平整 1100 方米，设备设施采购 39471 办公件套，完成总投资 4111 万元。

## 五、教育扶贫，助力脱贫攻坚

### （一）教育资助做到应助尽助

2014 年，发放义务教育阶段贫困寄宿生生活补助费 742.40 万元（其中初中 563.80 万元，小学 178.60 万元），受益学生 12594 人（其中初中学生 9022 人，小学学生 3572 人），初中平均受益覆盖率 80.55%，小学平均受益覆盖率 34.17%。发放春季普通高中国家助学金 104.10 万元，资助学生 1388 人。发放春季中职国家助学金 39.75 万元，资助学生 530 人。2014 年 8 月 26 日，岑巩县“希望工程 · 圆梦大学”公益助学金发放仪式在思州文苑举行，为全县品学兼优而因家庭贫困上不起大学的 69 名贫困学子发放助学金 15.6 万元。2014 年 8 月 27 日，岑巩县举行“金秋助学”发放仪式，为 47 名困难学子发放助学金 9.7 万元。2014 年 9 月 12 日，岑巩县彩票公益金普通高校家庭经济困难大学新生入学项目资助金发放仪式在县教育局举行，经过本人申请，班级、年级、学校推荐，县学生资助管理中心审核，全县评出受益学生 43 人，其中省内院校 18 人，省外院校 25 人，发放资助金 3.4 万元。

2017 年，在争取中央、省、州资金支持的同时，充分利用报刊、电视、网络等媒体，广泛宣传教育精准脱贫各项惠民政策措施，动员社会各界关心支持教育事业发展。全面开通“绿色通道”，确保农村建档立卡贫困学生无障碍入学。2017 年，享受学前幼儿奖补金资助困难学生共计 404 人次，发放资金 20.2 万元。2017 年，家庭经济困难寄宿生生活补助学生 27063 人次，发放资金 1547 万元。2017 年，实施高中国家助学金和免学费政策，高中国家助学金 1506 人次，发放资金 150.6 万元；高中免学费 1651 人次，发放资金 106.88 万元；中职国家免学费 1011 人次，发放资金 101.1 万元。审核本县中职教育精准扶贫申请 385 人，发放资金 73.15 万元。2017 年审核本县高校教育精准扶贫学生资助申请 1857 人，发放资金 352.83 万元；省外就读大中专教育精准扶贫学生资助申请人数 520 余人，发放资金 245.5 万元。

制定《岑巩县 2018 年生源地信用助学贷款工作实施方案》，同时印制宣传材料，通过教育扶贫网络发布，到各乡镇张贴宣传。2018 年春季学期，发放困难家庭学前幼儿入园补助 460 人，补助资金 23 万元；对全县建档立卡贫困户学前教育资助 360 人，资助资金 18 万元；补发 2017 年秋季学期前教育资助 360 人，资助资金 18 万元。2018 年，为 19893 名中小学寄宿生发放生活补助 1138 万元。2018 年，实施高中国家助学金政策和免学费政策，高中国家助学金 1861 人，资助资金 186.10 万元；高中精准扶贫 1861 人，资助资金 353.59 万元；高中免学费 1946 人，资助资金 122.122 万元；中职免学费 1318 人，资助资金 131.8 万元；县内就读高中、中职免教科书和住宿费 2246 人，资助资金 101.07 万元。2018 年秋季学期，岑巩县第一中学资助建档立卡学生 1024 人，资助资金 94.68 万元；岑巩县第二中学资助建档立卡学生 730 人，资助资金 73 万元；岑巩中等职业技术学校资助建档立卡学生 357 人，资助资金 33.92 万元。2017—2018 学年，签订生源地信用助学贷款合同 2178 笔，发放贷款资金 1385.55 万元。大学新生困难家庭入学资助 66 人，发放资金 4.8 万元。鹏程尚学教育基金资助学生

112人，发放资金31.4万元。凯里学院本科毕业生到县内基础服务年满3周年学费补偿、贷款代偿30人，发放资金37.93万元。“e万行动”孤儿资助项目资助8人，发放资金1.47万元。“雨露计划”中职、高职教育资助2000人，发放资金600万元。2018年，办理大学新生生源地助学贷款共2474人，金额1694.10万元；为62个家庭经济困难大学新生发放新生入学补助44万元；省外就读学生教育精准扶贫资助921人次，资助资金392.721万元。

2019年，为800名困难家庭学前幼儿发放入园补助40万元，对建档立卡贫困户学前教育资助734人，资助资金36.72万元。2019年，实施寄宿生生活补助共21838人，发放生活补助968万元。2019年，实施高中国家助学金政策和免学费政策，高中国家助学金4389人，资金329.18万元；高中精准扶贫1730人，资金168.893万元；中职国家助学金1638人，资金163.8万元；实施普通高中免学费3406人，资金212.294万元；县职校免学费2409人，资金240.9万元；免除县内就读高中、中职免教科书和住宿费4023人，资金172.268万元。2019年，为大学新生办理生源地助学贷款，共2671人，金额1915.54万元，为66名家庭经济困难大学新生发放新生入学补助48万元。

（二）东西部扶贫和定点帮扶，促进教育优质均衡发展

2019年，浙江省建德市整合资源，帮扶教育事业资金698.8万元，用于爱心助学和易地扶贫搬迁配套学校基础建设，岑巩县第四小学、岑巩县第二幼儿园和10所乡镇中小学受到捐赠，建德市45所学校与岑巩县43所中小学幼儿园实现“一对一”“多对一”结对帮扶，建德市教育局派遣心理健康教育小组和学前教育开展“组团式”帮扶。

电子科技大学构建“电子信息+教育”扶贫模式，大力实施“‘1234’基础教育强基工程”，为县教育帮扶资金和社会捐赠累计达615万元，专家送培+大学生实践+互访交流学习共计15批次250余人，“电子信息+教育”扶贫创新模式被教育部评为第四届直属高校精准扶贫精准脱贫十大典型项目。

# 第六章　推进路网建设　构建立体交通

清代前，思州府陆路主要有古道、驿道。早在元代，曲靖至晃州驿由府境通过。因地理位置十分重要被称为“入滇之喉”。水路主要有龙江河、龙鳌河（亦称车坝河）、㵲阳河，船只运输往来于黔东和湖广。

民国时期，县境先后修建县道及深入乡镇的公路3条，乡村马路3条。但由于多数地段山高坡陡、沟壑纵横，均为毛坯路。其余乡间均为羊肠小道。

中华人民共和国成立后，全县公路建设发展迅速，至1990年，县境总计修建公路桥6座，中桥2座，小桥38座；通车里程495公里。其中，道养、群养公路198.9公里，11个乡镇均通客班车，并与毗邻的玉屏、镇远、江口、石阡等县联成公路网络。陆路运输取代了水上运输。

20世纪90年代以前，岑巩多数乡镇均通公路，多数路面较差。2001—2010年，主要实施岑巩至石阡、岑巩至江口、小堡至凯本通乡油路建设。2006年，G60高速公路（玉屏至三穗段）建成通车，岑巩境内3.8公里。2003—2010年，采取申报项目、自筹资金、以工代赈等形式，实施通村公路建设。客运企业有凯里汽车运输总公司岑巩公司、黔岭汽车运输有限公司岑巩公司，开通跨省客运班线3条，跨区客运班线6条，县内客运班线9条。货运主要为个体运输，线路主要有岑巩至凯里、岑巩至怀化、岑巩至铜仁等。运输货物以建筑材料、家用电器、日用工业品居多。

截至2019年底，岑巩县公路通车总里程达到2619.679公里，其中高速公路3.8公里、国道3.6公里、省道155.5公里、县道322.52公里、乡道476.605公里、村道569.878公里、通组公路721.664公里、扶贫公路366.112公里。实现30户及以上村民组通硬化路率达100%，公路密度为178.36公里/百平方公里。全县形成了“五横五纵八连线”的干线公路为骨架，县乡村公路为支脉，纵横成网、四通八达的公路网络，为县域经济社会快速发展和民生改善奠定了坚实的交通基础。

## 第一节　探索时期

### 一、陆路建设

中华人民共和国成立后，党和人民政府十分重视公路建设。20世纪50年代初期为运粮支前，紧急动员民众抢修加宽县城至羊坪、天马、大有等路段。贯彻中共中央提出的“交通是先行”的指示，在省、地的支持下，1954年陆续将县、乡两级公路建设列入计划并付诸实施。1957—1958年，全县抽调劳力组成筑路队或“民兵团”修筑公路，投工36.6万个，资金6.5万元，建成公路73公里。其中，小堡至天马线23公里，岑巩至大有8公里，天马至凯本21公里，烂桥至羊桥21公里；民众集资修筑天星至水尾公路13.67公里。

1961年后，县内陆续修建乡村公路，至1969年先后修筑公路5条，计41.8公里。1970—1979年修25条计114.1公里，以民办公助为主，其办法有社队集资、群众投工投劳、地方财政拨款补助。其中，1975—1978年建筑公社（乡）至大队（村）的简易车道22条计106公里。

县内为林业和水利水电开辟专用道路，其中，林业专线居多，主要采伐运输林区木材。1955—1958年，木材就近采伐经水路运至河口、玉屏等地。以后纵深修建林区公路采运木材，1961—1979年总计修筑14条计100.4公里，修筑较早、采运量较大的有沈家湾至大塘、山岔坳至雷公田、龙马至亮溪、云盘至面溪、马院至岑峰、龙田至姚家沟等路道。

### 二、水路建设

（一）航道

县境可通船河流有龙江河、龙鳌河和海阳河3条，这些河流早在战国末期就通航，以后逐步开发利用，通航运输。

龙江河为县境主要水运河道，古称洒溪、思州河、龙洞河，民国三十四年（1945）改称龙江河。源于施秉县半河木排村，流经镇远县天应山及都坪乡南侧的龙洞进入县境龙田镇，然后从西向东顺流腹地，其流域有龙马、鹭溪、坝水、猴溪、转水、注溪、中寨、韩溪、小堡、双江、双龙、新安、异溪等小河支流，至玉屏县河口与㵲阳河汇合流入沅江。县境河道总长 64 公里，险滩 41 处长 1203 米，流经龙田、注溪、思场、大有 4 个乡镇。

龙江河于唐代行舟楫，明至清代疏理河道始通航运。上段即龙田至都坪因河床较窄只通 2 吨以下木船，开发利用较晚；中段即龙颈坳至思州府（县）城通 4 至 8 吨木船，开发利用早些；最早为下段即府城至河口，船只吨位 10 余吨，官商船只直通府城。清雍正七年（1729），贵州巡抚奉令劈凿河道，思州府募捐征工整治河口显灵滩，疏浚后行船事故减少，易名为太平滩。乾隆三年（1738），思州府再次整疏河障，从河口至龙颈坳船业运输兴旺。民国期间，龙江河主要险滩又进行零星整治，水运无阻。

中华人民共和国成立后，为扩大水运业，贵州省航运局于 1954 年派出第三河道工程组共 16 人至县，实地详查，全面梳理整治龙江河道，对三脚猫、打鱼滩、鲤鱼塘、大营盘、小云盘、三层楼、满天星等险滩和纤道进行炸礁劈凿作业，工程量达 2161 立方米。1955 年又继续爆炸暗礁，清漕 2060 立方米，新开及整修纤道 5433 米，总投资 1.45 万元。1957 年春，成立岑巩县河道养护班，完成炸礁及搬岩 3815 立方米，掏漕 1406 立方米。1962 年组织专业人员、副业船员、航运工共 45 人用两个月时间再次疏理龙江河道，计掏漕 25 处、炸礁 1 处。县境航道通行无碍。1966 年后，由于陆路运输发展和筑堤设堰兴办水利水电，建筑拦河大坝 10 余座，航道阻滞，水运业废止。

龙鳌河位于县境北部，源于石阡、江口、岑巩三县交界处火麻地，蜿蜒流经羊桥、水尾等乡镇。主要停靠点有黄泥塘、龙统、车坝、平城、下坝、驾鳌、腊岩、马家寨、长坪、白水洞、马公塘，流经玉屏县抚溪江汇入㵲阳河。县内河道全长 39.7 公里，大于 10 平方公里以上的支流 8 条，主河道落差 144 米。清乾隆五十七年（1792），凿黄道溪等河床障碍，对该河主要险滩障碍进行排除，但因河道夹窄、弯多、流急、险滩陡崖，至清末仅通 1—2 吨木船，通船数量不多，木排、竹排运输为主。中华人民共和国成立后，县人民政府组织水运，为清除河障，确保航运安全，1953年邀请省航务工程组对龙鳌河暗礁险滩进行普查。从1955年起，历经1960、1966年共3次组织近百人爆破、掏漕，清理河道，整修纤道，整治工程总用工4925个，投资2.55万元，炸礁3894.5立方米，掏漕50米，纤道95米。从抚溪江至龙鳌河共25公里的河道基本疏浚，通船载重每只增至3—5吨。其上游的车坝至大塘新道因整治无果未通航。

㵲阳河位于县南端，即思旸镇新兴村边沿。㵲阳河早在战国末期就通航船，明至清代为思州府辖境重要内河，水运业兴旺。民国初以羊坪镇拨属青溪县，现为岑巩县与镇远县界河，在县境河道有3.8公里，河面宽阔平坦，无障碍，泊船面积大，顺水东流沅江，逆水西行镇远，为湘黔边区水上运输主动脉之一。随着湘黔公路、湘黔铁路运输发展，以及县利用㵲阳河开发水利水电，其流域的拦河大坝较多，至1970年不再开展水上运输。

（二）码头渡口

县境内码头主要有府东门码头和龙颈坳码头。其中府东门码头主要为官府、商旅、物资运输湖广所建，明代，思州府东门洒溪停泊部分官船。

中华人民共和国成立后，县人民政府及基层组织重视人行渡口建设，采取民办公助等办法兴建人行渡，先后拨款重点整修羊坪、东门口、磨寨、云盘、龙田等主要渡口，并对渡口确定兼业管理人员，实行定期补助或定额报酬。同时在龙江河还新设了黄弓、丰寨、哨坪、车边、麻栗山、小八丈、木榨、腊树林等渡口；在龙鳌河兴建了龙统、红岩、洞塘、陡滩、流洞等渡口。1967—1979年，县内公路交通建设迅速，除部分渡口处建成桥梁被取代外，其余人行渡口照常沿用。

民国三十三年（1944），县内始建第一座车船渡口。中华人民共和国成立后又先后建造磨寨、龙田2座渡口，使岑羊、岑长、小凯、烂朱等各条公路线通车。1956年，岑巩至羊坪公路正式通车，车渡逐年繁忙，渡口由三穗养护段管理，设车渡班1个，4—7人，车渡船载重增至16吨。1976年1月，新兴大桥建成通车，渡口废弃。磨寨车渡位于思旸镇磨寨村，距县城5公里，明代置人行渡口，延至20世纪70年代。1957—1960年曾先后建成石墩木面桥，均被洪水冲毁，遂由三穗公路养护段改置车渡口，建码头2座，系块石混凝结构，宽8—10

米，设渡班1个，5—7人，车船载重16吨。1979年7月，磨寨大桥竣工通车，从此车渡、人渡口均废，渡班改为道班。龙田车渡位于县西龙田镇街头，距县城41公里，明代置人行渡口。1968年3月，岑长公路全线通车，由公路交通部门投资建造车渡码头，新造车渡木船1艘，载重量为16吨，设渡班1个，4人。1980年8月，龙田大桥建成通车，渡口废，改渡班为道班。

## 三、交通运输

### （一）陆运

解放初期，由于未通公路，急运支前粮食仍为人挑马驮，在交通条件落后的情况下，县交通建设科与县工会密切配合，发动和组织劳力编队开展急运。1951年组织全县专业运输人员101人，年货运量200.98吨，货物周转量为2841.2吨公里。1952—1955年，组织民工恢复疏理岑巩至羊坪、岑巩至小堡马车运输道路，并为实现汽车运输做准备。1956年后，岑巩与青溪、玉屏、石阡、三穗、镇远、江口等邻县陆续建成简易公路，70年代逐步联成公路网络，驿道运输减少。除县境边缘山区仍靠古代开拓的便道搬运物品外，大宗运输已由公路承担，运输工具也先后被马车、拖拉机、汽车所取代。

中华人民共和国成立后，1954年7月成立群众运输管理站，负责管理思旸搬运小组58人及龙江河码头、城区公路线运输。1955年1月成立县城区人力运输合作社，共有鸡公车9架，社员28人；同月还成立天马区马车运输合作社，有社员9人，马5匹，车7部，另组建马车运输小组1个，有社员5人，马9匹，胶板车9部。2月1日，成立龙田乡人力运输合作社。1956年春又先后成立县兽力车合作社和驾鳌区人力运输服务社，均往来于县境及部分邻县的简易公路运输，人力车、兽力车运输进入兴盛期。

1956年5月18日，岑巩至羊坪公路通车，汽车客货运先由县邮电局代办业务。6月17日成立岑巩县汽车代办站，正式办理汽运业务，镇远至岑巩的客运（途经三穗）每3天开1班。1957年3月实行汽（车）群（运）合一，成立岑巩县汽车群运代办站，设管理员1人。站以下设城关、龙田、水尾3个专业运输社，天马设马车合作社，单独经营，有兽力车11部，人力板车18部。1958年8月1日，岑长、小凯等公路部分路段先后通车，黔东南运输公司岑巩县汽车站成立，配员2名，站址设北门（即今县汽车队址），租用民房办公。1959年1月，岑巩并入镇远县，各运输社同时并入镇远县运输公司。8月，州交通运输部门下拨汽车5辆，其中，汽油车3辆、木炭车2辆，到岑巩车站跑短途运输。岑巩至镇远的客运班车改为一日一班。1960年客运延伸至天马、水尾等公社所在地。

1963年5月，县群众运输管理站收归州交通局统一管理，并易名为岑巩县交通运输管理总站，至10月下辖思旸、龙田、天马、水尾共4个基层站。1965年，公路运输发展到4区11个公社，人力、兽力车运输下降。1967年12月，县革委以1.8万元首次购买汽车1辆从事货运，至1971年，组建县革委汽车队，货运汽车发展到3辆，小车2辆。1972—1976年随着湘黔铁路、新兴大桥竣工，汽车运输得到发展，仅岑巩至羊坪、玉屏等地接送旅客的客班日发4班。县内机关、单位、厂矿、企业的大小车辆增至20余辆。1977年8月，成立岑巩县汽车队，配指导员、队长、会计、出纳、修理工7人，有"解放牌"等汽车5辆，驾驶员5人，除凯里汽车运输公司岑巩车站外，为县内首家专业运输单位。

（二）水运

中华人民共和国成立后，县人民政府于1951年4月组织水上运输，民间共有船只146只。在自愿的原则下，思旸建立木船水运联社，有木船20只，编为5个运输小组；在龙田建立第二水运联社，有木船33只，编为5个运输小组，正副组长民主选举产生。7月在龙鳌河建立航运中心小组，有木船95只，编为18个运输小组，全县航运开始过渡为集体经营。1952年，根据省里指示，成立玉屏内河航务管理站，岑巩县境龙江河系两个木船联营社船只及运输业务等，全部划归玉屏站领辖。1953年9月，玉屏航管站站长张森到岑巩考评第一（思旸）、第二（龙田）联营社，参加考评的木船驾长121人，全部合格，准予驾船航运。1954年1月，岑巩县内河航运管理站成立，为便于统一调度、统一管理，经省指示将玉屏县河口一带水域的木船25只计214.7吨拨给岑巩站登记管理；岑巩县将龙鳌河35只木船计118.1吨及航运业务划给玉屏站管理。县航管站按统一货源、统一调度、统一运价的"三统"精神管理水上运输。同年起还兼办客运业务，当年旅客仅15人。1955年，省交通厅内河航运管理处下达通知，将龙江河沿岸民间木船调集编队运输，共加入木船72只，计吨位382.8吨。1956年2月，在大有前锋成立龙江河水上运输合作社，有专业船14只，限载77.4吨，有船工、行管人员40人，其中正副驾长22人。遵照省委紧急组织粮食外调湖南的指示，在玉屏设立中转站，由镇远、岑巩两站各派1人到玉屏负责粮食中转，县内共调集木船121只到龙江河开展粮食急运。

1959年1月，岑巩县并入镇远县，岑巩航管站改称岑巩运输站。6月，境内有117只木船进行落口装卸技术革新，制成木轨手车道1条，木轨缆车1道计20米，置手车3架，吊杆1个，风帆24个，提高工效10倍。1960年，龙江河水上运输货运量达27796吨，创历史最高纪录。1961年8月，恢复岑巩县建制后，运输更趋繁忙，出境粮食与物资大都通过龙江河、龙鳌河运往湖南，或通过玉屏由公路转运省内外。1964年完成货运量7201吨，货运量开始下降。此外，50至60年代中期，水路放排达266万立方米，周转量最高达5万吨公里，放竹筏517.75吨，周转量4.06万吨公里，客运1973人，周转量5.63万人公里。

1966年以后，龙江河陆续兴建水利工程，建筑拦河坝、水电站、提灌站、水轮泵、水车等配套设施，形成河障14处。1968年3月，岑巩至龙田公路建成并全面通车，公路运输占主导地位，龙江河水运从此停航。1972年，龙鳌河、潺阳河也因兴修水利和公路建设的发展，先后停航。但县内仍遗存各种木船200余只，均为短途农业运输或人行渡口之用。

（三）装卸搬运

1950年前，县城及龙田等地水码头从事常年搬运卸装的劳工在30—50人左右，多系临时议请或雇用的小杂工，货物转运量大时，农民参与搬运装卸。装卸工具主要有扁担、抬扛、棕绳、麻索、背篓、箩筐等，均为肩挑背驮，甚为艰苦繁重。

1951—1954年，县城、龙田、车坝等地组织水运，将部分居民和无业者组织起来，在城区设立搬运装卸组，在龙田设立群众运输服务组，开展装卸搬运生产，全县总计有搬运工142人，承担上下船装卸搬运，常年搬运装卸1200—2500吨。1955年1月，县城关运输合作社成立，除承担城关地区公路运输外还负责船只装卸任务，1956年4月改为装卸搬运生产合作社，有社员21人；龙田搬运组有搬运工10余人，装卸搬运量达5076吨。1959年1月，原岑巩搬运装卸合作社改为搬运生产队，下放给思旸公社龙江大队管理，由大队记工分，参加核算单位分红，报酬低微，人均月工资20余元。1960年，思旸、龙田等水运物资装卸量达2.87万吨，超历史最高纪录。翌年8月县治恢复，搬运队设立，至1966年交通运输、搬运装卸农用物资实行“三优先”，即优先托运、优先派车船、优先装卸，增加优待价5%，工人工资有所增长。1969年改装卸搬运队为搬运社。由于水路运输逐渐减少，搬运装卸开始转向，主要为公路运输服务，但仅限于城关地区，其余各公社所在地由居民、农民承担搬运。

## 四、交通运输管理

（一）交通监理

1956年，岑巩至羊坪通车后，县内交通监理划归三穗车辆监理部门管辖。1958年8月，岑巩县汽车站成立，11月设立县交通安全委员会，会同有关职能部门对交通安全进行监督管理。1963年5月设立岑巩县交通运输管理总站，配合汽车站和三穗车辆监理站管理行车、查车、安全运输。1964—1967年，因县境公路正值建设与发展中，行车密度不大，查验车辆尚不足百次，机动车辆形成的交通事故亦较少。随着公路建设发展迅速，岑长、小凯等公路陆续建成通车，车辆往来增加，交通事故时有发生。为保障人民生命财产安全，交通监理部门实行严格管理监督，对违章肇事的驾驶员采取必要的制约措施，根据肇事情节对轻微者分别给予批评教育、警告、罚款、扣留驾驶证等，由车辆监理站（三穗站）行使职权；对情节恶劣、造成严重损失，需要拘留或追究刑事责任的，由监理部门会同公安机关，提交县人民法院按照法律程序依法处理。1974年7月8日，岑巩县车辆监理站正式成立，直接管辖县境公路交通安全，开始对机动车辆及驾驶员进行检测监督，同时办理征收机动车辆养路费等业务，采取宣传教育与严格管理相结合，提高驾驶员安全行车意识，有效控制交通事故的发生。

（二）路政管理

1956年后，县内公路陆续疏浚，公路交通部门开始在县城至羊坪，县城至天马线设置公路里程桩等标志，植造行道树。同时为羊坪渡口建立车渡管理规章，为做好通车准备，县有关单位及交通运输部门深入公路沿线向人民群众宣传交通知识和进行安全教育，自觉保护路基、涵洞、路面，不准在公路两侧挖土取砂石。1958年，州、县交通部门和交通安全委员会在县城张贴标语、图片，广泛宣传交通安全及路政管理，听众、观众达1万余人次。1966年，随着公路建设的发展，县交通局、公安局、汽车站等单位紧密配合，多次利用场期或深入公路沿线进行保护公路畅通、保障安全运输的宣传教育。县广播站、电影队利用有线广播和幻灯配合宣传，听众达2.5万人次。人民群众不但增强了安全和路政知识，而且积极协助公路交通部门维护好交通运输秩序，违章肇事的情况未有发生。1972—1975年，县境两次大旱，部分社队在岑长、小凯、烂朱等主要公路沿线乱挖引水沟，严重影响运输。交通部门与各公社紧密合作，排除路障28处。

（三）航务管理

解放初期，县内水运仍为个体经营，航务管理仿民国办法。1951年4月，县人民政府组织水运，加强对水上运输的领导管理，先后在县城和龙田建立水运联社，7月又在龙鳌河（车坝河）成立航运中心小组，分别指派专人负责，开始对水运业进行改造，逐步将个体过渡到小集体经营。1952年，县政府建设科及工会为加强水运管理，组织发动船工当家做主，在县城成立船业工会，向船主和船工宣传国家统一管理水运业的政策法令，使水运纳入社会主义建设轨道，玉屏航务管理站亦经常派员到县内对龙江河等水域的船只、人员、运输进行监督管理。

1954年1月21日，岑巩县内河航务管理站成立，隶属省交通厅航务管理处领导，下设航务组、木船联营社各1个。1956年3月，航务管理实行省、县双重领导。1958年2月，县航务管理站行政归当地领导，由县委工业交通工作部管理。1960年6月，省交通厅将航运管理权下放给黔东南州交通局管理，明确岑巩航务管理划归镇远航运管理站，并在龙田设立航管组，其行政、业务基本上实行双重领导。1962年3月，岑巩县内河航务管理站恢复成立，至1976年2月，各年配备人员为4至7人不等。站内由一名副站长直接分管木船运输、驾长考核、港务监督、航道航务管理，查处船员损失肇事事件，维护船员及货主的利益。1976年底，县境龙江河、龙鳌河、㵲阳河等河段因兴建水利水电工程，各处河障陆续增加，木船运输线路严重阻滞，水运业务量减少，航务管理至此停止，有关事宜移交县交通运输部门领导管理。

## 第二节　改革开放时期

### 一、公路建设

改革开放初期，随着县内农村经济体制改革，投工投劳减少，乡村公路建设不多。至1990年，全县共有乡村公路32条，总计155.9公里。1980年后修筑3条专用道路计9公里。1990年，全县有林区公路17条，总长109.4公里，均由林业部门投资建设并出资交给乡村管理；水利水电专线主要有天马至关堰、水尾至小花滩、杨柳至丁坪等，分别由省、州、县水利水电部门投资建设。除大力加强县乡两级公路建设外，至1990年完成跨越龙江河、海阳河、新安河、龙鳌河的云盘、南门、新兴、磨寨、龙田、后坝、车坝等主要桥梁建筑任务。全县共有公路干线4条，支线2条，农村林区、水利专用、机耕道路79条。县境内交通运输状况有了很大改善。

20世纪90年代，全县通车公路里程仅200多公里。2001—2005年，实施县际公路建设、县乡公路改造、农村公路建设大会战，建成县际油路138公里，通乡油路42公里，通村公路304公里，新增2个乡镇通油路，79个行政村通机动车。乡镇通油路率90.9%，村通路率61.2%。2006—2010年，加快通乡油路、旅游公路、工业园区公路建设，新建改建扩建农村公路，制定县乡公路改造实施方案，明确项目名称、路线、里程、标准，以点带面稳步推进。2006年，G60高速公路（玉屏至三穗段）建成通车，岑巩境内3.8公里。

2001—2006年，实施岑巩至江口公路油路改造工程、岑巩小堡至凯本油路改造工程、龙田至平庄镶边公路工程和凯本（凯阳）至龙田油路改造工程。其中岑巩至江口公路三级油路改造工程，起点后坝，终点桐子河，途经思旸镇、大有乡、水尾镇、天星乡、羊桥土家族乡，全长4公里。公路等级按部颁三级油路公路标准改造，总投资3668万元。2005年8月动工建设，2007年11月22日，经省、州、县专家实地检查验收，被评定为合格工程。岑巩小堡至凯本四级油路改造工程，起点小堡，终点凯本镇，途经注溪乡、天马镇、凯本乡3个乡镇12个村民组，全长43公里，总投资1935万元，其中国债资金、车购税资金1720万元，县级配套资金215万元，2006年9月动工建设，2008年年初竣工。龙田至平庄镶边公路工程，起点龙田镇，终点平庄乡，途经龙田村、路溪村、龙里村、亚林村、平庄村，全长13.25公里。公路修建技术标准按部颁山区四级公路泥结碎石路面，总投资201万元。2005年11月10日动工建设，2006年12月竣工，经省、州、县专家实地检查验收，被评定为合格工程。凯本（凯阳）至龙田四级油路改造公路工程，起点凯本镇，途经平庄乡，终点龙田镇，全长35.8公里，总投资1890万元。

根据国家政策，2003年实施通村公路建设。2005—2006年，以申报的项目资金自筹资金、以工代赈项目资金等，实施通村公路项目建设，群众投工投劳，由县发改局负责监管，各项目乡镇村组具体组织实施，县交通局负责技术指导。经省、州、县专家实地检查验收，被评定为合格工程，合格率100%，优良率63%。

2007年，利用财政扶贫开发项目，修建12个村级公路（村组便道硬化），项目主要分布在思旸镇、水尾镇、天马镇、龙田镇、大有乡、天星乡、羊桥土家族乡、注溪乡、客楼乡9个乡镇，全长102.5公里，总投资334.3万元，其中扶贫资金129.3万元，县自筹102.5万元，群众投工投劳折合投资102.5万元。2007年5月全面动工，由县扶贫办公室负责监管，各项目乡镇村组具体组织实施，县交通局负责技术指导，2007年年底全面竣工。2008年6月2日，经省、州、县专家实地检查验收，被评定为合格工程。

截至2010年底，全县公路总里程1259公里，其中S203省道73.8公里，高速公路过境线3.8公里，国道过境线3.6公里，县道172.9公里，乡道86公里，通村公路918.9公里。乡镇通油路率达100%，通村公路率达100%，其中40%的村通油路或水泥路。初步形成以高速公路和国省主干道为骨架及县乡道路为支线的“一横三纵两连线”区域交通网络。

在交通较好的村开展“四在农家”和“一户一技能”等示范点活动，建成新农村省级示范点1个、州级示范点1个、县级示范点1个。在岑巩至石阡、岑巩至江口县际油路两旁建成干鲜果、药材等各种示范点20多个，面积1.2万余亩。

## 二、公路运输

1980年后，全县陆续推行经济体制改革，交通运输发展迅速，出现国营、集体、个体大办运输业的蓬勃景象。县粮食局、供销社、燃料公司、水泥厂、农机厂、水电局、林业局等单位及部分公社先后购进汽车组织运输。1982年，全县4个区11个乡全部发售客班。岑巩汽车站职工发展到25人，除玉屏、江口、石阡、思南、岑巩、凯里等地对开班车停靠岑巩外，凯里汽车运输总公司每天驻站客车达9辆。1985年县车队亦开办客运，购进客车2辆，每辆有座位40个。1988年该队职工增至24人，有客车6辆，货运汽车4辆，除定点发售岑巩至平庄、岑巩至水尾等县内路线外，还发往玉屏、怀化等地客运。

1990年底，县城面向社会开办客货运业务的有凯里汽车运输总公司岑巩车站、县车队、粮食局车队、县邮电局等4个单位；机关从事运输的单位和部门有30余个，全县（含省属675处）共有运输车辆115辆，有驾驶员121人。比1978年增长4倍以上。全年公路客运量132.11万人次，客运周转量2437.23万人公里；货运周转量429.8万吨公里。

在保证原主体利益不变的前提下，对客运企业进行整合和优化，通过资产重组、联营、联合，提升客运企业的规范化、集约化管理水平。思旸、龙田、平庄、客楼等线的班车更新车型，适当减少普客，按比例更换中高档快巴，提高县内客运市场档次，满足不同层次人群出行需求。

2005年，县内运输企业主要有凯里汽车运输总公司岑巩公司和黔岭汽车运输有限公司岑巩公司。凯里汽车运输总公司岑巩公司拥有客运车辆43辆，座位1149座，其中高级客车7辆，座位330座；中级客车11辆，座位360座；普通客车21辆，座位459座。经营一类客运班线7辆，经营二类客运班线11辆，经营三类客运班线1辆，经营四类客运班线25辆。经营客运班车驾驶员49人。黔岭汽车运输有限公司岑巩公司拥有客运车辆78辆，座位1365座，其中高级客车1辆，座位53座；中级客车66辆，座位1156座；普通客车11辆，座位156座。经营三类客运班线2辆，经营四类客运班线75辆，包车客运1辆，经营客运班车驾驶员80人。全县有3条跨省客运班线，分别是岑巩至广东（东莞）、岑巩至浙江（温州）、岑巩至湖南（怀化）；7条跨区客运班线（岑巩至铜仁、岑巩至石阡、岑巩至江口、岑巩至玉屏、岑巩至贵阳、天马至玉屏、羊桥至玉屏）；3条跨县客运班线（岑巩至三穗、岑巩至凯里、岑巩至天柱）；9条县内客运班线（岑巩至思旸、岑巩至水尾、岑巩至天马、岑巩至注溪、岑巩至大有、岑巩至天星、岑巩至羊桥、岑巩至平庄、岑巩至客楼）。实现乡乡通客车，沿途45个村通客车，占全县总村数的34.88%。

2008年，发送营运2.5万多班次，输送旅客140余万人次，完成售票收入400多万元，实现营运收入80多万元。春运期间，县内投入营运车辆176辆，其中发往广东20辆、浙江4辆、凯里10辆、贵阳5辆、怀化4辆、石阡2辆、江口2辆、玉屏21辆，乡镇班车108辆，营运2358班次，运输旅客4.3万余人。

2010年，县内有运输企业4家：凯里汽车运输总公司岑巩公司、黔岭汽车运输有限公司岑巩公司、凯里利民汽车出租运输公司、凯里汽车运输总公司岑巩县汽车站，从业人员12人。汽车修理场4家：双联汽车修理场、鑫辉汽车修理场、银联汽车修理场、利鑫汽车修理场，从业人员46人。县内4000余辆农用车将农产品运输到湖南省的新晃、芷江等县销售，每辆车主年均创收2.5万元。

2010年底，县内个体运输业发展迅速，从业人员逐年增多，从事运输车辆1860辆，其中客运车837辆、出租车50辆、货运车716辆、拖拉机257台，运输从业人员3124人，运输线路主要有岑巩至怀化、岑巩至凯里、岑巩至石阡、岑巩至江口、岑巩至铜仁、岑巩至贵阳、岑巩至镇远。运输货物主要有日用百货、五金管材、化工原料、建筑材料、服装鞋帽、家用电器等。

## 三、交通运输管理

1980年，恢复岑巩县交通安全委员会，由主管工业交通工作的副县长任主任，成员有交通局、公安局、农机局、监理站、车站等方面的负责人，互相协作，严格纪律制度，整顿和维护城乡交通秩序，全县公路交通事故下降。1980年后，随着改革开放和经济的发展，县内机动车辆不断增加，公路运输繁忙，交通事故也呈上升趋势。

1987年1月17日，县人民政府根据国务院关于改革道路交通体制的规定，除养路费征收工作仍隶州（凯里）征收所和县交通局双重领导外，岑巩县车辆监理站划归岑巩县公安局，改称为岑巩县公安局交通警察队，配干警5名，当年开展业务。以后又陆续配齐干部及警员，设队长、指导员等。至1990年，共查车3.28万车次，纠正违章1.26万车次，处理交通事故179起。

县公路运输管理部门每年都加强道路运输交通安全管理、节假日道路运输管理、水上交通安全管理、公路管护和汽车站管理，制定春运安全生产工作措施。定期召开驾驶员、经营业安全例会，组织学习交通法律法规，上路检查超员超载超量，纠正驾驶员违章违纪行为，确保人民生命财产损失减少到最低限度，树立交通行业窗口形象。

落实行业安全生产责任制，层层签订目标责任书。加强新建改建工程施工管理和养护管理，检查和维护陡坡、急弯重点路段，完善县乡道路上的安全警示标志设置。在危险路段设置防护栏、安全标线等，派人清除公路坍方。开展公路路况检查，确保县乡公路安全畅通。爆破物资按照程序购买，严格存放点和使用规则，站内严禁易燃易爆物品上车，督查门卫验证放行。利用重大节假日，在人群集中的地方设置咨询台，发放各种宣传资料，张贴大小标语，每年数百人受到安全教育。

每年对公司所属车辆进行安全隐患排查检查，制定防滑防冻暨春运安全工作实施方案，明确工作任务和责任。成立春运安全生产工作领导小组，公司与所属车辆驾驶员签订《资产抵押承包经营合同》《驾驶员安全生产责任书》和《服务质量承诺书》。严格核查驾驶员准入资格，要求公司所属车辆驾驶员提供三年内无重大交通事故证明，确保公司所属车辆驾驶员达到资质。

坚持"安全第一、预防为主"方针，每逢春节、端午节、国庆等节假日期间，全面落实安全生产责任，公司与所属车辆驾驶员签订《驾驶员安全生产责任书》。加强运输市场监管，严厉打击无证经营、超限超载和宰客、甩客、倒客等违规行为。县客运站对公司所属超长途车辆，保证双班驾驶员，实行中途强制休息，与之签订协议书。消除各种安全隐患，确保群众节日期间出行安全。县交通局、县交警大队、县运管所以安全、优质、满意为目标，制定道路交通安全方案和应急预案，做好客流调查和分析预测。成立节假日道路运输工作领导小组，统一指挥、组织、协调、监督、检查县内节假日运输工作，安排专人实行24小时值班制度，并向社会公布值班和投诉电话。

根据县内龙江河、龙鳌河流域山洪特点，明确县、乡镇、村管理人员及船舶经营人员责任，建立健全安全规章制度，严禁超员超载航行。对乡镇、村船员和有关安全管理人员开展水上交通安全知识培训，学习《内河交通管理条例》《贵州省渡口设置管理办法》《贵州省乡镇自用船舶安全管理办法》等法律法规和《水上交通安全管理实施方案》、岑巩县安全生产“六项制度”及渡口“六项规定”，层层签订水上交通安全生产责任书。开展水上交通安全检查和县内乡镇渡口船舶整治，发现问题及时处理，或下发检查整改通知书限期整改。

2010年，县内有乡镇渡口12道，钢质渡船9艘，经上级验收达标11道，渡改人行吊桥5座，争取上级支持钢质客渡船9艘。县内有农业生产自用船80艘，渔船89艘，主要分布在龙江河龙鳌河200公里水域，涉及6个乡镇30个村34个组182户村民。按照《水上交通安全管理实施方案》，开展县、乡、村与船主管理安全教育，明确船舶管理人员，建立健全安全管理制度，与有船的乡镇、村签订水上交通安全责任书，覆盖率达100%，明确专职管员6人，落实安全责任人26人。对县内渡口先后检查48天，出动人员226人次，其中海事执法检查96人次，其他130人次，检查渡口船舶48道次，检查自用船、渔船28艘，下达整改通知书6份。召开水上交通安全大小会议8次，参加县政府召开的安全会议6次，参加县政府组织的安全大检查6人次，发放安全宣传资料132份。结合百日安全大宣传、大检查、大整顿专项行动，排查整治乡镇渡口船舶，发现问题及时处理，当场消除安全隐患。

县公路养护部门坚持“提高公路等级，改善路网结构，建设管养并重”方针，健全管理机构和各项管理制度，做到“有路必养，有路必管”，提高公路好路率，确保县乡公路安全畅通。每年按照分级养护原则，实行目标管理量化考核，层层签订养护责任，全面推行标准化养护。每年投入公路管护资金，下拨补助砂石费用，改善县乡公路路况。县乡公路管理所技术员定期或不定期开展对县乡公路月查、季查和养护等级评定。2010年12月15日至20日，省、州公路部门到岑巩检查，评定县、乡公路好路率均保持在85%以上。

贯彻落实“三把关一监督”（严把运输经营者市场准入关、严把营运车辆技术关、严把客运驾驶员资格关、监督客运车辆严格按照排班制度发车），坚持“三不进站”（易燃易爆易腐蚀物品不进站、无关人员不进站、无关车辆不进站）、“五不出站”（超载客车不出站、安全例行检查不合格客车不出站、驾驶员资格不符合要求不出站、客车证件不齐全不出站、出站登记表未经签字审核不出站）的安全管理方针，对进站的客车建立安全运行档案，制定司乘人员、二级维护、灭火器等管理制度。定期举办安全培训班，召开驾驶员、经营业户安全例会，组织干部职工学习交通法律法规，开展超员超载超量检查，纠正驾驶员违法违章违纪行为。定期召开公司安全生产专题会议，认真落实各种安全责任，驾驶员与公司、公司与县交通局签订安全责任书，确保客运安全运输。加强干部职工职业道德教育，制定《岑巩县汽车站安全管理办法》，抓好日常管理例检，严禁站内超员超载。

## 第三节　跨越发展时期

党的十八大以来，交通运输行业以提高人民群众满意度为核心，以解决与人民群众关系最密切、要求最迫切的服务问题为着力点，抓住提升服务水平的关键环节，积极推进理念创新和手段创新，努力构建安全可靠、便捷畅通、经济高效和绿色低碳的交通运输服务体系，使人民群众切实享受到交通运输改革发展成果。岑巩县交通运输局加大项目采集、论证和批复力度，编制完成国省干线、县乡公路、村道及通组公路规划方案，同时结合农村发展实际，对各乡镇、行政村“十三五”期间规划全面开通客运班线，进一步完善水上交通安全及城市交通发展规划。

### 一、交通基础设施建设

岑巩县新汽车站于2014年4月28日正式启用，2014年建成注溪、凯本、平庄、客楼、龙田5个镇客运站，2015年建成天星乡客运站，2016年启动实施大有镇客运站建设工程。2014年在思旸、大有、羊桥、天马、客楼等乡镇道路沿线建成农村客运停靠点（招呼站）13个，2015年建成建制村停靠点（招呼站）25个，2016年建成建制村停靠点（招呼站）56个。

（一）国省干道改造

2014 年，开展 G320 岑巩县下新岑大桥至上新岑大桥公路项目立项、规划、用地审批及施工许可、设计批复和招投标准备等前期工作。2016 年 7 月开工建设，全长 7.3 公里，其中主线长 5.77 公里，联络线 A 长 0.88 公里，联络线 B 长 0.65 公里，主线路基宽度 24 米，联络线 A 路基宽度 30 米，联络线 B 路基宽度 25 米，项目总投资 5.16 亿元，截至 2019 年底，完成投资 10800 万元，完成工程形象进度 18.6%。

2014 年，总投资 7.1 亿元续建 S203 思旸至羊坪公路 10.81 公里，完成思州路口至黄弓段 4.5 公里路面及绿化等并投入使用，完成黄弓至桑坪段 3.3 公里路基和管线工程 90%，启动实施桑坪至凉水井段 1.6 公里（含 3 座大桥）。2016 年按一级公路标准改扩建 S203 思旸至羊坪公路，兼具城市道路功能，设计速度 60 公里 / 小时。项目总投资 7 亿元，完成投资约 9500 万元，完成工程形象进度 79.2%。

2015 年，按照二级公路标准改建省道 S203 枫香湾至岑巩思旸公路，全长 60.56 公里，完成非乡镇过境路段路基工程 80%，部分路段进行路面基层施工，完成整体工程形象进度 36%。

2016 年，完成路基 52 公里，完成沥青混凝土路面 50 公里，新建过境路段 8 公里，非乡镇过境路段基本完成。

2017 年，按照二级公路标准改扩建 S201 线岑巩县羊桥至朱家场公路，全长 23 公里，项目总投资 31242 万元，2016 年 11 月开工建设，截至 2019 年底，累计完成投资约 31200 万元，完成工程形象进度达 98%。

（二）农村公路建设

2014 年，启动实施县道改造后坝至兴隆公路（后坝至大有段）6 公里，其中后坝至大坪段 1.41 公里，按城市道路标准（36 米宽）改建。大坪至大有段 4.6 公里（7.5 米宽）全面完工。实施水尾至朱家场公路改道工程，路线全长 2.13 公里，按二级公路（12 米宽）建设，总投资 2500 万元，完成路基工程，进入路面工程施工。实施建设通村沥青（水泥）路 302.3 公里，总投资 22687.5 万元，新增 39 个建制村通沥青（水泥）路。完成注溪周坪大桥主体工程建设，2015 年下半年全面完工。

2015 年，岑巩县烂桥至朱家场公路（烂桥至天星段）改造工程，路线全长

11.4公里，按四级公路标准实施，总投资2600万元。当年完成投资1976万元，完成工程形象进度76%，2016年8月完工。2015年，建成注溪周坪大桥，长100.93米，宽6.5米，总投资532万元。

2015年和2016年共计建成通村沥青（水泥）路591.60公里，总投资39827.20万元。2016年脱贫村交通基础设施村寨公路项目，全长232公里，总投资20097万元。

2017年，按二级公路标准建设，分别改造岑巩县河塘至卓岭公路（河塘至兴隆段）和岑巩县兴隆至后坝公路（兴隆至大有段），其中岑巩县河塘至卓岭公路（河塘至兴隆段）全长8.78公里，路基宽度12米，项目总投资7942.6万元，2017年3月开工，完成路基土石方开挖约13万立方米，涵洞完成244.6延米，排水工程完成1600立方米，路基防护工程完成6100立方米。完成投资约3800万元，完成工程形象进度47.8%。岑巩县兴隆至后坝公路（兴隆至大有段）全长10.21公里，路基宽度12米，项目总投资9627.4万元。2017年3月开工，路基土石方开挖24万立方米，填土石方25万立方米，特殊路基处理15.4万立方米，完成涵洞370延米，砌筑工程约9240立方米，塔山中桥完成下部结构、T梁架设、桥面铺装混凝土浇筑，狮子大桥完成下部结构、T梁架设。完成投资约6000万元，工程形象进度62.3%。按一级公路兼城市道路功能标准建设岑巩县后坝至大有道路工程（大坪至大有段），全长4.16公里，路基宽度36米，项目总投资27224万元。路基土石方开挖约94万方，片石混凝土挡墙约3万立方米，大坪中桥完成下部结构、箱梁混凝土浇筑。完成投资约18000万元，完成工程形象进度66.1%。

（三）高速公路建设

石阡至玉屏（大龙）高速公路项目，全长89.7公里，项目总投资约124.07亿元。其中岑巩县境内约36.112公里，投资约为53.4亿元。截至2019年底，已完成投资22.6亿元，完成工程形象进度达42%。

江口至玉屏（大龙）高速公路，全长62.26公里，其中岑巩县境内19.23公里，总投资约110.2亿元。其中岑巩县境内投资约25亿元。全线共分6个标段，其中4个标段在岑巩县境内。岑巩县境内各标段均已进场，2017年完成项目部驻地建设，完成3标和6标征地，开展4标和5标征地，各标段均已选择控制性工作进入实质性开工。截至2019年底，完成投资9.6亿元，完成工程形象进度达 43%。

玉屏（大龙）至铜仁石阡高速公路，全长 81.22 公里，其中岑巩县境内 36.11 公里，项目总投资约 119.11 亿元。按双向四车道高速公路标准建设，设计速度 80 公里 / 小时，路基宽度 24.5 米。全线共分 10 个标段，其中 6—10 标段在岑巩县境内。2017 年完成项目部驻地建设，各标段选择控制性工作进入实质性开工。

岑巩至镇远高速公路，全长 67.78 公里，其中岑巩境内 26.35 公里，镇远境内 41.43 公里，总投资 104.9 亿元，其中岑巩县境内约 30.9 亿元。

（四）农村“组组通”公路建设

县内 2016 年实施小康路工程 2377 公里，总投资 15080 万元，其中与央企合作实施“建养一体化”项目 18 个 140.1 公里，县级贷款提前实施项目 17 个 97.6 公里，项目覆盖全县 11 个乡镇 34 个建制村。累计完成路基工程 237.7 公里，完成路面工程 237.7 公里，完成总投资 15080 万元，完成工程形象进度 100%。

2017 年，全县共编报“组组通”公路项目库 1295.69 公里，2017—2019 年安排计划 30 户以上项目里程为 621.12 公里，每公里补助标准为 40 万元，沟通 342 个村民组，受益 15037 户，其中建档立卡贫困户 7162 人。2017 年，省州共下达岑巩计划 354.99 公里（其中省计划 148.09 公里），沟通村民组 81 个，解决 3661 户（其中建档立卡贫困人口 1661 户）出行问题。2017 年底，开工建设 318.46 公里，完成路基 295.06 公里，完成路面 14467 公里，涉及受益群众 1780 人（其中贫困人口 295 人），建设项目就地解决本县务工人员 142 人，涉及贫困人口 46 人。2018 年，农村“组组通”公路建设共 267 条 564.27 公里，开工建设 267 条 564.27 公里，路基路面全部完工，验收的农村“组组通”公路 78 条 175 公里，验收率 31.01%。移交管养 175 公里，全面完成 2018 年建设任务。截至 2019 年 6 月底，农村“组组通”建设任务 326 条 716.521 公里全面完工，沟通 326 个村民组，直接受益群众 13317 户 53382 人，其中建档立卡贫困人口 15282 人。实现 30 户及以上村民组 100% 通硬化路。

（五）旅游公路建设

2016 年 7 月，开工建设岑巩县驾鳌至军屯旅游公路工程，全长 0.72 公里。按照三级公路标准建设，路基宽度 7.50 米，项目总投资 864.67 万元，10 月完工。

2016 年，完成岑巩县白水至驾鳌慢行系统工程可行性研究报告编制及审批，项目全长13.12公里，按照三级公路标准建设，路基宽度12.50米，总投资18852万元。截至2019年底，完成投资5800万元，完成工程形象进度达66%。

2017年5月，开工建设玉屏七里冲至岑巩白水旅游公路，路线全长8.9公里。截至2019年底，完成投资5160万元，完成工程形象进度达40%。

（六）“四好农村路”建设

为深入贯彻落实党的十九大精神和习近平总书记关于“建好、管好、护好、运营好”农村公路的重要指示精神，推进落实农村公路主体责任、健全管理体制机制，制定了《岑巩县农村公路“路长制”实施方案》，将全县达到列养标准的县、乡、村道全面纳入“路长制”管理。2018年投资147万元，实施马院至岑峰、客楼—两江等7条线路“四好农村路”项目，10月，项目全部进场，完成“四好农村路”项目内业资料收集整理，完成工程投资710万余元，工程形象进度达61.09%。2019年投入约1000万元建成马院至岑丰、大龙塘至丰坝等5条四好农村路项目，总长55.38公里。2019年建成马院至岑丰、大龙塘至丰坝等5条四好农村路项目，55.38公里，投入约1000万元。

## 二、公路养护

（一）日常养护工作

2015年完成中修20公里，县乡道和村道日常养护180公里。铺筑油路面街道58367平方米，绿化公路50公里，植树2350株。2017年完成清扫路面687800平方米，修补路面铺油13575平方米，铺筑石750米，修复路肩墙108公里。县公路好路率95%，乡镇公路好路率90%，村公路好路率84%以上。2018年共清理公路边沟13.50公里，清理公路边沟杂草718公里，清理公路塌方15000立方米，治理油路路面病害22000平方米，铺筑砂石7500平方米，铺筑实施公路绿化种植桂花120公里4万余株。2019年共清理公路边沟130公里，清理公路边沟杂草245公里，清理公路塌方111185立方米，铺筑砂石233立方米，实施公路绿化55.38公里，种植树木6千余株。

（二）公路水毁挡墙恢复工程

2015年恢复县乡公路挡墙38处。2017年完成甘（家）至郑（福）线（K6+200）、小（堡）至谢（家坝）线（K9+700、K12+400、K12+600）、凯（阳）至艾（坪）线（K0+800、K1+600、K2+500）、凯（本）至龙（田）线（K11+900、K12+400）等线路31处路基挡墙恢复。对羊（桥）至亚（阳）、镇（远）至思（旸）等线路清理边坡垮塌约4000立方米，共计投入资金172万元。2018年完成玉门坳—亚林路段、新兴—马坡路段、羊桥—亚阳等9条线路14处，恢复水毁挡墙2186.8立方米，投入资金88万元。2019年完成水尾—龙田（保坡至落坑段）、军屯至地岳、羊桥至亚阳、代店匡家山至牛场沟等62条线路122处12185立方米水毁挡墙恢复，投入资金约750万元。

（三）公路大修工程

2018年实施S203公路过境路段客楼、龙田、注溪集镇街道和S103贵阳—万山（岑巩县境）公路小保—谢家坝段、何家坝—天段两个公路大修项目。截至2019年底，S203岑巩县过境线（客楼街道、龙田街道、注溪街道）公路大修项目总投资664.5万元，全面完工。谢桥至水尾公路大修项目总投资803.2万元，截至2019年底，完成投资420万元，完成工程形象进度52.2%。

（四）公路灾毁重建工程

2019年，投资约1478万元重建岑巩县S103贵阳至万山（岑巩县境）、小堡至谢家坝段、何家坝至天星段灾毁公路工程，完成工程形象进度85%。

（五）窄路面扩宽工程

岑巩县民和至江古窄路面扩宽改造工程全长15公里，总投资19495万元，至2019年4月底全面完工。岑巩县黄土塘至郑福窄路面扩宽改造工程总投资63.67万元，至2019年底，完成投资20万元，完成工程形象进度31.4%。

（六）疏通不畅工程

亚林至观仁冲公路全长2.353公里，总投资88.2万元，截至2019年底，完成投资88.2万元，完成工程形象进度100%；新兴至马坡公路全长7.148公里，总投资369万元，截至2019年底，完成投资200万元，完成工程形象进度54.2%。

（七）安全生命防护工程

2015年，安装公路波形护栏2472米，设置警示墩1431个，交通标志标牌21个，振动减速带44平方米；2017年完成安全生命防护工程天（马）至羊（场）、民（和）至江（古）、羊（桥）至龙（统）、杉木（坳）至中（所）等30条线路，总里程为297.52公里，隐患里程为261.45公里，工程总投资为3450万元，安装波形梁钢护栏128970米、标志标牌199套。改善人民群众安全出行环境。2019年，岑巩县安保工程项目任务共29条，其中有15条已由县贷款资金相继完工并验收，其余8条已通过上级补助资金及县自筹资金实施，6条正在施工中，完成工程形象进度80%。

## 三、交通运输管理

### （一）道路运输

2015年，公路运输周转量68652万吨公里，客运周转量58259万人公里。年末民用汽车拥有量36848辆，年末实有出租汽车70辆。年末公交车线路3条，拥有公交车10辆。2017年，全县营运车辆拥有量为1272辆，其中营运货车1054辆，营运客车218辆。全县乡镇通班车率100%，行政村通班车率92.03%。客运量868万人，客运周转量58906万人公里，货运量1100万吨，货物周转量143533吨公里。2018年，全县营运车辆拥有量为788辆，其中营运货车567辆，营运客车221辆（班线客车129辆、旅游客车7辆、通村客车6辆、出租车70辆，公交车9辆）。2018年，完成客运量775万人，客运周转量45505万人公里，货运量1275万吨，货物周转量139425万吨公里。2019年全县营运车辆拥有量838辆，其中营运货车569辆，营运客车269辆（班线客车129辆、旅游客车11辆、通村客车50辆、出租车70辆、公交车9辆）。2019年，完成客运量391万人，客运周转量19135万人公里，货运量1185万吨，货物周转量129485万吨公里。

### （二）行业监管

2017年，共开展道路运输隐患排查24次，其中开展日常监督检查9次，专项监督检查15次，出动监督检查人员397人次，共检查企业368家（次），发现隐患50处，整治50次，整治率100%。开展路检路查及各项整治行动的道路交通安全检查，出动执法人员1463人次，出动执法车辆2台次，检查车辆372台次，处以警告及罚款的车辆178辆次，其中违规营运车辆68辆，违规客运班线车辆26台次，教练车1起，黑车68辆次，处理出租车投诉案件23起，公交车投诉1起，共处罚金15万元，有效地维护了道路运输市场秩序。开展水上交通安全检查120天，出动人员268人次，发现一般隐患2起，发放整改通知书2

份，整改率为100%。联合县渔政管理站、县旅游中心、水尾镇政府，开展清理龙鳌河库区航道非法铺设渔网、渔具联合执法行动5次。

2018年，开展道路日常监督检查和专项监督检查29次，排查隐患及问题116处、整改116处、整治率100%。打非治违处罚车辆236辆次，办理驾驶员三年内无重大交通事故证明共565份。采取抽查方式，动态监控客运车辆；开展水上交通安全隐患排查治理，出动执法人员57人次，执法车辆23次，巡航（查）航道340.4公里。加强汛期检查和巡查，共出动执法人员180人次，其他人员35人次，出动执法车辆58车次，行程4768公里。船舶日常（现场）检查33次，船舶安全检查20次，检查渡口（含渡船）57道次，巡航（查）34次，巡航里程761.6公里。

2019年，共开展交通安全排查19次，其中开展日常监督检查12次，专项监督检查7次，排查隐患及问题16处，整改16处，整治率100%。打非治违处罚车辆130辆次，办理驾驶员三年内无重大交通事故证明共719份，抽查客运车辆动态监控工作共788车次。

（三）"通村村"智慧交通云平台建设

2017年12月，岑巩"通村村"智慧交通调度中心建成投入使用。投资30万余元，通过县电视台、汽车站和微信群等方式，宣传推广"通村村"智慧交通云平台，共发放宣传资料25000余份。

2018年10月18日，召开岑巩县"通村村"项目宣传推广启动大会。2018年11月21—27日，对全县11个乡镇115个村级服务站点人员进行业务培训。2018年12月4日，对全县所有寄宿制中小学校长及具体负责人共47人，集中培训"通村村"学生定制班车业务。"通村村"智慧交通云平台共注册管理用户平台运行车辆203辆（含出租车、公交车），注册从业人员247人，注册软件人数8166人，累计平台使用率15571次。

2019年，"通村村"智慧交通云平台共注册管理用户9户，平台运行车辆269辆（含出租车、公交车），注册从业人员296人，注册软件人数9664人，平台使用率119328次。

（四）政务窗口工作

2019年，共受理许可事项66件（其中班线客运49件、出租客运16件、货运1件），即办件1595件（其中车辆技术等级评定及年审签章285件、驾驶员诚信考核签章690件、继续教育学习签章275件、出租车驾驶员从业资格证副卡98件、客运班车临时线路牌151件、客运班车许可证明96件），建立健全客货运输行政许可档案及车辆档案，认真完善贵州省网上办事大厅办事指南。

（五）车辆燃油费

2019年，共发放燃油补贴资金395.52万元，其中公交车燃油补贴资金59.14万元，出租汽车燃油补贴资金97.18万元（退坡资金2.82万元未拨付），农村客运车辆燃油补贴239.2万元（退坡资金54.83万元未拨付）。

# 参考文献


［1］中共黔东南自治州委党史研究室编．党的民族政策在黔东南的实践．贵阳：贵州民族出版社，2006.

［2］岑巩县民族事务委员会编．岑巩县民族志．贵阳：贵州人民出版社，1991.

［3］贵州省岑巩县志编纂委员会编．岑巩县志．贵阳：贵州人民出版社，1993.

［4］中共黔东南州委党史研究室编．中国共产党黔东南州历史大事记（1990—2009年）．北京：中共党史出版社，2012.

［5］岑巩县地方史志办公室编．中共岑巩县委员会执政纲要（2015）．2016.

［6］岑巩县地方史志办公室编．中共岑巩县委员会执政纲要（2017）．2019.

［7］中国共产党贵州省岑巩县历史编撰委员会编．红旗飘扬红军过岑巩．2007.

［8］岑巩县年鉴编纂委员会编．岑巩年鉴（2015）．2016.

［9］岑巩县年鉴编纂委员会编．岑巩年鉴（2016）．2017.

［10］岑巩县年鉴编纂委员会编．岑巩年鉴（2017）．2018.

［11］岑巩县年鉴编纂委员会编．岑巩年鉴（2018）．2019.

［12］岑巩县年鉴编纂委员会编．岑巩年鉴（2019）．2020.

［13］岑巩县年鉴编纂委员会编．岑巩年鉴（2020）．2021.

# 后记

《黔东南山乡巨变·岑巩县篇》一书是在凯里学院民族研究院李斌教授的组织下，由沈桃淑编写完成。本书总结了不同时期中国共产党在岑巩县政治、经济、文化、交通、教育等方面取得的成就，对进一步铸牢中华民族共同体意识具有重要意义。同时也对促进凯里学院“区域内一流建设培育学科”民族学学科建设，进一步凝练科研方向，凸显民族学服务地方的特色和优势，推动民族学一流建设培育学科又好又快发展具有重要价值。

本书的编写得到了中共岑巩县委办公室、岑巩县政府办公室、岑巩县档案馆、岑巩县宣传部、岑巩县民族宗教事务局等单位的大力支持，在此表示忠心的感谢，尤其感谢岑巩县档案馆姚治彪、岑巩县宣传部杨云、岑巩县民族宗教事务局杨军和吴承静，感谢凯里学院理学院书记杨洪能教授和凯里学院体育学院专职副书记李勇副教授一路的支持与帮助，著作的完成凝聚了他们的奉献、关怀和期望。特别感谢本书编写过程中给予我热情关怀和无私帮助的朋友们。

感谢凯里学院的资助，感谢出版社给予的支持与指导，同时向本书在编写过程中所参考的书籍与资料的作者们表示敬意。

由于编者水平有限，加之时间紧迫，因此错漏或不妥之处在所难免，在此，敬请广大读者批评指正。

编者

2020 年 2 月 20 日